ŒUVRES
DE
REGNIER

NOUVELLE COLLECTION JANNET PICARD

Œuvres authentiques élucidées par des préfaces, notices, notes, variantes, tables analytiques, glossaires-index.

Volumes elzéviriens in-16 (petit in-8)

EN VENTE OU A PARAITRE PROCHAINEMENT

EDITION A 1 Fr. LE VOLUME

VILLON. Œuvres complètes	1 vol.
CAYLUS (Mme DE). Souvenirs	1 vol.
CONTES FANTASTIQUES. { Diable amoureux. Démon marié. Merveilleuse histoire }	1 vol.
LA PRINCESSE DE CLÈVES	1 vol.
MALHERBE. Poésies complètes	1 vol.
MANON LESCAUT	1 vol.
LA FONTAINE. Contes et Nouvelles	2 vol.
DAPHNIS ET CHLOÉ	1 vol.
RESTIF DE LA BRETONNE :	
* Contemporaines mêlées	1 vol.
** — du commun	1 vol.
*** — par gradation	1 vol.

SOUS PRESSE :

Regnier. — Rabelais. — Marot. — La Fontaine, *Fables.* — Perrault, *Contes.* — Etc., etc.

ÉDITION DE LUXE

Tirages spéciaux avec vignettes en tête de pages, culs-de lampe, fleurons, etc., sur très beaux papiers.

Vélin ordinaire . . . . le vol. broché	3 fr.
Vélin (fil) à la forme . . . . —	4 fr.
Chine véritable (en étui) . . . —	15 fr.
Reliure en percal, bleu, titre or, *non rogné*.	50 c. le vol.
Etuis pour vélin fil, titre or	60 c. le vol.

EN PRÉPARATION : plusieurs ouvrages vers et prose.

Paris. — Impr. de Ch. Noblet, 13, rue Cujas.

ŒUVRES COMPLÈTES

DE

REGNIER

REVUES SUR LES ÉDITIONS ORIGINALES

AVEC

PRÉFACE, NOTES ET GLOSSAIRE

PAR

M. PIERRE JANNET

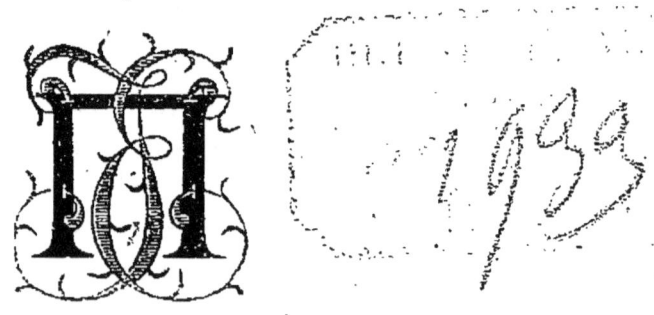

PARIS

C. MARPON & E. FLAMMARION

GALERIES DE L'ODÉON, 1 à 7

E. PICARD, ÉDITEUR, 5, PASSAGE DES FAVORITES

Tous droits réservés.

E. Picard.

Paris. — Impr. de Ch. Noblet, 13, rue Cujas.

PRÉFACE

Presque tout ce qu'on sait de la vie de Regnier, Brossette l'a dit il y a plus d'un siècle[1]. Je pourrais, comme d'autres l'ont fait, grouper à ma manière les renseignements qu'il nous a laissés; en les délayant convenablement, en les modifiant quelque peu, je pourrais les faire accepter aux lecteurs superficiels comme le fruit de longues et laborieuses recherches; mais les lecteurs sérieux n'y seraient pas trompés, et personne n'y gagnerait rien. Le plus sage est donc, à mon avis, de présenter ces renseignements tels qu'ils nous ont été transmis par celui qui les avait puisés aux sources.

Voici comment s'exprime Brossette :

«... Il me reste à rapporter ce que j'ai pu recueillir touchant la vie de notre poëte.

« Inutilement on chercheroit le détail de ses actions dans les Auteurs contemporains : Ils se sont contentez de louer son talent et de citer ses ouvrages, sans parler de sa personne. C'en étoit bien assez pour son temps;

---

1. Brossette rapporte, à la suite de son *Avertissement*, les *Jugements sur Regnier* qu'il a trouvés dans les ouvrages de Rapin, Garasse, d'Esternod, Mlle de Scudéry, Ménage, Racan (dans la *Vie de Malherbe* qu'on lui attribue), Despréaux, Rosteau, de Valincour, Massillon. A cette liste, l'abbé Goujet ajoute J.-B. Rousseau et M. de Callières; d'autres ont cité Baillet, Titon du Tillet, Moréri, Niceron, Colletet, Montesquieu, Viollet-le-Duc, Alfred de Musset, Sainte-Beuve, M. J.

c'en seroit même encore assez pour le nôtre, sans une sorte de curiosité que l'on a pour savoir qui étoit l'Auteur ou le poëte dont on lit et dont on admire les ouvrages. Ainsi ce que j'en vais dire est tiré des papiers journaux de sa famille, dont on m'a communiqué des extraits.

« Mathurin Regnier naquit à Chartres le 21 décembre 1573, et fut baptisé dans l'église paroissiale de Saint-Saturnin[1]. Il étoit fils aîné de Jacques Regnier, bourgeois de la même ville, et de Simone Desportes, sœur de l'Abbé Desportes, fameux poëte, tous deux enfans de Philippe Desportes et de Marie Edeline. Jacques Regnier, dans son contrat de mariage passé le 5 de janvier 1573, fut qualifié *honorable homme*, titre qui dans ce temps là ne se donnoit qu'aux plus notables bourgeois[2].

« Il eut trois enfans de ce mariage : Maturin, qui est notre Poëte ; Antoine, qui épousa Anne Godier ; et Marie Regnier, qui fut mariée à Abdenago de la Palme, officier de la Maison du Roy.

« Antoine Regnier fut Conseiller élu dans l'élection de Chartres, et madame de Nemours (Anne d'Est), du-

---

Levallois, M. Demogeot, M. Lucien Merlet. Je dois à M. Ed. Tricotel l'indication de quelques autres écrivains qui se sont occupés de Regnier : L'Estoile dans son Journal et dans ses notes, Du Lorens dans ses *Satyres*, Le Gorlier dans le *Juvénal françois*, Tallemant dans ses *Historiettes*.

1. Le lendemain du jour de sa naissance ; il eut pour marraine sa grand'mère Marie-Edeline Desportes, mère du poëte Philippe Desportes.

2. On verra plus loin qu'il était un des échevins de la ville. Il devait même jouir d'une certaine influence, car, s'étant jeté imprudemment dans le parti des Ligueurs chartrains, il fut mis en prison et frappé d'une contribution assez forte, seize cents écus, qu'il trouva, d'ailleurs, le moyen de ne pas payer. Ces faits se passaient en 1591. On en doit la connaissance à M. Lucien Merlet, archiviste du département d'Eure-et-Loir. Voy. *Le Beauceron*, année 1857.

chesse de Chartres, le gratifia de la remise du quart denier de sa charge.

« Jacques Regnier leur père, qui étoit un homme de plaisir, fit bâtir en 1573, dans la place des Halles, un jeu de paume des démolitions de la citadelle de Chartres, qui lui furent données par le crédit de l'abbé Desportes son beau-frère ; et comme ce Tripot a porté le nom de *Tripot Regnier* tant qu'il a subsisté, c'est apparemment ce qui a donné lieu de dire que Regnier le Satirique étoit fils d'un *Tripotier*.

« Jacques Regnier et Simone Desportes moururent de la contagion, mais non pas en même temps ni en même lieu. Le mari mourut le 14 de février 1597 à Paris, où il avoit été député pour les intérêts de la ville de Chartres, dont il étoit actuellement échevin, et fut enterré dans l'église de Saint-Hilaire. Simone Desportes sa femme, morte le 28 de septembre 1629, fut enterrée au Cimetière de Saint-Saturnin, hors de la Ville de Chartres.

« Maturin Regnier, leur fils aîné, fut tonsuré le 31 de mars 1582 [1], par Nicolas de Thou, évêque de Chartres. Quelques années après, il obtint par dévolut un canonicat dans l'Eglise de Notre-Dame de la même Ville, ayant prouvé que le résignataire de ce Bénéfice, pour avoir le temps de faire admettre sa résignation à Rome, avoit caché pendant plus de quinze jours la mort du dernier Titulaire, dans le lit duquel on avoit mis une bûche, qui fut depuis portée en terre, à la place du corps, qu'on avoit fait enterrer secrètement. Regnier prit possession de ce Canonicat le 30 de juillet 1604 [2].

1. Ou plutôt le 31 mars 1584, d'après les recherches de M. Lucien Merlet. Peut-être Brossette avait-il mal lu la date de l'année. On remarquera que celle du mois est la même des deux côtés.

2. D'après une pièce que M. Lucien Merlet a découverte dans le registre des professions de foi des chanoines de Chartres, Regnier n'aurait pris possession de son canonicat que le 30 juillet 1609. Probablement encore une date mal lue.

« Il eut encore d'autres Bénéfices[1], et une pension de deux mille livres sur l'Abbaye des Vaux-de-Cernay, après la mort de l'Abbé Desportes, qui en étoit revêtu[2].

« La tradition à Chartres est que Regnier, dès sa première jeunesse, marqua son inclination à la satire. Les vers qu'il faisoit contre divers particuliers obligèrent son père à l'en châtier plus d'une fois, en lui recommandant de ne point écrire, ou du moins d'imiter son oncle, et de fuir la médisance.

« Le déréglement dans lequel il vécut ne le laissa pas jouir d'une longue vie. Il mourut à Rouen, dans sa quarantième année, le 22 d'octobre 1613, en l'hotellerie de l'Ecu d'Orléans, où il étoit logé[3]. Ses entrailles furent portées en l'Eglise paroissiale de Sainte-Marie de Rouen, et son corps, ayant été mis dans un cercueil de plomb, fut transporté à l'abbaye de Royaumont, lieu qu'il aimoit beaucoup, et où il voulut être enterré. »

La biographie d'un grand homme ne consiste pas précisément dans le récit de sa naissance et de ses funérailles; mais deux choses doivent nous rendre indulgents pour Brossette : l'une, c'est que nous ne sommes guère en état nous-mêmes de combler la lacune qu'il a laissée dans la vie de Regnier; l'autre, c'est le parti

---

1. Ceci n'est pas certain. Tallemant (*Historiettes*, 1854, in-8, t. I, p. 95) parle d'une abbaye de 5000 livres de rente que lui aurait fait donner le maréchal d'Estrées; mais ce témoignage n'est pas d'un grand poids.

2. Philippe Desportes mourut le 5 octobre 1606.

3. M. Lucien Merlet donne à cette hôtellerie le nom de l'Ecu de France.

Voici le récit de Tallemant (t. I, p. 96) : « Regnier mourut à trente-neuf ans à Rouen, où il estoit allé pour se faire traitter de la verolle par un nommé Le Sonneur. Quand il fut guery, il voulut donner à manger à ses medecins. Il y avoit du vin d'Espagne nouveau. Ils luy en laisserent boire par complaisance; il en eut une pleuresie qui l'emporta en trois jours. »

PRÉFACE.

que nous pouvons tirer du peu de renseignements qu'il nous a transmis.

Régnier appartenait à une famille considérable de la bourgeoisie. Il était neveu de Philippe Desportes, le poëte le mieux renté du temps. Son père rêva dès le premier jour pour le jeune Mathurin la fortune de l'abbé de Tiron, et le fit tonsurer à l'âge de onze ans. Si plus tard il cherche à le détourner du culte des muses, c'est que « l'homme de plaisir » veut la fin sans les moyens. Regnier, tout poëte qu'il était, fut plus conséquent. Comptant sur la protection de son oncle, il comprit qu'il devait suivre la même voie que lui, et s'adonna à la culture des lettres. Dans sa position, un homme vulgaire eût probablement bien fait son chemin. Régnier ne réussit pas. A vingt ans, *affolé* par la pauvreté, se voyant méprisé du peuple et des grands, il cherche un protecteur. Il part pour Rome à la suite du cardinal de Joyeuse; il y passe huit ans, puis, après un court séjour en France, il y retourne à la suite du duc de Béthune. Deux ans après, il était de retour à Paris, aussi pauvre, aussi mécontent qu'avant son départ. Le diplomate n'avait pas mieux réussi que le poëte.

Rentré en France, Regnier s'attacha à son oncle Desportes, qui l'aimait beaucoup, assure-t-on, mais dont la tendresse, toutefois, ne paraît pas avoir été fort active. Il ne fit rien obtenir à son neveu, et ne lui laissa rien par son testament. Peut-être croyait-il, comme on l'a conjecturé, qu'un homme d'un tel mérite ne pouvait manquer d'être bientôt largement pourvu.

Dans la maison de son oncle, qui avait su « rimer une bonne table » et recevait beaucoup de monde, Regnier se lia plus ou moins avec les beaux-esprits du temps, de même qu'il y trouva, grâce à son humeur satirique et à son admiration un peu trop enthousiaste pour le talent et la brillante position de Desportes, l'occasion de se mettre quelques mauvaises affaires sur les bras. Tallemant en rapporte trois.

« Desportes, dit-il[1], estoit en si grande réputation, que tout le monde luy apportoit des ouvrages, pour en avoir son sentiment. Un advocat luy apporta un jour un gros poëme qu'il donna à lire à Regnier, afin de se deslivrer de cette fatigue; en un endroit, cet advocat disoit :

> *Je bride icy mon Apollon.*

Regnier escrivit à la marge :

> *Faut avoir le cerveau bien vide*
> *Pour brider des Muses le Roy;*
> *Les Dieux ne portent point de bride,*
> *Mais bien les asnes comme toy.*

Cet advocat vint à quelque temps de là, et Des Portes luy rendit son livre, après luy avoir dit qu'il y avoit de bien belles choses. L'advocat revint le lendemain, tout bouffy de colère, et, luy montrant ce quatrain, luy dit qu'on ne se mocquoit pas ainsy des gens. Des Portes reconnoist l'escriture de Regnier, et il fut contraint d'avouer à l'advocat comme la chose s'estoit passée, et le pria de ne luy point imputer l'extravagance de son nepveu. »

On a raconté bien des fois la querelle de Regnier avec Malherbe. Voici comment la rapporte Tallemant (I, 274) : « Sa conversation (de Malherbe) estoit brusque : il parloit peu, mais il ne disoit mot qui ne portast. Quelquefois mesme il estoit rustre et incivil, tesmoin ce qu'il fit à Desportes. Regnier l'avoit mené disner chez son oncle; ils trouvèrent qu'on avoit desjà servy. Desportes le receut avec toute la civilité imaginable, et luy dit qu'il luy vouloit donner un exemplaire de ses *Pseaumes*, qu'il venoit de faire imprimer. En disant cela, il se met en devoir de monter à son cabinet pour l'aller querir. Malherbe luy dit rustiquement qu'il les avoit desjà

---

[1]. T. I, 95.

veues, que cela ne meritoit pas qu'il prist la peine de remonter, et que son potage valloit mieux que ses *Pseaumes*. Il ne laissa pas de disner, mais sans dire mot, et après disner ils se separerent et ne se sont pas veus depuis. Cela le brouilla avec tous les amys de Desportes, et Regnier, qui estoit son amy, et qu'il estimoit pour le genre satyrique à l'esgal des anciens, fit une satyre contre luy qui commence ainsi:

« *Rapin, le favory*, etc. [1] »

M. James de Rothschild ne trouve pas dans cette grossièreté de Malherbe une explication suffisante de sa rupture avec Regnier. « S'il est vrai, dit-il avec raison [2], que cette malencontreuse boutade ait eu réellement quelque influence sur la rupture des deux poëtes, l'on conviendra du moins qu'elle en a été plutôt l'occasion que la cause. La véritable raison de la querelle, je la trouve, non pas dans une insulte particulière, mais dans l'opposition, je dirai même dans l'incompatibilité de nature et de talent des deux poëtes. Une amitié établie entre deux esprits si différents ne pouvait être ni solide ni durable. « Les qualités et les défauts de Regnier, dit « M. Sainte-Beuve, étaient tout l'opposé des défauts et « des qualités de Malherbe. » Rien de plus vrai. La richesse de l'expression, quelquefois même surabondante, la hardiesse des images et des prosopopées de Regnier, faisaient un étrange contraste avec cette froide et sèche correction, cette réserve exagérée qu'affectait Malherbe dans tout ce qu'il écrivait. Regnier, poëte joyeux, doué d'une facilité de composition surprenante,

---

1. Cette anecdote, comme la plupart de celles que Tallemant rapporte dans son *Historiette* sur Malherbe, est tirée presque mot pour mot des *Mémoires pour la vie de Malherbe*, attribués à Racan. M. Tenant de Latour, le dernier éditeur de Racan, s'est attaché à démontrer que ces Mémoires sont bien l'œuvre du poëte à qui on les attribue, et il me paraît y avoir réussi.

2. *Essai sur les Satires de Mathurin Regnier.* Paris, A. Aubry, 1863, in-8, p. 17.

mais profondément insouciant, livrant au public ses vers tels qu'ils sortaient de sa plume, sans les retoucher jamais, ressemblait peu à ce scrupuleux versificateur qui limait et relimait pendant trois ans la même pièce, pesant chaque substantif, étudiant chaque épithète; « ce tyran des mots et des syllabes, » comme l'appelle spirituellement le vieux Balzac, « qui traitait l'affaire
« des participes et des gérondifs comme si c'était celle
« de deux peuples voisins et jaloux de leurs fron-
« tières; qui dogmatisait jusqu'au dernier moment
« de l'usage et la vertu des particules, gourmandant sa
« garde sur les solécismes qu'elle commettait, et que la
« mort devait surprendre délibérant si *erreur* et *doute*
« sont masculins ou féminins. » J'ajouterai que Regnier, disciple et admirateur de Ronsard et de Du Bellay, souffrait de voir ces dieux naguère adorés de tous, maintenant brisés et traînés dans la boue. Nourri de la lecture de ces maîtres, professant pour leurs théories un culte véritable, Mathurin Regnier s'emporta contre l'audacieux novateur qui voulait restreindre la littérature en des limites si étroites, et réduire la poésie, cet élan de l'âme vers l'idéal, à un simple jeu de patience; il écrivit la IXe Satire. »

C'est peut-être à cette querelle qu'il faut rattacher le duel de Regnier avec Maynard, le disciple aimé de Malherbe, raconté par Tallemant (VII, 409), dans les termes suivants : « ...Voicy un duel un peu moins sanglant : Regnier le satirique, mal satisfait de Maynard, le vient appeler en duel qu'il estoit encore au lit; Maynard en fut si surpris et si esperdu qu'il ne pouvoit trouver par où mettre son haut de chausses. Il a avoué depuis qu'il fut trois heures à s'habiller. Durant ce temps-là, Maynard avertit le comte de Clermont-Lodeve de les venir séparer quand ils seroient sur le pré. Les voylà au rendez-vous. Le comte s'estoit caché. Maynard allongeoit tant qu'il pouvoit; tantost il soustenoit qu'une espée estoit plus courte que l'autre; il fut une heure à tirer ses bottes ; les chaussons estoient trop estroits. Le comte rioit comme un fou. Enfin le comte paroist. Maynard pourtant ne put dissimuler : il dit à Regnier qu'il luy demandoit pardon ; mais au comte il luy fit des reproches, et luy dit que pour peu qu'ils eussent esté gens de cœur, ils eussent eu le loisir de se couper cent fois la gorge. »

Ici tout l'avantage est du côté de Regnier. Il n'en est pas de même de son combat avec Berthelot, dont la relation, attribuée à Sigognes, se trouve à la fin de ce volume. Le sujet de la querelle des deux satiriques n'est pas connu. Ce qu'il y a de certain, c'est que cette pièce, intéressante en ce qu'elle donne sur la personne de Regnier des renseignements qu'on ne trouve pas ailleurs, est postérieure à la mort de Desportes, puisqu'elle reproche à Regnier la pension qu'il tient de la cour.

Cette pièce présente notre poëte comme un homme de grande taille et fortement constitué. Regnier lui-même parle en plus d'un endroit de la fougue de son tempérament. S'il nous dit quelque part qu'il est *mélancolique*, que sa *façon* est *rustique*, qu'il n'a même pas l'esprit d'être méchant, il ne faut pas le prendre au mot. Il n'était pas ennemi de l'élégance; il portait volontiers *satin, velours et taffetas*[1], et il ne laissait pas d'être un joyeux compagnon[2]. Ce qui lui manqua pour réussir dans le monde, c'est la souplesse, et peut-être

---

1. *Voy.* p. 236.
2. Dans la Satyre XV, p. 120, il dit à Philippe Hurault de Chiverny qu'il veut aller à Royaumont

D'un bon mot faire rire, en si belle saison,
Lui, ses *chiens et* ses *chats et toute la maison.*

Un sixain gravé sous le portrait de Gros-Guillaume dit que

Son minois et sa rhetorique
Valent les bons mots de Regnier
Contre l'humeur mélancolique.

un peu d'hypocrisie, à défaut d'une conduite régulière.

Regnier mourut trop tôt. Il mourut au moment où sa pension de deux mille livres, son canonicat de Chartres et trois ou quatre éditions de ses satyres avaient plus que réalisé son modeste rêve :

Un simple bénéfice et quelque peu de nom [1].

Il mourut au moment où l'avenir lui souriait, où le roi le pensionnait, où le comte de Cramail et le marquis de Cœuvres le protégeaient, où l'abbé de Royaumont l'accueillait familièrement; au moment où les passions qu'expliquent, sans les justifier, sa puissante constitution, son tempérament ardent, commençaient à se calmer; au moment où ce feu qu'il n'avait pas toujours su maîtriser allait passer tout entier dans ses œuvres ; il mourut au moment où son talent venait

---

[1]. Au seizième siècle et au dix-septième, un écrivain pouvait avoir de la réputation avant d'avoir rien publié. Les œuvres nouvelles circulaient en manuscrit. Elles étaient lues à la cour et chez les grands seigneurs ; un public lettré les recherchait et les jugeait. Ce fut le cas pour Regnier, qui était connu et convenablement apprécié avant l'impression de ses œuvres. On lit dans *le Registre-journal de Henri IV*, par l'Estoile, édition Champollion, t. II, p. 494, sous la date du 15 janvier 1609 :

« Le jeudi 15, M. D. P. (Du Puy) m'a presté deux satyres de Reynier, plaisantes et bien faites, comme aussi ce poete excelle en ceste maniere d'escrire, mais que je me suis contenté de lire, pour ce qu'il est après à les faire imprimer. »

Et plus loin :

« Le lundi 26, j'achetai les Satyres du sieur Renier, dont chacun fait cas comme d'un des bons livres de ce temps, avec une autre bagatelle intitulée : *le Meurtre de la Fidelité*, espagnol et françois. Elles m'ont cousté les deux, reliées en parchemin, un quart d'escu. »

Il s'agit là, ou de la première édition, qui, bien que datée de 1608, n'aurait paru que dans les premiers jours de 1609, ou de la seconde, qui contient deux Satires de plus que la première, les deux Satires que Du Puy aurait montrées à l'Estoile en manuscrit. Dans tous les cas, on voit que la réputation de Regnier était faite.

d'atteindre son complet développement. Lisez les premières satyres de Regnier, puis lisez *Macette*, et comparez :

Regnier mourut en 1613 : *Macette* est de 1612 !

Il serait intéressant de ranger les œuvres de Regnier dans l'ordre chronologique, pour se rendre un compte exact de ses progrès. Je l'ai tenté sans grand succès [1].

J'ai dit que Regnier avait été attiré vers le culte de la poésie par l'exemple de la fortune de son oncle. Mais quelque chose de plus puissant décida de sa vocation. C'est ce qu'il appelle son *ver-coquin*. Regnier était certainement né poète ; mais il n'atteignit pas à la perfection du premier coup. Il commença de bonne heure à faire des vers, et la première de ses pièces qui lui ait paru digne de voir le jour fut composée lorsqu'il avait près de trente ans. C'est la satire VI, qui est loin d'être un chef-d'œuvre. Elle est mal conçue et mal conduite, et ce qu'on y trouve de bien est imité des *Capitoli* du Mauro. Ce n'est que dans les pièces composées après son retour à Paris qu'on voit sa personnalité se dégager peu à peu, son plan se dessiner, sa marche s'assurer, son vers s'éclairer et s'affermir.

Ce que voulait Regnier, c'était faire de la satire à la façon antique. Il se proposait pour modèles Horace et surtout Juvénal. Mais il n'avait pas lu les anciens seulement : outre les poètes italiens, outre Ronsard et la pléiade, il avait lu quelques vieux auteurs français qui devaient faire une vive impression sur son esprit, un

---

[1]. Ses premiers essais n'ont pas été conservés. La Satire VI fut composée à Rome. Les Satires II, III, IV, VIII et IX ont été écrites après le retour de Rome et avant la mort de Desportes. Il est plus difficile d'assigner une date aux Satires V, VII, X et XI. Bien que ces deux dernières n'aient paru qu'en 1609, je serais tenté de croire qu'elles sont plus anciennes que la Satire IX. Toutes les autres Satires ont dû être composées après 1606. J'aimerais à regarder *Macette* comme la dernière en date.

esprit de la nature du leur. Il possédait à fond Marot, Rabelais, Villon, le *Roman de la Rose*. On s'en aperçoit à chaque instant, en lisant ses œuvres.

N'exagérons pas, cependant : on a voulu faire un crime à Regnier de ses emprunts. Cela n'est peut-être ni juste, ni bien entendu, ni prudent.

Cela peut n'être pas juste, car, au dix-septième siècle, il y avait des poètes fort estimables qui s'ingéniaient à faire entrer sournoisement dans leurs œuvres, ici un vers d'Horace, là un hémistiche de Virgile, pour donner à des critiques non moins estimables le plaisir de découvrir ces heureuses intercalations et de louer l'adresse merveilleuse de l'ouvrier qui en était l'auteur. C'étaient jeux d'honnêtes gens, et si Brossette a blâmé chez Regnier ce qu'il avait approuvé chez Boileau, je ne crois pas pour cela que Regnier ait songé à s'approprier le bien d'autrui.

Cela peut n'être pas bien entendu, car nous sommes naturellement les héritiers de ceux qui nous ont précédés : dès lors nous ne devons pas blâmer ceux qui nous transmettent, même après s'en être servis, mais surtout s'ils l'ont amélioré, ce qu'ils ont trouvé de bon dans l'héritage de leurs prédécesseurs. Emprunter à la manière de Virgile, de Regnier ou de Molière, c'est faire acte de bon père de famille. Molière, lorsqu'il écrivit le *Tartuffe*, connaissait la *Lena* des *Amour* d'Ovide; mais il ne connaissait peut-être ni le *Roman de la Rose*, ni le *Discours* de Charles de L'Espine[1], sans parler des autres sources où Regnier peut avoir puisé, et le *Tartuffe* ne serait pas ce qu'il est si Molière n'avait eu la *Macette* sous les yeux.

---

1. Dans les *Delices de la poesie françoise* (recueil publié par F. de Rosset), *Paris, Toussaint du Bray*, 1615, in-8, p. 789. Il résulte de la lecture de cette pièce qu'elle fut composée du vivant de Desportes, et M. Tricotel indique un recueil de 1069 où elle figure. Regnier a donc pu la connaître. Mais qu'il y a loin de cette œuvre à *Macette* !

Enfin, cela peut n'être pas prudent. Que Brossette se soit donné le plaisir de signaler les emprunts de Regnier, c'est bien ; mais celui qui, maintenant, vient dénoncer ces emprunts, celui-là ne doit-il rien à personne ? N'a-t-il pas un peu... *imité* Brossette ?

Il est facile, d'ailleurs, de démontrer que ces emprunts qu'on reproche à Regnier n'ont pas la gravité qu'on leur prête. M. James de Rothschild, dans son *Essai sur les Satires de Mathurin Regnier* [1], l'a fait dans de très-bons termes, et je ne puis mieux faire que de le citer.

« Selon moi, Regnier est parfaitement original, aussi original du moins que peut l'être un satirique, l'homme qui s'attache à peindre des ridicules et des vices qui sont et demeureront les mêmes partout et toujours.

« Imbu fortement de la lecture d'Horace, de Juvénal et de Perse, avec cette facilité qu'ont les hommes de génie de s'assimiler les grandes idées, il a souvent transporté dans ses poésies quelques traits des satiriques latins; mais ces imitations, le poëte ne les a point faites à dessein. Quand Regnier écrivait :

Puis souvent la colère engendre de bons vers,

peut-être songeait-il au *facit indignatio versum* de Juvénal; mais certainement il ne cherchait pas à traduire les vers du satirique. L'on n'a pas seulement reproché à Regnier d'avoir emprunté aux Latins quelques idées générales, quelques pensées saillantes. Certains critiques l'accusent d'avoir pris aux Anciens des caractères. Que Regnier ait songé à l'importun d'Horace quand il a composé son *Fâcheux*, et que la *Lena* des *Amours* d'Ovide soit le prototype de sa *Macette*, cela me paraît incontestable. Mais ces caractères si vraiment romains, comme il les a transformés, comme il les a rajeunis ! C'étaient des Romains du temps d'Auguste ; ce sont des Parisiens du XVI° siècle. « Il les a dépouillés,

[1] Page 23.

« comme l'a très-bien dit M. Sainte-Beuve, des habi-
« tudes antiques, et, pour ainsi dire, de la tunique
« romaine, pour les revêtir des mœurs et du pourpoint
« de son temps. »...

Regnier, en effet, n'était pas un de ces faiseurs de marqueteries dont j'ai parlé tout à l'heure. Ennemi du travail, un peu trop même, il n'aurait pu s'astreindre à la longue élaboration d'une de ces œuvres où la patience fait beaucoup plus que le génie. Il agissait, il vivait, il observait, et, lorsqu'un sujet était mûr, bien vivant dans son esprit, il le produisait d'un seul jet. Inspiration, observation, réminiscences, tout se mêlait, se fondait, et l'œuvre apparaissait belle et grande, même alors que des scories la voilaient par endroits.

On a souvent fait à Regnier un reproche qui paraît grave au premier abord. Tout le monde connaît les vers de Boileau et leur fameuse variante. Le législateur du Parnasse, averti à temps, évita l'écueil dans lequel il reprochait à Regnier d'être tombé. Mais un de ses devanciers, Du Lorens, avait été moins heureux. Dans la satire XXIII, édition de 1646, p. 180, il dit naïvement:

Si mon siècle m'approuve habile cuisinier,
J'ay rencontré son goût en suite de Renier,
Qui coule aussi bourbeux que le père Lucile [1];
Mais pour le reformer je ne suis pas concile.
Prenant la chose au pis, quand il seroit parfait,
Il ne me feroyt pas hayr ce que j'ay fait.
Si parfois neantmoins je croyois mon courage,
Par depit ou degoust je chirois sur l'ouvrage.

Cette façon de critiquer les licences de Regnier, trente ans après sa mort, n'est-elle pas suffisante pour le justifier? Regnier écrivait comme on écrivait de son temps. Mais si son expression n'est pas toujours chaste,

---

1. C. Lucilius, poëte satirique latin.

il peint le vice de couleurs qui ne sont assurément pas faites pour le rendre attrayant.

Les œuvres de Regnier ont été imprimées un grand nombre de fois. Les éditions les plus importantes sont :

1° Les quatre éditions originales faites à Paris par Anthoine du Brueil, 1608, in-4º, 1609, 1612 et 1613, in-8. La première contient la Dédicace au Roi, l'Ode de Motin, dix satires (les neuf premières et la douzième) et le *Discours au Roy*. Dans la seconde, on trouve deux satires de plus, la dixième et la onzième; la troisième édition contient en outre la treizième satire, *Macette*, le chef-d'œuvre de l'auteur. Dans la quatrième, on trouve toutes les pièces qui forment la première partie de mon édition, de la page 1 à la page 164 [1].

2° *Les satyres et autres œuvres folastres du sieur Regnier. Derniere edition, revue, corrigée et augmentée de plusieurs pièces de pareille estoffe, tant des sieurs de Sigogne, Motin, Touvent et Bertelot, qu'autres des plus beaux esprits de ce temps. Paris, Samuel Thiboust*, 1616, in-8.

Volume de 198 feuillets chiffrés, plus quatre ff. liminaires et un pour le privilége, accordé à Anthoine Du Brueil le 23 septembre 1616. Il a été réimprimé page pour page sous la date de 1617, avec une suite de 20 feuillets chiffrés très-irrégulièrement, et dont le dernier est coté 233. Le volume se termine par le privilége de 1616. J'ai sous les yeux un exemplaire de 1617 au nom d'Anthoine Estoc, et un autre au nom de Pierre Chevalier. Il doit en exister sous les deux dates avec le nom d'Anthoine Du Brueil.

Dans ces éditions de 1616-1617, les œuvres de Regnier comprises dans l'édition de 1613 finissent au

---

1. J'indique ici pour mémoire une édition de Paris, Anthoine du Brueil, 1614, in-8, qui reproduit l'édition de 1613. A la suite on trouve quinze pièces qui ne sont pas de Regnier.

fol. 100 r°. Les pièces ajoutées commencent au verso du même feuillet, par ce titre : DIVERS ÉPIGRAMMES. Sauf l'*Adieu de Bertelot* et l'*Escume des œuvres poétiques du sieur de B.*, toutes les pièces de cette suite sont anonymes. Regnier est-il l'auteur d'un plus ou moins grand nombre d'entre elles? Ses éditeurs ont pu le croire, et ils en ont joint plusieurs à ses œuvres.

3° *Les satyres et autres œuvres du sieur Regnier. Selon la copie imprimée à Paris (Leyde, Elsevier)*, 1642, petit in-12.

Cette édition contient deux pièces de plus que celle de 1613.

4° *Les satyres... augmentées de diverses pièces cy-devant non imprimées. Leiden, J. et D. Elsevier*, 1652, petit in 12.

Cette édition contient onze pièces tirées du *Cabinet satyrique* qu'on n'avait pas encore jointes aux œuvres de Regnier.

5° *Satyres et autres œuvres de Regnier, accompagnées de remarques historiques (de Cl. Brossette), nouvelle édition considerablement augmentée. Londres, Tonson*, 1733, in-4.

Cette édition est augmentée de diverses pièces tirées presque toutes du *Cabinet satyrique*, où elles sont attribuées à Regnier. On y a joint un choix de poésies de Motin, Berthelot, etc.

6° *Œuvres de Regnier, avec les Commentaires revus et corrigés, etc., par M. Viollet le Duc. Paris, Desoer*, 1822, in-18.

Cette édition, qui a été reproduite en 1853 dans la *Bibliothèque elzevirienne*, contient trois pièces du *Cabinet satyrique*, réunies pour la première fois aux œuvres de Regnier.

7° *Œuvres complètes de Regnier, avec le Commentaire de Brossette, des notes littéraires, etc., par M. Prosper Poitevin. Paris, Delahays*, 1860, in-16.

M. P. Poitevin a fait entrer dans son édition sept épigrammes tirées de l'édition de 1616, et l'*Esloignement de la Cour*, pièce qui porte partout le nom de Berthelot, et dans laquelle l'auteur se nomme plusieurs fois lui-même.

8° *Œuvres de Mathurin Regnier, augmentées de trente-deux pièces inédites, avec des notes et une introduction, par M. Edouard de Barthelemy. Paris, Poulet-Malassis,* 1862, in-18.

Les trente-deux morceaux inédits sont tirés d'un manuscrit de la seconde moitié du XVIIe siècle, conservé à la Bibliothèque Impériale, n° 12491 fonds français. Ils sont presque tous pitoyables, dans la forme comme pour le fond. Quelques-uns portent en eux-mêmes la preuve qu'ils ne sont pas de Regnier[1]. Deux cepen-

---

1. Dans une *Lettre à M. l'Evesque de Chartres*, an 1606, il est dit (page 253, édition E. de B.) :

> *Vous composeriez à l'auteur....*
> *Lequel ne fut jamais à Rome.*

Or, on sait que Regnier y avait séjourné dix ans.

Une pièce datée de 1612 (p. 360), finit ainsi :

> *Mais si celle qui tient mon cœur*
> *Pour chaque vers me fait l'honneur*
> *Me permettre que je la baise,*
> *Je veux mourir chaud comme braise*
> *Entre les bras de ma Cypris,*
> *Tant j'ay d'amour le cœur épris,*
> *Si je n'envoye pestre l'herbe*
> *Desportes, Ronsard et Malherbe.*

Malherbe, soit! mais Desportes et Ronsard, jamais Regnier n'eût ainsi parlé d'eux.

Mais voici qui vaut mieux : une *Elégie de l'an* 1613 nous présente Regnier marié!

> *Amy, pourquoi me veux-tu tant reprendre*
> *Que ne debvois si soubdain prendre femme ?*
> *Ne me fais plus la guerre, je te dis,*
> *Car je l'ay faict pour avoir paradis,*
> *Et ne pouvois faire meilleur ouvrage*
> *Pour mon salut qu'entrer en mariage,*
> *Car tous maris sont d'un cas soucieux*
> *Qui me rend seur d'aller jusques aux cieux.*

dant paraissent lui appartenir, les vers *pour Monsieur le Dauphin* (page 195 de mon édition) et la pièce qui commence ainsi : *Encor que ton œil soit esteint* (page 374 de l'édition E. de B.).

9° *Œuvres de Regnier. Edition Louis Lacour. Paris, Académie des Bibliophiles*, 1867, in-8.

Cette édition, au-dessus de tout éloge sous le rapport typographique, est en outre une bonne édition. Au texte de 1613, qu'elle reproduit un peu trop scrupuleusement peut-être, on a joint les variantes des éditions précédentes, et ce qu'il y a de meilleur parmi les pièces recueillies par les divers éditeurs de Regnier.

En somme, l'œuvre authentique de Regnier ne se compose guère que des pièces qui figurent dans l'édition de 1613. Mais il est presque certain que plusieurs de celles qu'on lui attribue sont réellement de lui. Regnier ne paraît pas s'être beaucoup préoccupé du soin de présenter ses œuvres au public. Les éditions successives qui en ont été faites de son vivant deviennent plus fautives à mesure qu'elles se multiplient, et ne présentent pas une variante, pas une correction d'auteur. Il est probable qu'il ne se souciait pas plus de ses pièces inédites que de celles qu'il avait publiées.

Le grand hazard d'estre cocu les fasche ;
Si je le suis et que point ne le sçache,
Innocent suis ; or tous les innocens
Seront sauvés, y en eust-il cinq cinq cens.
Si malgré moy je puis voir et sentir
Que l'on me fait cocu, je suis martir ;
Les bons martirs, si l'on croit l'Ecriture,
Iront en gloire, et moy donc par droiture.
Regarde donc si je ne suis pas sage
D'avoir au ciel assigné mon partage.
Que fusses-tu, pour le bien qu'il me semble,
Bien marié et cocu tout ensemble.

J'ai rapporté cette pièce en entier, parce que c'est une des meilleures ; mais ce n'est pas là du Regnier.

Il dut en circuler un certain nombre, et celles qu'on lui attribue dans des recueils manuscrits ou imprimés à peu près contemporains sont probablement sorties de sa plume. Ajoutons que certaines de ces pièces ne pouvaient absolument pas être avouées, même par Regnier.

On comprend combien il est difficile de déterminer quelles sont, dans les pièces attribuées à Regnier, celles qui lui appartiennent. C'est une affaire de sentiment et de goût, pour laquelle j'aime mieux m'en rapporter au lecteur qu'à moi-même. J'ai donc pris le seul parti que j'avais à prendre : Je donne toutes les pièces recueillies par les précédents éditeurs, et même un peu plus [1]. On trouvera dans les notes l'indication des sources.

J'aurais pu donner quelques morceaux encore qui me paraissent être très-certainement de Regnier. J'ai cru devoir m'en abstenir par respect pour le lecteur. J'ai laissé trois pièces dans les *Délices satyriques* [2], où M. Ed. Tricotel les a découvertes [3], et une ode inédite, pleine d'une verve endiablée, dans le manuscrit 884 fonds français, à la Bibliothèque impériale [4].

J'ai reproduit le *Combat de Regnier et de Bertelot*, qu'on attribue à Sigognes, pour les raisons que j'ai déjà fait connaître. Mais j'ai dû laisser de côté deux pièces dédiées à Regnier. L'une se trouve dans l'édition de ses Œuvres, 1616, fol. 150 v°, et l'autre dans les *Délices satyriques*, p. 411-417.

Pour les pièces publiées du vivant de Regnier, j'ai

---

1. A l'exception, toutefois, des pièces du manuscrit 12,491.
2. Paris, 1620, in-12, p. 22-23 (*Je ne suis pas prest de me rendre*); p. 98-99 (*Jeanne, vous desguisez en vain*); et p. 24-25 (*Encor que ton teint soit desteint*). Cette dernière pièce se trouve aussi dans le manuscrit 884 fonds français et dans le manuscrit 12,491. Elle a été réimprimée dans une édition récente.
3. Voy. *Variétés bibliographiques*, par M. Ed. Tricotel. Paris, 1863, in-12, p. 220 et s.
4. Fol. 185 r°. Elle commence ainsi :

Ceste noire et vieille corneille.

suivi l'édition de 1613, mais en prenant le texte des éditions précédentes lorsqu'il m'a paru meilleur. Dans ce cas, j'ai indiqué dans les *Variantes* la leçon de 1613.

Pour les pièces posthumes ou apocryphes, j'ai suivi le texte le plus ancien; mais j'ai cru pouvoir me dispenser d'indiquer les variantes.

Le Glossaire-Index qui termine le volume pourrait être plus long. Pour les noms de personnes et de lieux, il était inutile de répéter ce que tout le monde sait, ce qu'on trouve partout. Pour le Glossaire proprement dit, je n'ai pas cru devoir y faire entrer les mots vieillis, les termes de fauconnerie, de manége, etc., qui ne sont pas familiers à tout le monde, il est vrai, mais qu'on trouve dans le *Dictionnaire de l'Académie*. Je me suis borné à expliquer les mots qui ne figurent pas dans ce code de notre langue, ou qui n'y figurent pas avec le sens que leur donne Regnier.

P. J.

ŒUVRES DE REGNIER

PUBLIÉES DE SON VIVANT

---

*Verum, ubi plura nitent in carmine, non ego paucis
Offendar maculis.*

AU ROY.

Sire,

Je m'estois jusques icy résolu de tesmoigner par le silence le respect que je doy à Vostre Majesté. Mais ce que l'on eust tenu pour reverence le seroit maintenant pour ingratitude, qu'il lui a pleu, me faisant du bien, m'inspirer, avec un desir de vertu, celuy de me rendre digne de l'aspect du plus parfaict et du plus victorieux Monarque du monde. On lit qu'en Etyopie il y avoit une statue qui rendoit un son armonieux toutes les fois que le Soleil levant la regardoit. Ce mesme miracle (SIRE) avez vous faict en moy, qui, touché de l'astre de V. M., ay receu la voix et la parole. On ne trouvera donc estrange si, me ressentant de cet honneur, ma Muse prend la hardiesse de se mettre à l'abry de vos palmes, et si temerairement elle ose vous offrir ce qui par droict est desjà vostre, puisque vous l'avez fait naistre dans un sujet qui n'est animé que de vous, et qui aura éternellement le cœur et la bouche ouverte à vos louanges, faisant des

vœux et des prières continuelles à Dieu qu'il vous rende
là haut dans le Ciel autant de biens que vous en faites çà
bas en terre.

Vostre très-humble et très-obeïssant
et très-obligé sujet et serviteur,

REGNIER.

ODE A REGNIER

SUR SES SATYRES

Qui de nous se pourroit vanter
De n'estre point en servitude,
Si l'heur, le courage et l'estude
Ne nous en sçauroient exempter ?
Si chacun languit abbatu,
Serf de l'espoir qui l'importune,
Et si mesme on voit la vertu
Estre esclave de la fortune ?

L'un aux plus grands se rend suject,
Les grands le sont à la contrainte,
L'autre aux douleurs, l'autre à la crainte,
Et l'autre à l'amoureux object.
Le monde est en captivité ;
Nous sommes tous serfs de nature,
Ou, vifs, de notre volupté,
Ou, morts, de notre sepulture.

Mais en ce temps de fiction,
Et que ses humeurs on desguise,
Temps où la servile feintise
Se fait nommer discretion,
Chacun faisant le reservé,
Et de son plaisir son idole,
REGNIER, tu t'es bien conservé
La liberté de la parole.

ODE A REGNIER.

    Ta libre et veritable voix
Monstre si bien l'erreur des hommes,
Le vice du temps où nous sommes
Et le mespris qu'on fait des loix,
Que ceux qu'il te plaist de toucher
Des poignans traicts de ta satyre,
S'ils n'avoient honte de pecher,
En auroient de te l'ouyr dire.

    Pleust à Dieu que tes vers si doux,
Contraires à ceux de Tyrtée,
Fleschissent l'audace indomptée
Qui met nos guerriers en courroux,
Alors que la jeune chaleur
Ardents au duel les fait estre,
Exposant leur forte valeur
Dont ils devroient servir leur maistre?

    Flatte leurs cœurs trop valeureux,
Et d'autres desseins leurs imprimes;
Laisses là les faiseurs de rimes,
Qui ne sont jamais mal heureux
Sinon quand leur témérité
Se feint un merite si rare,
Que leur espoir precipité
A la fin devient un Icare.

    Si l'un d'eux te vouloit blasmer,
Par coustume ou par ignorance,
Ce ne seroit qu'en esperance
De s'en faire plus estimer;
Mais alors, d'un vers menassant,
Tu lui ferois voir que ta plume
Est celle d'un aigle puissant,
Qui celles des autres consume.

    Romprois-tu pour eux l'union
De la muse et de ton genie,
Asservy sous la tyrannie
De leur commune opinion?
Croy plustost que jamais les Cieux
Ne regardèrent, favorables,
L'envie, et que les envieux
Sont tousjours les plus miserables.

N'escry point pour un foible honneur;
Tasche seulement de te plaire.
On est moins prisé du vulgaire
Par merite que par bon-heur.
Mais garde que le jugement
D'un insolent te face blesme,
Ou tu deviendras, autrement,
Le propre tyran de toy-mesme.

REGNIER, la louange n'est rien :
Des faveurs elle a sa naissance;
N'estant point en nostre puissance,
Je ne la puis nommer un bien.
Fuy donc la gloire qui deçoit
La vaine et credule personne,
Et n'est pas à qui la reçoit :
Elle est à celuy qui la donne.

MOTIN.

Difficile est Satyram non scribere.

DISCOURS AU ROY

SATYRE I

Puissant Roy des François, astre vivant de Mars,
Dont le juste labeur, surmontant les hazards,
Fait voir par sa vertu que la grandeur de France
Ne pouvoit succomber souz une autre vaillance ;
Vray fils de la valeur de tes pères, qui sont
Ombragez des lauriers qui couronnent leur front,
Et qui, depuis mille ans, indomtables en guerre,
Furent transmis du ciel pour gouverner la terre,
Attendant qu'à ton rang ton courage t'eust mis,
En leur trosne eslevé dessus tes ennemis ;
Jamais autre que toy n'eust avecque prudence
Vaincu de ton suject l'ingrate outrecuidance,
Et ne l'eust, comme toy, du danger preservé :
Car estant ce miracle à toy seul reservé,
Comme au Dieu du pays, en ses desseins parjures
Tu faits que tes bontez excedent ses injures.
   Or, après tant d'exploits finis heureusement,
Laissant aux cœurs des tiens, comme un vif monu-
Avecque ta valeur ta clemence vivante   [ment,
Dedans l'eternité de la race suivante,
Puisse-tu, comme Auguste, admirable en tes faits,
Rouller tes jours heureux en une heureuse paix ;
Ores que la justice icy bas descendue,   [rendue ;
Aux petits comme aux grands par tes mains est
Que sans peur du larron trafique le marchand ;
Que l'innocent ne tombe aux aguets du meschant,

Et que de ta couronne, en palmes si fertile,
Le miel abondamment et la manne distile,
Comme des chesnes vieux aux jours du siècle d'or,
Qui, renaissant soubz toy, reverdissent encor.

Aujourd'huy que ton fils, imitant ton courage,
Nous rend de sa valeur un si grand tesmoignage,
Que, jeune, de ses mains la rage il déconfit,
Estouffant les serpens ainsi qu'Hercule fit,
Et, domtant la discorde à la gueule sanglante,
D'impieté, d'horreur encore fremissante,
Il luy trousse les bras, de meurtres entachez,
De cent chaisnes d'acier sur le dos attachez,
Sous des monceaux de fer dans ses armes l'enterre,
Et ferme pour jamais le temple de la guerre,
Faisant voir clairement par ses faits triomphants
Que les Roys et les dieux ne sont jamais enfants ;
Si bien que, s'eslevant sous ta grandeur prospère,
Genereux heritier d'un si genereux père,
Comblant les bons d'amour et les meschans d'effroy,
Il se rend au berceau desjà digne de toy.

Mais c'est mal contenter mon humeur frenetique,
Passer de la Satyre en un Panegyrique,
Où, molement disert souz un sujet si grand,
Dès le premier essay mon courage se rend.
Aussi, plus grand qu'Ænée et plus vaillant qu'Achille,
Tu surpasses l'esprit d'Homère et de Virgille,
Qui leurs vers à ton los ne peuvent esgaler,
Bien que maistres passez en l'art de bien parler.
Et quand j'esgallerois ma Muse à ton merite,
Toute extreme louange est pour toy trop petite,
Ne pouvant le finy joindre l'infinité ;
Et c'est aux mieux disants une témerité
De parler où le Ciel discourt par tes oracles,
Et ne se taire pas où parlent tes miracles ;
Où tout le monde entier ne bruit que tes projects,

Où ta bonté discourt au bien de tes sujects,
Où nostre aise et la paix ta vaillance publie ;
Où le discord esteint et la loy restablie
Annoncent ta justice ; où le vice abattu
Semble en ses pleurs chanter un hymne à ta vertu.

Dans le temple de Delphe, où Phœbus on revère,
Phœbus, roy des chansons et des muses le père,
Au plus haut de l'autel se voit un laurier sainct,
Qui sa perruque blonde en guirlandes estraint,
Que nul prestre du temple en jeunesse ne touche,
Ny mesme predisant ne le masche en la bouche,
Chose permise aux vieux de sainct zèle enflamez,
Qui se sont par service en ce lieu confirmez,
Devots à son mistere, et de qui la poictrine
Est pleine de l'ardeur de sa verve divine.
Par ainsi, tout esprit n'est propre à tout suject :
L'œil foible s'éblouit en un luisant object.
De tout bois, comme on dit, Mercure on ne façonne,
Et toute medecine à tout mal n'est pas bonne.
De mesme le laurier et la palme des Roys
N'est un arbre où chacun puisse mettre les doigts ;
Joint que ta vertu passe, en louange feconde,
Tous les Roys qui seront et qui furent au monde.

Il se faut reconnoistre, il se faut essayer,
Se sonder, s'exercer, avant que s'employer,
Comme fait un luiteur entrant dedans l'arène,
Qui, se tordant les bras, tout en soy se demène,
S'alonge, s'accourcit, ses muscles estendant,
Et, ferme sur ses pieds, s'exerce en attendant
Que son ennemy vienne, estimant que la gloire
Jàriante en son cœur luy donra la victoire.

Il faut faire de mesme, un œuvre entreprenant ;
Juger comme au suject l'esprit est convenant,
Et, quand on se sent ferme et d'une aisle assez forte,
Laisser aller la plume où la verve l'emporte.

Mais, Sire, c'est un vol bien eslevé pour ceux
Qui, foibles d'exercice et d'esprit paresseux,
Enorgueillis d'audace en leur barbe première,
Chantèrent ta valeur d'une façon grossière,
Trahissant tes honneurs avecqu' la vanité
D'attenter par ta gloire à l'immortalité.
Pour moy, plus retenu, la raison m'a faict craindre ;
N'osant suivre un suject où l'on ne peut atteindre,
J'imite les Romains encore jeunes d'ans,
A qui l'on permettoit d'accuser, impudans,
Les plus vieux de l'estat, de reprendre, et de dire
Ce qu'ils pensoient servir pour le bien de l'empire.

 Et comme la jeunesse est vive et sans repos,
Sans peur, sans fiction et libre en ses propos,
Il semble qu'on luy doit permettre davantage ;
Aussi que les vertus fleurissent en cet âge,
Qu'on doit laisser meurir sans beaucoup de rigueur,
Afin que tout à l'aise elles prennent vigueur.

 C'est ce qui m'a contrainct de librement escrire,
Et, sans picquer au vif, me mettre à la Satyre,
Où, poussé du caprice ainsi que d'un grand vent,
Je vais haut dedans l'air quelquefois m'eslevant ;
Et quelque fois aussi, quand la fougue me quite,
Du plus haut au plus bas mon vers se precipite,
Selon que, du subject touché diversement,
Les vers à mon discours s'offrent facilement.
Aussi que la satyre est comme une prairie,
Qui n'est belle sinon en sa bisarrerie ;
Et, comme un pot pourry des frères mandians,
Elle forme son goust de cent ingredians.

 Or, grand Roy, dont la gloire en la terre espandue
Dans un dessein si haut rend ma muse esperdue,
Ainsi que l'œil humain le soleil ne peut voir,
L'esclat de tes vertus offusque tout sçavoir ;
Si bien que je ne sçay qui me rend plus coulpable,

Ou de dire si peu d'un suject si capable,
Ou la honte que j'ay d'estre si mal apris,
Ou la temerité de l'avoir entrepris.
Mais quoy! par ta bonté, qui tout autre surpasse,
J'espère du pardon, avecque ceste grace
Que tu liras ces vers, où, jeune, je m'esbas
Pour esgayer ma force, ainsi qu'en ces combas
De fleurets on s'exerce, et dans une barriere
Aux pages l'on reveille une adresse guerriere,
Follement courageuse, afin qu'en passe-temps
Un labeur vertueux anime leur printemps,
Que leur corps se desnoue et se desengourdisse,
Pour estre plus adroits à te faire service.
Aussi je fais de mesme en ces caprices fous:
Je sonde ma portée et me taste le pous,
Afin que s'il advient, comme un jour je l'espère,
Que Parnasse m'adopte et se dise mon père,
Emporté de ta gloire et de tes faits guerriers,
Je plante mon lierre au pied de tes lauriers.

FIN.

A MONSIEUR

LE COMTE DE CARAMAIN

SATYRE II

Comte, de qui l'esprit penètre l'univers,
Soigneux de ma fortune et facile à mes vers,
Cher soucy de la muse et sa gloire future,
Dont l'aimable genie et la douce nature
Fait voir, inaccessible aux efforts medisans,
Que vertu n'est pas morte en tous les courtisans
Bien que foible et debile et que, mal reconnue,
Son habit decousu la montre à demy nue;
Qu'elle ait sèche la chair, le corps amenuisé,
Et serve à contre-cœur le vice auctorisé,
Le vice qui, pompeux, tout merite repousse,
Et va comme un banquier en carrosse et en housse.
    Mais c'est trop sermonné de vice et de vertu.
Il faut suivre un sentier qui soit moins rebatu,
Et, conduit d'Apollon, recognoistre la trace
Du libre Juvenal; trop discret est Horace
Pour un homme picqué, joint que la passion,
Comme sans jugement est sans discretion.
Cependant il vaut mieux sucrer nostre moutarde :
L'homme pour un caprice est sot qui se hazarde.
    Ignorez donc l'autheur de ces vers incertains,
Et, comme enfans trouvez, qu'ils soient fils de putains
Exposez en la rue, à qui mesme la mère,
Pour ne se descouvrir, fait plus mauvaise chère.

Ce n'est pas que je croye, en ces temps effrontez,
Que mes vers soient sans père et ne soient adoptez,
Et que ces rimasseurs, pour feindre une abondance,
N'approuvent, impuissans, une fausse semence,
Comme nos citoyens de race desireux,
Qui bercent les enfans qui ne sont pas à eux.
Ainsi, tirant profit d'une fausse doctrine,
S'ils en sont accusez ils feront bonne mine,
Et voudront, le niant, qu'on lise sur leur front,
S'il se fait un bon vers, que c'est eux qui le font.
Jaloux d'un sot honneur, d'une bastarde gloire,
Comme gens entendus s'en veulent faire accroire :
A faux titre insolens, et sans fruict hazardeux,
Pissent au benestier afin qu'on parle d'eux.
Or, avecq' tout cecy, le point qui me console,
C'est que la pauvreté comme moi les affole,
Et que, la grace à Dieu, Phœbus et son troupeau,
Nous n'eusmes sur le dos jamais un bon manteau.
Aussi, lors que l'on voit un homme par la rue
Dont le rabat est sale et la chausse rompue,
Ses grègues aux genoux, au coude son pourpoint,
Qui soit de pauvre mine et qui soit mal en point,
Sans demander son nom on le peut reconnoistre ;
Car si ce n'est un poëte au moins il le veut estre.
Pour moy, si mon habit, par tout cicatricé,
Ne me rendoit du peuple et des grands mesprisé,
Je prendrois patience, et parmy la misère
Je trouverois du goust ; mais ce qui doit desplaire
A l'homme de courage et d'esprit relevé,
C'est qu'un chacun le fuit ainsi qu'un reprouvé ;
Car en quelque façon les malheurs sont propices.
Puis les gueux en gueusant trouvent maintes delices,
Un repos qui s'esgaye en quelque oysiveté.
Mais je ne puis patir de me voir rejetté. [France,
 C'est donc pourquoy si jeune, abandonnant la

J'allay, vif de courage et tout chaud d'esperance,
En la cour d'un prélat qu'avec mille dangers
J'ay suivy, courtisan, aux païs estrangers.
J'ay changé mon humeur, alteré ma nature ;
J'ay beu chaud, mangé froid, j'ay couché sur la dure ;
Je l'ay, sans le quitter, à toute heure suivy ;
Donnant ma liberté, je me suis asservy,
En public, à l'église, à la chambre, à la table,
Et pense avoir esté maintefois agréable.

Mais, instruit par le temps, à la fin j'ai connu
Que la fidelité n'est pas grand revenu,
Et qu'à mon temps perdu, sans nulle autre esperance,
L'honneur d'estre sujet tient lieu de recompense,
N'ayant autre interest de dix ans jà passez,
Sinon que sans regret je les ay despensez.
Puis je sçay, quant à luy, qu'il a l'ame royale,
Et qu'il est de nature et d'humeur liberalle.
Mais, ma foy, tout son bien enrichir ne me peut,
Ny domter mon malheur, si le ciel ne le veut.
C'est pourquoy, sans me plaindre en ma desconvenue,
Le malheur qui me suit ma foy ne diminue ;
Et, rebuté du sort, je m'asservy pourtant,
Et sans estre advancé je demeure contant,
Sçachant bien que fortune est ainsi qu'une louve,
Qui sans choix s'abandonne au plus laid qu'elle trouve;
Qui releve un pedant de nouveau baptisé
Et qui par ses larcins se rend authorisé :
Qui le vice annoblit, et qui, tout au contraire,
Ravalant la vertu, la confine en misère.
Et puis je m'iray plaindre après ces gens icy?
Non, l'exemple du temps n'augmente mon soucy.
Et bien qu'elle ne m'ait sa faveur departie,
Je n'entend, quand à moy, de la prendre à partie,
Puis que, selon mon goust, son infidelité
Ne donne et n'oste rien à la felicité.

Mais que veux-tu qu'on face en ceste humeur austère ?
Il m'est, comme aux putains, mal-aisé de me taire ;
Il m'en faut discourir de tort et de travers.
Puis souvent la colère engendre de bons vers.

    Mais, Comte, que sçait-on ? elle est peut-estre sage,
Voire avecque raison inconstante et volage ;
Et, déesse avisée aux biens qu'elle depart,
Les adjuge au merite, et non point au hazard.
Puis l'on voit de son œil, l'on juge de sa teste,
Et chacun en son dire a droict en sa requeste :
Car l'amour de soy-mesme et nostre affection
Adjouste avec usure à la perfection.
Tousjours le fond du sac ne vient en evidence,
Et bien souvent l'effet contredit l'apparence.
De Socrate à ce point l'oracle est my-party,
Et ne sçait-on au vray qui des deux a menty,
Et si, philosophant, le jeune Alcibiade,
Comme son chevalier en receut l'accolade.

    Il n'est à decider rien de si mal aisé
Que sous un sainct habit le vice desguisé.
Par ainsi j'ai donc tort, et ne doy pas me plaindre,
Ne pouvant par merite autrement la contraindre
A me faire du bien, ny de me departir
Autre chose, à la fin, sinon qu'un repentir.

    Mais quoy ! qu'y feroit on ? Puis qu'on ne s'ose pendre,
Encor faut-il avoir quelque chose où se prendre,
Qui flatte, en discourant, le mal que nous sentons.

    Or laissant tout cecy, retourne à nos moutons,
Muse, et sans varier dy nous quelques sornettes
De tes enfans bastars, ces tiercelets de poëtes,
Qui par les carrefours vont leurs vers grimassans,
Qui par leurs actions font rire les passans,
Et quand la faim les poind, se prenant sur le vostre,
Comme les estourneaux ils s'affament l'un l'autre.

    Cependant sans souliers, ceinture ny cordon,

L'œil farouche et troublé, l'esprit à l'abandon,
Vous viennent accoster comme personnes yvres,
Et disent pour bon-jour : « Monsieur, je fais des livres,
On les vend au Palais, et les doctes du temps,
A les lire amusez, n'ont autre passe-temps. »
De là, sans vous laisser, importuns, ils vous suivent,
Vous alourdent de vers, d'allegresse vous privent,
Vous parlent de fortune, et qu'il faut acquerir
Du credit, de l'honneur, avant que de mourir ;
Mais que, pour leur respect, l'ingrat siècle où nous som- [mes
Au prix de la vertu n'estime point les hommes ;
Que Ronsard, du Bellay, vivants ont eu du bien,
Et que c'est honte au Roy de ne leur donner rien.
Puis, sans qu'on les convie, ainsi que venerables,
S'assient en prelats les premiers à vos tables,
Où le caquet leur manque, et des dents discourant,
Semblent avoir des yeux regret au demeurant.

 Or la table levée, ils curent la machoire ;
Après graces Dieu beut ils demandent à boire,
Vous font un sot discours, puis au partir de là,
Vous disent : « Mais, Monsieur, me donnez-vous cela ? »
C'est tousjours le refrein qu'ils font à leur balade.
Pour moy, je n'en voy point que je n'en sois malade ;
J'en perds le sentiment, du corps tout mutilé,
Et durant quelques jours j'en demeure opilé.

 Un autre, renfrogné, resveur, melancolique,
Grimassant son discours, semble avoir la colique,
Suant, crachant, toussant, pensant venir au point,
Parle si finement que l'on ne l'entend point.

 Un autre, ambitieux, pour les vers qu'il compose
Quelque bon benefice en l'esprit se propose,
Et, dessus un cheval comme un singe attaché,
Meditant un sonnet, medite un evesché.

 Si quelqu'un, comme moy, leurs ouvrages n'estime,
Il est lourd, ignorant, il n'ayme point la rime ;

SATYRE II.

Difficile, hargneux, de leur vertu jaloux,
Contraire en jugement au commun bruit de tous :
Que leur gloire il desrobe avec ses artifices.
Les dames cependant se fondent en delices
Lisant leurs beaux escrits, et de jour et de nuict
Les ont au cabinet souz le chevet du lict ;
Que, portez à l'église, ils vallent des matines,
Tant, selon leurs discours, leurs œuvres sont divines.

Encore, après cela, ils sont enfants des Cieux,
Ils font journellement carrousse avecq' les Dieux :
Compagnons de Minerve et confis en science,
Un chacun d'eux pense estre une lumière en France.

Ronsard, fay-m'en raison, et vous autres, esprits
Que, pour estre vivants, en mes vers je n'escrits ;
Pouvez-vous endurer que ces rauques cygalles
Esgallent leurs chansons à vos œuvres royalles,
Ayant vostre beau nom laschement dementy ?
Ha ! c'est que vostre siècle est en tout perverty.
Mais pourtant, quel esprit, entre tant d'insolence,
Sçait trier le sçavoir d'avecques l'ignorance,
Le naturel de l'art, et d'un œil avisé
Voit qui de Calliope est plus favorisé ?

Juste postérité, à tesmoin je t'appelle,
Toy qui sans passion maintiens l'œuvre immortelle,
Et qui, selon l'esprit, la grace et le sçavoir,
De race en race au peuple un ouvrage fais voir :
Venge ceste querelle, et justement sépare
Du cigne d'Apollon la corneille barbare,
Qui, croassant partout d'un orgueil effronté,
Ne couche de rien moins que l'immortalité.

Mais, Comte, que sert-il d'en entrer en colère !
Puisque le temps le veut, nous n'y pouvons rien faire.
Il faut rire de tout : aussi bien ne peut-on
Changer Chose en Virgile, ou bien l'autre en Platon.

Quel plaisir penses-tu que dans l'ame je sente

Quand l'un de ceste trouppe en audace insolente
Vient à Vanves à pied pour grimper au coupeau
Du Parnasse françois et boire de son eau ;
Que, froidement reçeu, on l'escoute à grand peine ;
Que la muse en groignant lui deffend sa fontaine,
Et, se bouchant l'oreille au récit de ses vers,
Tourne les yeux à gauche et les lit de travers ;
Et, pour fruit de sa peine aux grands vens dispersée,
Tous ses papiers servir à la chaise percée ?
 Mais comme eux je suis poëte, et sans discrétion
Je deviens importun avec presomption.
 Il faut que la raison retienne le caprice,
Et que mon vers ne soit qu'ainsi qu'un exercice
Qui par le jugement doit estre limité
Selon que le requiert ou l'âge ou la santé.
 Je ne sçay quel demon m'a fait devenir poëte :
Je n'ay, comme ce Grec, des dieux grand interprète,
Dormy sur Helicon, où ces doctes mignons
Naissent en une nuict comme les champignons.
Si ce n'est que ces jours, allant à l'adventure,
Resvant comme un oyson allant à la pasture,
A Vanves j'arrivay, où, suivant maint discours,
On me fit au jardin faire cinq ou six tours ;
Et comme un conclaviste entre dans le conclave,
Le sommelier me prit et m'enferme en la cave,
Où, beuvant et mangeant, je fis mon coup d'essay,
Et où, si je sçay rien, j'appris ce que je sçay.
 Voylà ce qui m'a fait et poëte et satyrique,
Reglant la mesdisance à la façon antique.
Mais à ce que je voy, simpatisant d'humeur,
J'ay peur que tout à fait je deviendray rimeur.
J'entre sur ma louange, et, bouffi d'arrogance,
Si je n'en ay l'esprit, j'en auray l'insolence.
Mais retournons à nous, et, sages devenus,
Soyons à leurs depens un peu plus retenus.

Or, Comte, pour finir, ly doncqu' ceste satyre,
Et voy ceux de ce temps que je pince sans rire,
Pendant qu'à ce printemps retournant à la cour,
J'iray revoir mon maistre et lui dire bon-jour.

FIN.

A MONSIEUR
LE MARQUIS DE CŒUVRES

SATYRE III

Marquis, que doy-je faire en ceste incertitude ?
Dois-je, las de courir, me remettre à l'estude,
Lire Homère, Aristote, et, disciple nouveau,
Glaner ce que les Grecs ont de riche et de beau,
Reste de ces moissons que Ronsard et Desportes
Ont remporté du champ sur leurs espaules fortes,
Qu'ils ont comme leur propre en leur grange entassé,
Esgallant leurs honneurs aux honneurs du passé ?
Ou si, continuant à courtiser mon maistre,
Je me doy jusqu'au bout d'esperance repaistre,
Courtisan morfondu, frenetique et resveur,
Portrait de la disgrace et de la defaveur ;
Puis, sans avoir du bien, troublé de resverie,
Mourir dessus un coffre en une hostellerie,
En Thoscane, en Savoye, ou dans quelque autre lieu,
Sans pouvoir faire paix ou trefve avecques Dieu ?
Sans parler je t'entends : il faut suivre l'orage ;
Aussi bien on ne peut où choisir avantage.
Nous vivons à tastons, et dans ce monde icy
Souvent avecq' travail on poursuit du soucy :
Car les dieux, courroussez contre la race humaine,
Ont mis avec les biens la sueur et la peine.
Le monde est un berlan où tout est confondu :
Tel pense avoir gagné qui souvent a perdu,
Ainsi qu'en une blanque où par hazard on tire,

Et qui voudroit choisir souvent prendroit le pire.
Tout despend du destin, qui, sans avoir esgard,
Les faveurs et les biens en ce monde depart.
　　Mais puis qu'il est ainsi que le sort nous emporte,
Qui voudroit se bander contre une loy si forte ?
Suivons donq' sa conduite en cet aveuglement.
Qui pèche avecq' le Ciel pèche honorablement.
Car penser s'affranchir, c'est une resverie ;
La liberté par songe en la terre est cherie.
Rien n'est libre en ce monde, et chaque homme depend,
Comtes, princes, sultans, de quelque autre plus grand.
Tous les hommes vivants sont icy bas esclaves ;
Mais suivant ce qu'ils sont ils different d'entraves ;
Les uns les portent d'or et les autres de fer ;
Mais, n'en desplaise aux vieux, ny leur philosopher
Ni tant de beaux escrits qu'on lit en leurs escoles,
Pour s'affranchir l'esprit ne sont que des paroles.
　　Au joug nous sommes nez, et n'a jamais esté
Homme qu'on ait veu vivre en plaine liberté.
　　En vain, me retirant enclos en une estude,
Penseroy-je laisser le joug de servitude ;
Estant serf du desir d'apprendre et de sçavoir,
Je ne ferois sinon que changer de devoir.
C'est l'arrest de nature, et personne en ce monde
Ne sçauroit controller sa sagesse profonde.
　　Puis, que peut-il servir aux mortels icy bas,
Marquis, d'estre sçavant ou de ne l'estre pas,
Si la science, pauvre, affreuse et mesprisée,
Sert au peuple de fable, aux plus grands de risée ;
Si les gens de latin des sots sont denigrez,
Et si l'on est docteur sans prendre ses degrez ?
Pourveu qu'on soit morgant, qu'on bride sa moustache,
Qu'on frise ses cheveux, qu'on porte un grand panna-
Qu'on parle barragouyn et qu'on suive le vent, [che,
En ce temps du jourd'huy l'on n'est que trop sçavant.

Du siècle les mignons, fils de la poulle blanche,
Ils tiennent à leur gré la fortune en la manche ;
En credit eslevez, ils disposent de tout,
Et n'entreprennent rien qu'ils n'en viennent à bout.
Mais quoy ! me diras-tu, il t'en faut autant faire :
Qui ose a peu souvent la fortune contraire.
Importune le Louvre et de jour et de nuict,
Perds pour t'assujettir et la table et le lict ;
Sois entrant, effronté, et sans cesse importune :
En ce temps l'impudence eslève la fortune. »

   Il est vray ; mais pourtant je ne suis point d'avis
De desgager mes jours pour les rendre asservis,
Et souz un nouvel astre aller, nouveau pilotte,
Conduire en autre mer mon navire qui flotte,
Entre l'espoir du bien et la peur du danger
De froisser mon attente en ce bord estranger.

   Car, pour dire le vray, c'est un pays estrange
Où, comme un vray Prothée, à toute heure on se [change,
Où les loix, par respect sages humainement,
Confondent le loyer avecq' le chastiment ;
Et pour un mesme fait, de mesme intelligence,
L'un est justicié, l'autre aura recompence.

   Car selon l'interest, le credit ou l'appuy
Le crime se condamne et s'absout aujourd'huy.
Je le dy sans confondre en ces aigres remarques
La clemence du Roy, le miroir des Monarques,
Qui, plus grand de vertu, de cœur et de renom,
S'est acquis de Clement et la gloire et le nom.

   Or, quant à ton conseil qu'à la cour je m'engage,
Je n'en ay pas l'esprit non plus que le courage.
Il faut trop de sçavoir et de civilité,
Et, si j'ose en parler, trop de subtilité.
Ce n'est pas mon humeur ; je suis melancolique ;
Je ne suis point entrant ; ma façon est rustique,
Et le surnom de bon me va-t-on reprochant,

D'autant que je n'ay pas l'esprit d'estre meschant.
 Et puis, je ne sçaurois me forcer ny me feindre ;
Trop libre en volonté, je ne me puis contraindre ;
Je ne sçaurois flatter, et ne sçay point comment
Il faut se taire, accort, ou parler faussement,
Benir les favoris de geste et de parolles,
Parler de leurs ayeux au jour de Cerizolles,
Des hauts faits de leur race, et comme ils ont acquis
Ce titre avecq' honneur de ducs et de marquis.
 Je n'ay point tant d'esprit pour tant de menterie ;
Je ne puis m'adonner à la cageollerie ;
Selon les accidents, les humeurs ou les jours,
Changer comme d'habits tous les mois de discours.
Suivant mon naturel, je hay tout artifice :
Je ne puis desguiser la vertu ni le vice,
Offrir tout de la bouche, et d'un propos menteur,
Dire : « Pardieu, Monsieur, je vous suis serviteur ; »
Pour cent bonadiez s'arrester en la rue,
Faire sus l'un des pieds en la sale la grue,
Entendre un marjollet qui dit avec mespris :
« Ainsi qu'asnes, ces gens sont tous vestus de gris ;
Ces autres, verdelets, aux perroquets ressemblent ;
Et ceux cy, mal peignez, devant les dames tremblent. »
Puis au partir de là, comme tourne le vent,
Avecques un bonjour amis comme devant.
 Je n'entends point le cours du ciel ny des planettes ;
Je ne sçay deviner les affaires secrètes,
Connoistre un bon visage, et juger si le cœur,
Contraire à ce qu'on voit, ne seroit point mocqueur.
 De porter un poullet je n'ai la suffisance,
Je ne suis point adroit, je n'ay point d'eloquence
Pour colorer un fait ou destourner la foy,
Prouver qu'un grand amour n'est suject à la loy,
Suborner par discours une femme coquette,
Luy conter des chansons de Jeanne et de Paquette,

Desbaucher une fille, et par vives raisons
Luy monstrer comme Amour fait les bonnes maisons,
Les maintient, les eslève, et, propice aux plus belles,
En honneur les avance et les fait damoyselles ;
Que c'est pour leurs beaux nez que se font les balets :
Qu'elles sont le subject des vers et des poullets ;
Que leur nom retentit dans les airs que l'on chante ;
Qu'elles ont à leur suite une troupe béante
De langoureux transis ; et, pour le faire court,
Dire qu'il n'est rien tel qu'aymer les gens de Court,
Alegant maint exemple en ce siècle où nous sommes
Qu'il n'est rien si facile à prendre que les hommes,
Et qu'on ne s'enquiert plus s'elle a fait le pourquoy,
Pourveu qu'elle soit riche et qu'elle ait bien dequoy.
Quand elle auroit suivy le camp à la Rochelle,
S'elle a force ducats, elle est toute pucelle.
L'honneur estropié, languissant et perclus,
N'est plus rien qu'un idole en qui l'on ne croit plus.

 Or pour dire cecy il faut force mistère,
Et de mal discourir il vaut bien mieux se taire.
Il est vray que ceux-là qui n'ont pas tant d'esprit
Peuvent mettre en papier leur dire par escrit,
Et rendre par leurs vers leur muse maquerelle ;
Mais, pour dire le vray, je n'en ay la cervelle.

 Il faut estre trop prompt, escrire à tous propos,
Perdre pour un sonnet et sommeil et repos.
Puis ma Muse est trop chaste, et j'ay trop de courage,
Et ne puis pour autruy façonner un ouvrage.
Pour moy, j'ai de la Court autant comme il m'en faut;
Le vol de mon dessein ne s'estend point si haut :
De peu je suis content, encore que mon maistre,
S'il luy plaisoit un jour mon travail reconnoistre,
Peut autant qu'autre prince, et a trop de moyen
D'eslever ma fortune et me faire du bien.
Ainsi que sa nature, à la vertu facile,

Promet que mon labeur ne doit estre inutile,
Et qu'il doit quelque jour, mal-gré le sort cuisant,
Mon service honorer d'un honneste presant,
Honneste et convenable à ma basse fortune,
Qui n'abaye et n'aspire, ainsi que la commune,
Après l'or du Pérou, ny ne tend aux honneurs
Que Rome departit aux vertus des seigneurs.
Que me sert de m'asseoir le premier à la table,
Si la faim d'en avoir me rend insatiable,
Et si le faix leger d'une double evesché,
Me rendant moins contant, me rend plus empesché ?
Si la gloire et la charge, à la peine adonnée,
Rend soubs l'ambition mon âme infortunée ?
Et quand la servitude a pris l'homme au colet,
J'estime que le prince est moins que son valet.
C'est pourquoy je ne tends à fortune si grande :
Loin de l'ambition, la raison me commande,
Et ne pretends avoir autre chose sinon
Qu'un simple benefice et quelque peu de nom,
Afin de pouvoir vivre avec quelque asseurance,
Et de m'oster mon bien que l'on ait conscience.

Alors, vrayment heureux, les livres feuilletant,
Je rendrois mon desir et mon esprit contant ;
Car sans le revenu l'estude nous abuse,
Et le corps ne se paist aux banquets de la Muse.
Ses mets sont de sçavoir discourir par raison
Comme l'âme se meut un temps en sa prison,
Et comme, delivrée, elle monte, divine,
Au ciel, lieu de son estre et de son origine ;
Comme le ciel mobile, eternel en son cours,
Fait les siècles, les ans, et les mois et les jours,
Comme aux quatre elemens les matières encloses
Donnent, comme la mort, la vie à toutes choses.
Comme premierement les hommes dispersez,
Furent par l'armonie en trouppes amassez,

Et comme la malice en leur ame glissée
Troubla de nos ayeux l'innocente pensée,
D'où nasquirent les loix, les bourgs et les citez,
Pour servir de gourmette à leurs meschancetez ;
Comme ils furent enfin reduicts sous un empire,
Et beaucoup d'autres plats qui seraient longs à dire ;
Et quand on en sçauroit ce que Platon en sçait,
Marquis, tu n'en serois plus gras ny plus refait ;
Car c'est une viande en esprit consommée,
Legère à l'estomach ainsi que la fumée. [voir ?

 Sçais tu, pour sçavoir bien, ce qu'il nous faut sça-
C'est s'affiner le goust de cognoistre et de voir,
Apprendre dans le monde et lire dans la vie
D'autres secrets plus fins que de philosophie,
Et qu'avecq' la science il faut un bon esprit.

 Or entends à ce point ce qu'un Grec en escrit :
Jadis un loup, dit-il, que la faim espoinçonne,
Sortant hors de son fort rencontre une lionne,
Rugissante à l'abort, et qui monstroit aux dents
L'insatiable faim qu'elle avoit au dedans.
Furieuse elle approche, et le loup, qui l'advise,
D'un langage flateur luy parle et la courtise :
Car ce fut de tout temps que, ployant sous l'effort,
Le petit cède au grand, et le foible au plus fort.

 Luy, di-je, qui craignoit que faute d'autre proye
La beste l'attaquast, ses ruses il employe.
Mais enfin le hazard si bien le secourut,
Qu'un mulet gros et gras à leurs yeux apparut.
Ils cheminent dispos, croyant la table preste,
Et s'approchent tous deux assez près de la beste.
Le loup, qui la cognoist, malin et deffiant,
Luy regardant aux pieds, luy parloit en riant :
« D'où es-tu, qui es-tu ? quelle est ta nourriture,
Ta race, ta maison, ton maistre, ta nature ? »
Le mulet, estonné de ce nouveau discours,

De peur ingenieux, aux ruses eut recours ;
Et, comme les Normans sans lui respondre voire :
« Compère, ce dit-il, je n'ay point de memoire ;
Et comme sans esprit ma grand mère me vit,
Sans m'en dire autre chose au pied me l'escrivit. »

Lors il leve la jambe au jarret ramassée,
Et d'un œil innocent il couvroit sa pensée,
Se tenant suspendu sur les pieds en avant.
Le loup qui l'aperçoit se leve de devant,
S'excusant de ne lire avecq' ceste parolle,
Que les loups de son temps n'alloient point à l'écolle.
Quand la chaude lionne, à qui l'ardente faim
Alloit précipitant la rage et le dessein,
S'approche, plus savante, en volonté de lire.
Le mulet prend le temps, et du grand coup qu'il tire
Luy enfonce la teste, et d'une autre façon,
Qu'elle ne sçavoit point, lui aprit sa leçon.

Alors le loup s'enfuit, voyant la beste morte,
Et de son ignorance ainsi se reconforte :
« N'en desplaise aux docteurs, Cordeliers, Jacobins,
Pardieu, les plus grands clercs ne sont pas les plus fins. »

FIN.

A MONSIEUR MOTIN

SATYRE IV

Motin, la Muse est morte, ou la faveur pour elle.
En vain dessus Parnasse Apollon on appelle,
En vain par le veiller on acquiert du sçavoir,
Si fortune s'en mocque, et s'on ne peut avoir
Ny honneur ny credit, non plus que si nos peines
Estoient fables du peuple inutiles et vaines.
Or va, romps-toi la teste, et de jour et de nuict
Pallis dessus un livre à l'appetit d'un bruict
Qui nous honore après que nous sommes souz terre,
Et de te voir paré de trois brins de lierre,
Comme s'il importoit, estans ombres là bas,
Que nostre nom vescust ou qu'il ne vescust pas.
Honneur hors de saison, inutile merite,
Qui, vivants, nous trahit, et qui, morts, ne profite.
Sans soin de l'avenir, je te laisse le bien
Qui vient à contre-poil alors qu'on ne sent rien,
Puis que vivant icy de nous on ne fait conte,
Et que nostre vertu engendre nostre honte.
Doncq' par d'autres moyens à la court familiers,
Par vice ou par vertu, acquerons des lauriers,
Puis qu'en ce monde icy on n'en fait difference,
Et que souvent par l'un l'autre a sa recompense.
Aprenons à mentir, mais d'une autre façon
Que ne fait Calliope ombrageant sa chanson
Du voile d'une fable, afin que son mystère
Ne soit ouvert à tous ny cogneu du vulgaire.

Apprenons à mentir, nos propos desguiser,
A trahir nos amis, nos ennemys baiser,
Faire la cour aux grands, et dans leurs antichambres,
Le chapeau dans la main, nous tenir sur nos membres,
Sans oser ny cracher, ny toussir, ny s'asseoir,
Et, nous couchant au jour, leur donner le bon-soir.
Car puis que la fortune aveuglément dispose
De tout, peut estre en fin aurons nous quelque chose
Qui pourra destourner l'ingratte adversité
Par un bien incertain à tastons debité :
Comme ces courtisans qui, s'en faisant accroire,
N'ont point d'autre vertu sinon de dire voire.
 Or laissons doncq' la Muse, Apollon et ses vers,
Laissons le luth, la lyre, et ces outils divers,
Dont Apollon nous flatte : ingrate frenesie !
Puis que pauvre et quaymande on voit la poësie,
Où j'ai par tant de nuicts mon travail occupé.
Mais quoy ! je te pardonne, et si tu m'as trompé,
La honte en soit au siècle, où, vivant d'âge en âge,
Mon exemple rendra quelqu'autre esprit plus sage.
 Mais pour moy, mon amy, je suis fort mal payé
D'avoir suivy cet art. Si j'eusse estudié,
Jeune, laborieux, sur un banc, à l'ecolle,
Galien, Hipocrate, ou Jason ou Bartolle,
Une cornette au col, debout dans un parquet,
A tort et à travers je vendrois mon caquet :
Ou bien, tastant le poulx, le ventre et la poictrine,
J'aurois un beau teston pour juger d'une urine,
Et, me prenant au nez, loûcher dans un bassin,
Des ragousts qu'un malade offre à son médecin,
En dire mon advis, former une ordonnance
D'un réchape s'il peut, puis d'une reverence
Contre-faire l'honneste, et quand viendroit au point,
Dire, en serrant la main, « Dame ! il n'en falloit point. »
 Il est vray que le ciel, qui me regarda naistre,

S'est de mon jugement tousjours rendu le maistre ;
Et bien que, jeune enfant, mon père me tansast,
Et de verges souvent mes chansons menassast,
Me disant de despit, et bouffy de colère :
« Badin, quitte ces vers, et que penses-tu faire ?
La muse est inutile ; et si ton oncle a sceu
S'avancer par cet art, tu t'y verras deceu.

Un mesme astre toujours n'esclaire en ceste terre :
Mars tout ardent de feu nous menace de guerre ;
Tout le monde fremit, et ces grands mouvements
Couvent en leurs fureurs de piteux changements.

Pense-tu que le luth et la lyre des poëtes
S'accorde d'harmonie avecques les trompettes,
Les fiffres, les tambours, le canon et le fer,
Concert extravaguant des musiques d'enfer ?
Toute chose a son regne, et dans quelques années
D'un autre œil nous verrons les fières destinées.

Les plus grands de ton temps, dans le sang aguerris,
Comme en Trace seront brutalement nourris,
Qui, rudes, n'aymeront la lyre de la Muse
Non plus qu'une vièle ou qu'une cornemuse.
Laisse donc ce mestier, et, sage, prens le soin
De t'acquerir un art qui te serve au besoin. »

Je ne sçay, mon amy, par quelle prescience,
Il eut de nos destins si claire connoissance ;
Mais, pour moy, je sçay bien que, sans en faire cas,
Je mesprisois son dire et ne le croyois pas,
Bien que mon bon demon souvent me dist le mesme.
Mais quand la passion en nous est si extreme,
Les advertissemens n'ont ny force ny lieu,
Et l'homme croit à peine aux parolles d'un Dieu.

Ainsi me tançoit-il d'une parolle esmeue.
Mais comme en se tournant je le perdoy de veüe,
Je perdy la memoire avecques ses discours,
Et resveur m'esgaray tout seul par les destours

Des antres et des bois affreux et solitaires,
Où la Muse, en dormant, m'enseignoit ses mistères,
M'apprenoit des secrets, et, m'eschauffant le sein,
De gloire et de renom relevoit mon dessein.
Inutile science, ingrate et mesprisée,
Qui sert de fable au peuple et aux grands de risée!
   Encor' seroit-ce peu si sans estre avancé
L'on avoit en cet art son âge despensé.
Après un vain honneur que le temps nous refuse;
Si moins qu'une putain l'on n'estimoit la Muse.
Eusse-tu plus de feu, plus de soin et plus d'art
Que Jodelle n'eut oncq', Desportes ny Ronsard,
L'on te fera la moue, et, pour fruict de ta peine;
« Ce n'est, ce dira t'on, qu'un poëte à la douzaine. »
   Car on n'a plus le goust comme on l'eut autrefois :
Apollon est gesné par de sauvages loix
Qui retiennent souz l'art sa nature offusquée,
Et de mainte figure est sa beauté masquée.
Si pour sçavoir former quatre vers empoullez,
Faire tonner des mots mal joincts et mal collez,
Amy, l'on estoit poëte, on verroit (cas estranges!)
Les poëtes plus espais que mouches en vendanges.
   Or que dès ta jeunesse Apollon t'ait appris,
Que Calliope mesme ait tracé tes escris;
Que le neveu d'Atlas les ait mis sur la lyre;
Qu'en l'antre Thespéan on ait daigné les lire;
Qu'ils tiennent du sçavoir de l'antique leçon,
Et qu'ils soient imprimez des mains de Patisson,
Si quelqu'un les regarde et ne leur sert d'obstacle,
Estime, mon amy, que c'est un grand miracle.
   L'on a beau faire bien, et semer ses escrits
De civette, bainjoin, de musc et d'ambre gris :
Qu'ils soyent pleins, relevez et graves à l'oreille,
Qu'ils fassent sourciller les doctes de merveille;
Ne pense pour cela estre estimé moins fol,

Et, sans argent contant, qu'on te preste un licol,
Ny qu'on n'estime plus (humeur extravagante!)
Un gros asne pourveu de mille escus de rente.

Ce mal-heur est venu de quelques jeunes veaux
Qui mettent à l'encan l'honneur dans les bordeaux,
Et, ravalant Phœbus, les Muses et la grace,
Font un bouchon à vin du laurier de Parnasse;
A qui le mal de teste est commun et fatal,
Et vont bizarrement en poste en l'hospital,
Disant, s'on n'est hargneux et d'humeur difficile,
Que l'on est mesprisé de la troupe civile;
Que pour estre bon poëte il faut tenir des fous,
Et desirent en eux ce qu'on mesprise en tous.
Et puis en leur chanson sottement importune
Ils accusent les grands, le Ciel et la fortune,
Qui, fustez de leurs vers, en sont si rebattus,
Qu'ils ont tiré cet art du nombre des vertus,
Tiennent à mal d'esprit leurs chansons indiscrettes,
Et les mettent au rang des plus vaines sornettes.

Encore quelques grands, afin de faire voir,
De Mœcene rivaux, qu'ils ayment le sçavoir,
Nous voyent de bon œil, et, tenant une gaule,
Ainsi qu'à leurs chevaux nous en flattent l'espaule
Avecque bonne mine, et d'un langage doux
Nous disent, souriant : « Et bien! que faictes vous?
Avez vous point sur vous quelque chanson nouvelle?
J'en vy ces jours passez de vous une si belle
Que c'est pour en mourir : ah! ma foi, je voy bien
Que vous ne m'aimez plus : vous ne me donnez rien. »

Mais on lit à leurs yeux et dans leur contenance
Que la bouche ne parle ainsi que l'âme pense,
Et que c'est, mon amy, un grimoire et des mots
Dont tous les courtisans endorment les plus sots.

Mais je ne m'aperçoy que, trenchant du preu-d'homme,

Mon temps en cent caquets sottement je consomme,
Que, mal instruit, je porte en Brouage du sel,
Et mes coquilles vendre à ceux de Sainct Michel.
    Doncques, sans mettre enchère aux sottises du monde
Ny gloser les humeurs de dame Fredegonde,
Je diray librement, pour finir en deux mots,
Que la plus part des gens sont habillez en sots.

FIN.

A MONSIEUR BERTAUT

EVESQUE DE SÉES.

SATYRE V

Bertaut, c'est un grand cas! quoy que l'on puisse faire,
Il n'est moyen qu'un homme à chacun puisse plaire,
Et fust-il plus parfait que la perfection.
　L'homme voit par les yeux de son affection.
Chasqu'un fait à son sens, dont sa raison s'escrime,
Et tel blasme en autruy ce de quoy je l'estime.
Tout, suivant l'intellect, change d'ordre et de rang :
Les Mores aujourd'huy peignent le diable blanc ;
Le sel est doux aux uns, le sucre amer aux autres ;
L'on reprend tes humeurs ainsi qu'on fait les nostres.
Les critiques du temps m'appellent desbauché ;
Que je suis jour et nuict aux plaisirs attaché ;
Que j'y perds mon esprit, mon ame et ma jeunesse.
Les autres, au rebours, accusent ta sagesse,
Et ce hautain desir qui te fait mespriser
Plaisirs, tresors, grandeurs, pour t'immortaliser,
Et disent, ô chetifs, que, mourant sur un livre,
Pensez, seconds Phœnix, en vos cendres revivre ;
Que vous estes trompez en vostre propre erreur,
Car et vous et vos vers vivez par procureur.
　Un livret tout moysi vit pour vous, et encore,
Comme la mort vous fait, la taigne le devore.

Ingrate vanité dont l'homme se repaist,
Qui baille apres un bien qui sottement luy plaist!
 Ainsi les actions aux langues sont sujettes.
Mais ces divers rapports sont de foibles sagettes,
Qui blessent seulement ceux qui sont mal armez,
Non pas les bons esprits à vaincre accoustumez,
Qui sçavent, avisez, avecque difference
Separer le vray bien du fard de l'apparence.
C'est un mal bien estrange au cerveau des humains
Qui, suivant ce qu'ils sont malades ou plus sains,
Digerent leur viande, et, selon leur nature,
Ils prennent ou mauvaise ou bonne nourriture.
 Ce qui plaist à l'œil sain offense un chassieux;
L'eau se jaunit en bile au corps du bilieux;
Le sang d'un hydropique en pituite se change,
Et l'estomach gasté pourrit tout ce qu'il mange.
De la douce liqueur rosoyante du ciel
L'une en fait le venim et l'autre en fait le miel.
Ainsi c'est la nature et l'humeur des personnes,
Et non la qualité, qui rend les choses bonnes.
 Charnellement se joindre avecq' sa parenté,
En France, c'est inceste ; en Perse, charité. [mes,
Tellement qu'à tout prendre, en ce monde où nous som-
Et le bien et le mal despend du goust des hommes.
 Or, sans me tourmenter des divers appetis,
Quels ils sont aux plus grands et quels aux plus petis
Je te veux discourir comme je trouve estrange
Le chemin d'où nous vient le blasme et la louange,
Et comme j'ay l'esprit de chimères brouillé,
Voyant qu'un More noir m'appelle barbouillé;
Que les yeux de travers s'offencent que je lorgne,
Et que les Quinze-Vingts disent que je suis borgne.
 C'est ce qui me desplaist, encor que j'aye appris
En mon philosopher d'avoir tout à mespris.
Penses-tu qu'à present un homme a bonne grace

Qui dans le Four-l'Evesque entherine sa grace,
Ou l'autre qui poursuit des abolitions,
De vouloir jetter l'œil dessus mes actions ?
Un traistre, un usurier, qui, par misericorde,
Par argent ou faveur s'est sauvé de la corde !
Moy qui dehors, sans plus, ay veu le Chastelet,
Et que jamais sergent ne saisit au colet ;
Qui vis selon les loix, et me contiens de sorte
Que je ne tremble point quand on heurte à ma porte ;
Voyant un president le cœur ne me tressault,
Et la peur d'un prevost ne m'esveille en sursault ;
Le bruit d'une recherche au logis ne m'arreste,
Et nul remord fascheux ne me trouble la teste ;
Je repose la nuict sus l'un et l'autre flanc,
Et cependant, Bertaut, je suis dessus le ranc.

 Scaures du temps present, hipocrites sevères.
Un Claude effrontément parle des adultères ;
Milon sanglant encor reprend un assassin ;
Grache un seditieux, et Verrès le larcin.

 Or, pour moy, tout le mal que leur discours m'objete,
C'est que mon humeur libre à l'amour est sujete ;
Que j'ayme mes plaisirs, et que les passe-temps
Des amours m'ont rendu grison avant le temps ;
Qu'il est bien mal-aisé que jamais je me change
Et qu'à d'autres façons ma jeunesse se range.

 Mon oncle m'a conté que, monstrant à Ronsard
Tes vers estincelants et de lumière et d'art,
Il ne sceut que reprendre en ton apprentissage,
Sinon qu'il te jugeoit pour un poëte trop sage.

 Et ores, au contraire, on m'objecte à peché
Les humeurs qu'en ta Muse il eust bien recherché.
Aussi je m'esmerveille, au feu que tu recelles,
Qu'un esprit si rassis ait des fougues si belles ;
Car je tien, comme luy, que le chaud element
Qui donne ceste pointe au vif entendement,

Dont la verve s'eschauffe et s'enflame de sorte
Que ce feu dans le ciel sur des aisles l'emporte,
Soit le mesme qui rend le poëte ardent et chaud
Suject à ses plaisirs, de courage si haut
Qu'il mesprise le peuple et les choses communes,
Et, bravant les faveurs, se mocque des fortunes :
Qui le fait, desbauché, frenetique, resvant,
Porter la teste basse et l'esprit dans le vent,
Esgayer sa fureur parmy des precipices,
Et plus qu'à la raison sujet à ses caprices.

 Faut-il doncq' à present s'estonner si je suis
Enclin à des humeurs qu'eviter je ne puis ;
Où mon temperament malgré moy me transporte,
Et rend la raison foible où la nature est forte ?
Mais que ce mal me dure il est bien mal-aisé.
L'homme ne se plaist pas d'estre tousjours fraisé.
Chasque âge a ses façons, et change de nature
De sept ans en sept ans nostre temperature.
Selon que le soleil se loge en ses maisons,
Se tournent nos humeurs ainsi que nos saisons.
Toute chose en vivant avecq' l'âge s'altère.
Le desbauché se rid des sermons de son père,
Et dans vingt et cinq ans venant à se changer,
Retenu, vigilant, soigneux et mesnager,
De ces mesmes discours ses fils il admonneste,
Qui ne font que s'en rire et qu'en hocher la teste.
Chasque âge a ses humeurs, son goust et ses plaisirs,
Et comme nostre poil blanchissent nos desirs.

 Nature ne peut pas l'âge en l'âge confondre :
L'enfant qui sçait desjà demander et respondre,
Qui marque asseurément la terre de ses pas,
Avecques ses pareils se plaist en ses esbas :
Il fuit, il vient, il parle, il pleure, il saute d'aise ;
Sans raison d'heure en heure il s'esmeut et s'apaise.

 Croissant l'âge en avant, sans soin de gouverneur,

Relevé, courageux et cupide d'honneur,
Il se plaist aux chevaux, aux chiens, à la campagne ;
Facile au vice, il hait les vieux et les desdaigne :
Rude à qui le reprend, paresseux à son bien,
Prodigue, despensier, il ne conserve rien ;
Hautain, audacieux, conseiller de soy mesme,
Et d'un cœur obstiné se heurte à ce qu'il ayme.

   L'âge au soin se tournant, homme fait, il acquiert
Des biens et des amis, si le temps le requiert ;
Il masque ses discours comme sur un théâtre ;
Subtil, ambitieux, l'honneur il idolâtre :
Son esprit avisé previent le repentir,
Et se garde d'un lieu difficile à sortir.

   Maints fâcheux accidens surprennent sa vieillesse :
Soit qu'avecq' du soucy gaignant de la richesse,
Il s'en deffend l'usage et craint de s'en servir,
Que tant plus il en a, moins s'en peut assouvir ;
Ou soit qu'avecq' froideur il face toute chose,
Imbecile, douteux, qui voudroit et qui n'ose,
Dilayant, qui tousjours a l'œil sur l'avenir ;
De leger il n'espère, et croit au souvenir ;
Il parle de son temps ; difficile et sévère,
Censurant la jeunesse, use des droicts de père ;
Il corrige, il reprend, hargneux en ses façons,
Et veut que tous ses mots soient autant de leçons.

   Voyla doncq', de par Dieu, comme tourne la vie,
Ainsi diversement aux humeurs asservie,
Que chaque âge depart à chaque homme en vivant,
De son temperamment la qualité suivant.
Et moy qui, jeune encor, en mes plaisirs m'esgaye,
Il faudra que je change, et malgré que j'en aye,
Plus soigneux devenu, plus froid et plus rassis,
Que mes jeunes pensers cedent aux vieux soucis ;
Que j'en paye l'escot, remply jusqu'à la gorge,
Et que j'en rende un jour les armes à sainct George.

Mais de ces discoureurs il ne s'en trouve point,
Ou pour le moins bien peu, qui connoissent ce point.
Effrontez, ignorans, n'ayans rien de solide,
Leur esprit prend l'essor où leur langue le guide ;
Sans voir le fond du sac ils prononcent l'arrest,
Et rangent leurs discours au point de l'interest.
Pour exemple parfaite ils n'ont que l'apparence :
Et c'est ce qui nous porte à ceste indifference
Qu'ensemble l'on confond le vice et la vertu,
Et qu'on l'estime moins qu'on n'estime un festu.

   Aussi qu'importe-t-il de mal ou de bien faire,
Si de nos actions un juge volontaire
Selon ses appetits les décide, et les rend
Dignes de récompense ou d'un supplice grand ?
Si tousjours nos amis en bon sens les expliquent,
Et si, tout au rebours, nos haineux nous en piquent ?
Chacun selon son goust s'obstine en son party,
Qui fait qu'il n'est plus rien qui ne soit perverty.
La vertu n'est vertu, l'envie la desguise,
Et de bouche, sans plus, le vulgaire la prise.
Au lieu du jugement regnent les passions,
Et donne l'interest le prix aux actions.
Ainsi ce vieux resveur qui n'agueres à Rome
Gouvernoit un enfant, et faisoit le preud'homme,
Contre-carroit Caton, critique en ses discours,
Qui tousjours rechignoit et reprenoit toujours :
Après que cet enfant s'est fait plus grand par l'âge,
Revenant à la cour d'un si lointain voyage,
Ce critique, changeant d'humeurs et de cerveau,
De son pedant qu'il fut devient son maquereau.

   O gentille vertu, qu'aisément tu te changes !
Non, non, ces actions meritent des louanges ;
Car, le voyant tout seul, qu'on le prenne à serment,
Il dira qu'icy bas l'homme de jugement
Se doit accommoder au temps qui luy commande,

Et que c'est à la cour une vertu bien grande.
 Doncq' la mesme vertu le dressant au poulet,
De vertueux qu'il fut le rend Dariolet.
Doncq' à si peu de frais la vertu se profane.
Se desguise, se masque, et devient courtisane,
Se transforme aux humeurs, suit le cours du marché,
Et dispense les gens de blasme et de peché.
 Pères des siècles vieux, exemples de la vie,
Dignes d'estre admirez d'une honorable envie,
(Si quelque beau desir vivoit encor en nous)
Nous voyant de là-haut, pères, qu'en dites vous ?
 Jadis, de vostre temps, la vertu simple et pure,
Sans fard, sans fiction, imitoit sa nature,
Austère en ses façons, sevère en ses propos,
Qui dans un labeur juste esgayoit son repos,
D'hommes vous faisans dieux, vous paissoit d'ambro-
Et donnoit place au ciel à vostre fantasie. [sie,
La lampe de son front partout vous esclairoit,
Et de toutes frayeurs vos esprits asseuroit ;
Et, sans penser aux biens où le vulgaire pense,
Elle estoit vostre prix et vostre recompense :
Où la nostre aujourd'huy, qu'on revère icy bas,
Va la nuict dans le bal et danse les cinq pas,
Se parfume, se frise, et des façons nouvelles
Veut avoir par le fard du nom entre les belles ;
Fait crever les courtaux en chassant aux forests ;
Court le faquin, la bague, escrime des fleurets,
Monte un cheval de bois, fait dessus des pommades,
Talonne le genêt et le dresse aux passades,
Chante des airs nouveaux, invente des balets,
Sçait escrire et porter les vers et les poulets ;
A l'œil toujours au guet pour des tours de souplesse,
Glose sur les habits et sur la gentillesse,
Se plaist à l'entretien, commente les bons mots,
Et met à mesme prix les sages et les sots.

Et ce qui plus encor' m'empoisonne de rage,
Est quand un charlatan relève son langage,
Et, de coquin, faisant le prince revestu,
Bastist un paranimphe à sa belle vertu,
Et qu'il n'est crocheteur ny courtaut de boutique
Qui n'estime à vertu l'art où sa main s'applique,
Et qui, paraphrasant sa gloire et son renom,
Entre les vertueux ne veuille avoir du nom.
   Voilà comme à present chacun l'adulterise,
Et forme une vertu comme il plaist à sa guise.
Elle est comme au marché dans les impressions,
Et s'adjugeant au taux de nos affections,
Fait que par le caprice, et non par le merite,
Le blasme et la louange au hazard se debite;
Et peut un jeune sot, suivant ce qu'il conçoit,
Ou ce que par ses yeux son esprit en reçoit.
Donner son jugement, en dire ce qu'il pense,
Et mettre sans respect nostre honneur en balance.
Mais puis que c'est le temps, mesprisant les rumeurs
Du peuple, laissons là le monde en ces humeurs;
Et si selon son goust un chacun en peut dire,
Mon goust sera, Bertault, de n'en faire que rire.

FIN.

A MONSIEUR DE BETHUNE

ESTANT AMBASSADEUR POUR SA MAJESTÉ A ROME

SATYRE VI

Bethune, si la charge où ta vertu s'amuse
Te permet escouter les chansons que la Muse
Dessus les bords du Tibre et du mont Palatin
Me fait dire en françois au rivage latin,
Où, comme au grand Hercule à la poitrine large,
Nostre Atlas de son faix sur ton dos se descharge,
Te commet de l'estat l'entier gouvernement,
Escoute ce discours tissu bijarrement,
Où je ne prétends point escrire ton histoire.
Je ne veux que mes vers s'honorent en la gloire
De tes nobles ayeux, dont les faits relevez
Dans les cœurs des Flamens sont encore gravez,
Qui tiennent à grandeur de ce que tes ancestres,
En armes glorieux, furent jadis leurs maistres.

Ny moins, comme ton frère, aydé de ta vertu,
Par force et par conseil en France a combatu
Ces avares oyseaux dont les griffes gourmandes
Du bon roy des François ravissoient les viandes ;
Suject trop haut pour moy, qui doy sans m'esgarer
Au champ de sa valeur la veoir et l'admirer.

Aussi selon le corps on doit tailler la robe :
Je ne veux qu'à mes vers vostre honneur se dérobe,
Ny qu'en tissant le fil de vos faits plus qu'humains,

Dedans ce labirinthe il m'eschape des mains.
On doit selon la force entreprendre la peine,
Et se donner le ton suivant qu'on a d'haleine,
Non, comme un fol, chanter de tort et de travers.

 Laissant doncq' aux sçavans à vous peindre en [leurs vers
Haut eslevez en l'air sur une aisle dorée,
Dignes imitateurs des enfans de Borée,
Tandis qu'à mon pouvoir mes forces mesurant,
Sans prendre ni Phœbus ni la Muse à garant,
Je suivray le caprice en ces païs estranges,
Et sans paraphraser tes faits et tes louanges,
Ou me fantasier le cerveau de soucy
Sur ce qu'on dit de France ou ce qu'on voit icy,
Je me deschargeray d'un faix que je desdaigne,
Suffisant de crever un genet de Sardaigne,
Qui pourroit, défaillant en sa morne vigueur,
Succomber sous le fais que j'ay dessus le cœur.

 Or ce n'est point de voir en règne la sottise,
L'avarice et le luxe entre les gens d'église,
La justice à l'ancan, l'innocent oppressé,
Le Conseil corrompu suivre l'intéressé,
Les estats pervertis, toute chose se vendre,
Et n'avoir du credit qu'au prix qu'on peut despendre.

 Ny moins, que la valeur n'ait icy plus de lieu,
Que la noblesse courre en poste à l'Hostel Dieu,
Que les jeunes oysifs aux plaisirs s'abandonnent,
Que les femmes du temps soient à qui plus leur don- [nent,
Que l'usure ait trouvé (bien que je n'ay de quoy,
Tant elle a bonnes dents) que mordre dessus moy.

 Tout ceci ne me peze et l'esprit ne me trouble.
Que tout s'y pervertisse, il ne m'en chaut d'un double.
Du temps ny de l'estat il ne faut s'afliger :
Selon le vent qui fait l'homme doit naviger.

 Mais ce dont je me deuls est bien une autre chose,
Qui fait que l'œil humain jamais ne se repose,

Qu'il s'abandonne en proye aux soucis plus cuisans.
Ha ! que ne suis-je roy pour cent ou six vingts ans !
Par un edict public qui fust irrevocable,
Je bannirois l'honneur, ce monstre abominable
Qui nous trouble l'esprit et nous charme si bien,
Que sans luy les humains icy ne voyent rien ;
Qui trahit la nature, et qui rend imparfaite
Toute chose qu'au goust les delices ont faite.
 Or je ne doute point que ces esprits bossus
Qui veulent qu'on les croye en droite ligne yssus
Des sept sages de Grece, à mes vers ne s'oposent,
Et que leurs jugements dessus le mien ne glosent,
Comme de faire entendre à chacun que je suis
Aussi perclus d'esprit comme Pierre du Puis,
De vouloir sottement que mon discours se dore
Aux despens d'un suject que tout le monde adore,
Et que je suis de plus privé de jugement,
De t'offrir ce caprice ainsi si librement,
A toy qui, dès jeunesse, appris en son escole,
As adoré l'honneur d'effet et de parole ;
Qui l'as pour un but sainct en ton penser profond,
Et qui mourrois plus tost que luy faire un faux bond.
 Je veux bien avoir tort en ceste seule chose.
Mais ton doux naturel fait que je me propose
Librement te monstrer à nud mes passions,
Comme à cil qui pardonne aux imperfections. [trouve
 Qu'ils n'en parlent donq' plus, et qu'estrange on ne
Si je hais plus l'honneur qu'un mouton une louve :
L'honneur, qui souz faux tiltre habite avecque nous,
Qui nous oste la vie et les plaisirs plus doux,
Qui trahit nostre espoir, et fait que l'on se peine
Après l'esclat fardé d'une apparence vaine ;
Qui sèvre les desirs, et passe meschamment
La plume par le bec à nostre sentiment ;
Qui nous veut faire entendre, en ces vaines chimères,

SATYRE VI.

Que pour ce qu'il nous touche, il se perd si nos mères,
Nos femmes et nos sœurs font leurs maris jaloux,
Comme si leurs desirs dependissent de nous.

   Je pense, quant à moi, que cet homme fut yvre,
Qui changea le premier l'usage de son vivre,
Et, rengeant souz des loix les hommes escartez,
Bastit premièrement et villes et citez,
De tours et de fossez renforça ses murailles,
Et r'enferma dedans cent sortes de quenailles.

   De cest amas confus nasquirent à l'instant,
L'envie, le mespris, le discord inconstant
La peur, la trahison, le meurtre, la vengeance,
L'horrible desespoir et toute ceste engeance
De maux qu'on voit regner en l'enfer de la court,
Dont un pédant de diable en ses leçons discourt,
Quand par art il instruit ses escoliers, pour estre
(S'il se peut faire) en mal plus grands clercs que leur
   Ainsi la Liberté du monde s'envola,   [maistre.
Et chacun se campant, qui deçà, qui delà,
De hayes, de buissons remarqua son partage,
Et la fraude fist lors la figue au premier âge.

   Lors du Mien et du Tien nasquirent les procez,
A qui l'argent depart bon ou mauvais succez.
Le fort battit le foible et luy livra la guerre.
De là l'ambition fist envahir la terre,
Qui fut, avant le temps que survindrent ces maux,
Un hospital commun à tous les animaux,
Quand le mary de Rhée, au siècle d'innocence,
Gouvernoit doucement le monde en son enfance :
Que la terre de soy le froment rapportoit ;
Que le chesne de manne et de miel dégoutoit ;
Que tout vivoit en paix ; qu'il n'estoit point d'usures ;
Que rien ne se vendoit par poix ny par mesures ;
Qu'on n'avoit point de peur qu'un procureur fiscal
Formast sur une éguille un long procès-verbal,

Et, se jettant d'aguet dessus vostre personne,
Qu'un barisel vous mist dedans la tour de Nonne.
  Mais si tost que le fils le père dechassa,
Tout sans dessus dessous icy se renversa.
Les soucis, les ennuis, nous brouillèrent la teste,
L'on ne pria les saincts qu'au fort de la tempeste,
L'on trompa son prochain; la mesdisance eut lieu,
Et l'hipocrite fist barbe de paille à Dieu.
L'homme trahit sa foy, d'où vindrent les notaires
Pour attacher au joug les humeurs volontaires.
La faim et la cherté se mirent sur le rang;
La fiévre, les charbons, le maigre flux de sang,
Commencèrent d'esclorre, et tout ce que l'autonne
Par le vent de midy nous apporte et nous donne.
Les soldats, puis après, ennemis de la paix,
Qui de l'avoir d'autruy ne se saoulent jamais,
Troublèrent la campagne, et, saccageant nos villes,
Par force en nos maisons violèrent nos filles,
D'où nasquit le bourdeau, qui, s'eslevant debout,
A l'instant, comme un Dieu, s'estendit tout par tout,
Et rendit, Dieu mercy ces fièvres amoureuses,
Tant de galants pelez et de femmes galeuses,
Que les perruques sont, et les drogues encor,
(Tant on en a besoin) aussi chères que l'or.
  Encore tous ces maux ne seroient que fleurettes,
Sans ce maudit honneur, ce conteur de sornettes,
Ce fier serpent, qui couve un venin sous des fleurs,
Qui noye jour et nuict nos esprits en nos pleurs.
Car, pour ces autres maux, c'estoient legères peines
Que Dieu donna selon les foiblesses humaines.
  Mais ce traistre cruel, excedant tout pouvoir,
Nous fait suer le sang sous un pesant devoir,
De chimères nous pipe, et nous veut faire accroire
Qu'au travail seulement doit consister la gloire;
Qu'il faut perdre et sommeil et repos et repas

Pour tascher d'acquerir un suject qui n'est pas,
Ou, s'il est, qui jamais aux yeux ne se descouvre,
Et, perdu pour un coup, jamais ne se recouvre;
Qui nous gonfle le cœur de vapeur et de vent,
Et d'excez par luy-mesme il se perd bien souvent.

 Puis on adorera ceste menteuse idole!
Pour oracle on tiendra ceste croyance folle
Qu'il n'est rien de si beau que tomber bataillant;
Qu'aux despens de son sang il faut estre vaillant,
Mourir d'un coup de lance ou du choc d'une picque,
Comme les paladins de la saison antique,
Et, respandant l'esprit, blessé par quelque endroit,
Que nostre ame s'envolle en paradis tout droit!

 Ha! que c'est chose belle et fort bien ordonnée,
Dormir dedans un lict la grasse matinée,
En dame de Paris, s'habiller chaudement,
A la table s'asseoir, manger humainement,
Se reposer un peu, puis monter en carrosse,
Aller à Gentilly caresser une rosse
Pour escroquer sa fille, et, venant à effect,
Luy monstrer comme Jean à sa mère le faict!

 Ha! Dieu, pourquoy faut-il que mon esprit ne vaille
Autant que cil qui mist les souris en bataille,
Qui sceut à la grenouille apprendre son caquet,
Ou que l'autre qui fist en vers un sopiquet!
Je ferois, esloigné de toute raillerie,
Un poëme grand et beau de la poltronnerie,
En despit de l'honneur, et des femmes qui l'ont,
D'effect soûz la chemise, ou d'apparence au front;
Et m'asseure, pour moy, qu'en ayant leu l'histoire,
Elles ne seroient plus si sottes que d'y croire.

 Mais quand je considère où l'ingrat nous reduit,
Comme il nous ensorcelle et comme il nous seduit;
Qu'il assemble en festin au renard la cigoigne,
Et que son plus beau jeu ne gist rien qu'en sa troigne,

Celui le peut bien dire, à qui dès le berceau
Ce malheureux honneur a tins le bec en l'eau ;
Qui le traine à tastons, quelque part qu'il puisse estre,
Ainsi que fait un chien un aveugle son maistre,
Qui s'en va doucement après luy pas à pas,
Et librement se fie à ce qu'il ne voit pas.

S'il veut que plus long-temps à ces discours je croye,
Qu'il m'offre à tout le moins quelque chose qu'on voye
Et qu'on savoure, afin qu'il se puisse sçavoir
Si le goust desment point ce que l'œil en peut voir.
Autrement, quant à moy, je lui fay banqueroute.
Estant imperceptible, il est comme la goutte,
Et le mal qui caché nous oste l'embonpoint,
Qui nous tue à veu d'œil et que l'on ne voit point,
On a beau se charger de telle marchandise :
A peine en auroit-on un catrin à Venise,
Encor qu'on voye après courir certains cerveaux,
Comme après les raisins courent les estourneaux.

Que font tous ces vaillans de leur valeur guerriere,
Qui touchent du penser l'estoile poussiniere,
Morguent la destinée et gourmandent la mort,
Contre qui rien ne dure et rien n'est assez fort
Et qui, tout transparents de claire renommée,
Dressent cent fois le jour en discours une armée,
Donnent quelque bataille, et tuant un chacun,
Font que mourir et vivre à leur dire n'est qu'un ?
Relevez, emplumez, braves comme sainct George,
Et Dieu sçait cependant s'ils mentent par la gorge :
Et bien que de l'honneur ils facent des leçons,
Enfin au fond de sac ce ne sont que chansons.

Mais, mon Dieu ! que ce traistre est d'une estrange
Tandis qu'à le blasmer la raison me transporte, [sorte!
Que de luy je mesdis, il me flatte, et me dit
Que je veux par ces vers acquerir son credit ;
Que c'est ce que ma Muse en travaillant pourchasse,

Et mon intention qu'estre en sa bonne grace;
Qu'en mesdisant de luy je le veux requerir,
Et tout ce que je fay, que c'est pour l'acquerir.
 Si ce n'est qu'on diroit qu'il me l'auroit fait faire,
Je l'irois appeler comme mon adversaire,
Aussi que le duel est icy deffendu,
Et que, d'une autre part, j'ayme l'individu.
 Mais tandis qu'en colère à parler je m'arreste,
Je ne m'aperçoy pas que la viande est preste,
Qu'icy, non plus qu'en France, on ne s'amuse pas
A discourir d'honneur quand on prend son repas.
Le sommelier en haste est sorty de la cave :
Desja monsieur le maistre et son monde se lave.
Trefves avecq' l'honneur. Je m'en vais tout courant
Decider au Tinel un autre different.

FIN.

A MONSIEUR
LE MARQUIS DE CŒUVRES

SATYRE VII

Sotte et fascheuse humeur de la pluspart des hommes,
Qui suivant ce qu'ils sont jugent ce que nous sommes,
Et, succrant d'un souris un discours ruineux,
Accusent un chacun des maux qui sont en eux!
   Nostre melancolique en sçavoit bien que dire,
Qui nous pique en riant et nous flate sans rire,
Qui porte un cœur de sang dessous un front blesmy,
Et duquel il vaut moins estre amy qu'ennemy.
   Vous qui, tout au contraire, avez dans le courage
Les mesmes mouvements qu'on vous lit au visage;
Et qui, parfait amy, vos amis espargnez,
Et de mauvais discours leur vertu n'esborgnez;
Dont le cœur grand et ferme au changement ne ploye,
Et qui fort librement en l'orage s'employe,
Ainsi qu'un bon patron qui, soigneux, sage et fort,
Sauve ses compagnons et les conduit à bord.
   Cognoissant doncq' en vous une vertu facile
A porter les deffauts d'un esprit imbecille,
Qui dit sans aucun fard ce qu'il sent librement
Et dont jamais le cœur la bouche ne desment,
Comme à mon confesseur vous ouvrant ma pensée,
De jeunesse et d'amour follement insensée,
Je vous conte le mal où trop enclin je suis,
Et que, prest à laisser, je ne veux et ne puis,

SATYRE VII.

Tant il est mal-aisé d'oster avecq' l'estude
Ce qu'on a de nature ou par longue habitude.
  Puis la force me manque, et n'ay le jugement
De conduire ma barque en ce ravissement.
Au gouffre du plaisir la courante m'emporte
Tout ainsi qu'un cheval qui a la bouche forte
J'obéis au caprice, et, sans discretion,
La raison ne peut rien dessus ma passion.
  Nulle loy ne retient mon âme abandonnée,
Ou soit par volonté, ou soit par destinée ;
En un mal évident je clos l'œil à mon bien ;
Ny conseil ny raison ne me servent de rien.
Je choppe par dessein, ma faute est volontaire.
Je me bande les yeux quand le soleil m'esclaire,
Et, content de mon mal, je me tiens trop heureux
D'estre, comme je suis, en tous lieux amoureux.
Et comme à bien aymer mille causes m'invitent,
Aussi mille beautez mes amours ne limitent ;
Et, courant ça et là, je trouve tous les jours
En des sujects nouveaux de nouvelles amours.
  Si de l'œil du desir une femme j'avise,
Ou soit belle ou soit laide, ou sage ou mal aprise,
Elle aura quelque trait qui, de mes sens vainqueur,
Me passant par les yeux, me blessera le cœur.
Et c'est comme un miracle, en ce monde où nous som-
Tant l'aveugle appetit ensorcelle les hommes, [mes
Qu'encore qu'une femme aux amours fasse peur,
Que le ciel et Venus la voyent à contrecœur,
Toutes fois, estant femme, elle aura ses delices,
Relevera sa grace avecq' des artifices
Qui dans l'estat d'Amour la sçauront maintenir,
Et par quelques attraits les amants retenir.
  Si quelqu'une est difforme, elle aura bonne grace,
Et par l'art de l'esprit embellira sa face :
Captivant les amants de mœurs ou de discours,

Elle aura du credit en l'empire d'Amours.

 En cela l'on cognoist que la nature est sage,
Qui, voyant les deffaux du fœminin ouvrage,
Qu'il seroit sans respect des hommes mesprisé,
L'anima d'un esprit et vif et desguisé ;
D'une simple innocence elle adoucit sa face
Elle lui mist au sein la ruse et la falace ;
Dans sa bouche, la foy qu'on donne à ses discours,
Dont ce sexe trahit les cieux et les amours ;
Et selon, plus ou moins, quelle estoit belle ou laide,
Sage, elle sceut si bien user d'un bon remède,
Divisant de l'esprit la grace et la beauté,
Qu'elle les sépara d'un et d'autre costé,
De peur qu'en les joignant, quelqu'une eust l'avantage
Avecq' un bel esprit d'avoir un beau visage.

 La belle du depuis ne le recherche point,
Et l'esprit rarement à la beauté se joint.

 Or afin que la laide, autrement inutile,
Dessous le joug d'amour rendit l'homme servile,
Elle ombragea l'esprit d'un morne aveuglement,
Avecques le desir troublant le jugement,
De peur que nulle femme, ou fust laide ou fust belle,
Ne vescut sans le faire et ne mourust pucelle.
D'où vient que si souvent les hommes offusquez
Sont de leurs appetits si lourdement mocquez,
Que d'une laide femme ils ont l'ame eschauffée,
Dressent à la laideur d'eux mesmes un trophée,
Pensant avoir trouvé la febve du gasteau,
Et qu'au serrail du Turc il n'est rien de si beau.

 Mais comme les beautez, soit des corps ou des ames,
Selon l'object des sens sont diverses aux dames,
Aussi diversement les hommes sont domtez,
Et font divers effets les diverses beautez.
(Estrange providence, et prudente methode
De nature, qui sert un chacun à sa mode !)

Or moy, qui suis tout flame et de nuict et de jour,
Qui n'haleine que feu, ne respire qu'amour,
Je me laisse emporter à mes flames communes,
Et cours souz divers vents de diverses fortunes.
Ravy de tous objects, j'ayme si vivement,
Que je n'ay pour l'amour ny choix ny jugement.
De toute eslection mon ame est despourveue,
Et nul object certain ne limite ma veue.
Toute femme m'agrée, et les perfections
Du corps ou de l'esprit troublent mes passions.
J'ayme le port de l'une, et de l'autre la taille;
L'autre d'un trait lascif me livre la bataille;
Et l'autre, desdaignant d'un œil sévère et doux
Ma peine et mon amour, me donne mille coups.
Soit qu'une autre, modeste, à l'impourveu m'avise,
De vergongne et d'amour mon âme est toute éprise :
Je sens d'un sage feu mon esprit enflammer,
Et son honnesteté me contrainct de l'aymer.
Si quelque autre, affetée en sa douce malice,
Gouverne son œillade avecq' de l'artifice,
J'ayme sa gentillesse, et mon nouveau desir
Se la promet sçavante en l'amoureux plaisir.
 Que l'autre parle livre et face des merveilles :
Amour, qui prend par tout, me prend par les oreilles,
Et juge par l'esprit, parfaict en ses accords,
Des points plus accomplis que peut avoir le corps.
Si l'autre est, au rebours, des lettres nonchalante,
Je croy qu'au fait d'amour elle sera sçavante,
Et que nature, habile à couvrir son deffaut,
Luy aura mis au lict tout l'esprit qu'il luy faut.
 Ainsi de toute femme à mes yeux opposée,
Soit parfaite en beauté ou soit mal composée
De mœurs ou de façons, quelque chose m'en plaist,
Et ne sçay point comment, ny pourquoi, ny que c'est.
 Quelque objet que l'esprit par mes yeux se figure,

Mon cœur, tendre à l'amour, en reçoit la pointure :
Comme un miroir en soy toute image reçoit,
Il reçoit en amour quelque object que ce soit.
Autant qu'une plus blanche il ayme une brunette.
Si l'une a plus d'esclat, l'autre est plus sadinette,
Et, plus vive de feu, d'amour et de desir,
Comme elle en reçoit plus, donne plus de plaisir.

 Mais sans parler de moy, que toute amour emporte,
Voyant une beauté follastrement accorte,
Dont l'abord soit facile et l'œil plein de douceur ;
Que, semblable à Venus, on l'estime sa sœur ;
Que le Ciel sur son front ait posé sa richesse ;
Qu'elle ait le cœur humain, le port d'une déesse ;
Qu'elle soit le tourment et le plaisir des cœurs ;
Que Flore souz ses pas face naistre des fleurs ;
Au seul trait de ses yeux, si puissants sur les ames,
Les cœurs les plus glacez sont tous bruslans de flames,
Et fust-il de métail, ou de bronze ou de roc,
Il n'est moine si sainct qui n'en quittast le froc

 Ainsi, moy seulement souz l'amour je ne plie,
Mais de tous les mortels la nature accomplie
Fleschit sous cest empire, et n'est homme ici bas
Qui soit exempt d'amour non plus que du trespas.

 Ce n'est donc chose estrange (estant si naturelle)
Que ceste passion me trouble la cervelle,
M'empoisonne l'esprit, et me charme si fort,
Que j'aymeray, je croy, encore après ma mort.

 Marquis, voylà le vent dont ma nef est portée
A la triste mercy de la vague indomtée,
Sans cordes, sans timon, sans estoile ny jour,
Reste ingrat et piteux de l'orage d'Amour,
Qui, content de mon mal et joyeux de ma perte,
Se rit de voir des flots ma poitrine couverte,
Et comme sans espoir flote ma passion,
Digne, non de risée, ains de compassion.

Cependant, incertain du cours de la tempeste,
Je nage sur les flots, et, relevant la teste,
Je semble despiter, naufrage audacieux,
L'infortune, les vents, la marine et les cieux,
M'esgayant en mon mal comme un melancolique
Qui repute à vertu son humeur frenetique,
Discourt de son caprice, en caquete tout haut.
 Aussi comme à vertu j'estime ce deffaut,
Et quand tout par mal-heur jureroit mon dommage,
Je mourray fort content, mourant en ce voyage.

FIN.

A MONSIEUR
L'ABBÉ DE BEAULIEU
NOMMÉ PAR SA MAJESTÉ A L'EVESCHÉ DU MANS

SATYRE VIII

CHARLES, de mes pechez j'ay bien fait penitence.
Or toy, qui te cognois aux cas de conscience,
Juge si j'ay raison de penser estre absous.
J'oyois un de ces jours la messe à deux genoux,
Faisant mainte oraison, l'œil au ciel, les mains jointes,
Le cœur ouvert aux pleurs, et tout percé de pointes
Qu'un devot repentir eslançoit dedans moy,
Tremblant des peurs d'enfer et tout bruslant de foy,
Quand un jeune frisé, relevé de moustache,
De galoche, de botte et d'un ample pennache,
Me vint prendre et me dict, pensant dire un bon mot :
« Pour un poëte du temps vous estes trop devot. »
Moi, civil, je me lève et le bon jour luy donne.
(Qu'heureux est le folastre à la teste grisonne,
Qui brusquement eust dit, avecq' une sambieu :
« Ouy bien pour vous, Monsieur, qui ne croyez en [Dieu!»
 Sotte discretion ! je voulus faire accroire
Qu'un poëte n'est bisarre et fascheux qu'après boire,
Je baisse un peu la teste, et tout modestement
Je luy fis à la mode un petit compliment.
Luy, comme bien apris, le mesme me sceut rendre,
Et ceste courtoisie à si haut prix me vendre,
Que j'aimerois bien mieux, chargé d'age et d'ennuis,

Me voir à Rome pauvre entre les mains des Juifs.
  Il me prit par la main après mainte grimace,
Changeant sur l'un des pieds à toute heure de place,
Et, dansant tout ainsi qu'un barbe encastelé,
Me dist, en remâchant un propos avalé :
« Que vous estes heureux, vous autres belles ames,
Favoris d'Appollon, qui gouvernez les dames,
Et par mille beaux vers les charmez tellement,
Qu'il n'est point de beautez que pour vous seulement!
Mais vous les meritez : vos vertus non communes
Vous font digne, Monsieur, de ces bonnes fortunes. »
  Glorieux de me voir si hautement loué,
Je devins aussi fier qu'un chat amadoué ;
Et sentant au palais mon discours se confondre,
D'un ris de sainct Medard il me fallut respondre.
Je poursuis. Mais, amy, laissons le discourir,
Dire cent et cent fois : « Il en faudroit mourir ! »
Sa barbe pinçoter, cageoller la science,
Relever ses cheveux ; dire : « En ma conscience ! »
Faire la belle main, mordre un bout de ses gants,
Rire hors de propos, monstrer ses belles dents,
Se carrer sur un pied, faire arser son espée,
Et s'adoucir les yeux ainsi qu'une poupée :
Cependant qu'en trois mots je te feray sçavoir
Où premier à mon dam ce fascheux me peut voir.
  J'estois chez une dame en qui, si la satyre
Permettoit en ces vers que je le peusse dire,
Reluit, environné de la divinité,
Un esprit aussi grand que grande est sa beauté.
  Ce fanfaron chez elle eut de moi cognoissance,
Et ne fut de parler jamais en ma puissance,
Luy voyant ce jour-là son chappeau de velours,
Rire d'un fascheux conte, et faire un sot discours,
Bien qu'il m'eust à l'abord doucement fait entendre
Qu'il estoit mon valet à vendre et à despendre ;

Et destournant les yeux : « Belle, à ce que j'entens,
Comment! vous gouvernez les beaux esprits du temps!»
Et faisant le doucet de parole et de geste,
Il se met sur un lict, lui disant : « Je proteste
Que je me meurs d'amour quand je suis près de vous;
Je vous ayme si fort que j'en suis tout jaloux. »
Puis rechangeant de note, il monstre sa rotonde :
«Cest ouvrage est il beau? Que vous semble du monde?
L'homme que vous sçavez m'a dit qu'il n'ayme rien.
Madame, à vostre avis, ce jourd'huy suis-je bien?
Suis-je pas bien chaussé? ma jambe est-elle belle?
Voyez ce taffetas : la mode en est nouvelle;
C'est œuvre de la Chine. A propos, on m'a dit
Que contre les clainquants le roy fait un edict. »
Sur le coude il se met, trois boutons se delace :
« Madame, baysez moi : n'ay-je pas bonne grace?
Que vous estes fascheuse! A la fin on verra,
Rosette, le premier qui s'en repentira. »

D'assez d'autres propos il me rompit la teste.
Voilà quant et comment je cogneu ceste beste;
Te jurant, mon amy, que je quittay ce lieu
Sans demander son nom et sans luy dire adieu.

Je n'eus depuis ce jour de luy nouvelle aucune,
Si ce n'est ce matin que, de male fortune,
Je fus en ceste eglise où, comme j'ay conté,
Pour me persecuter Satan l'avoit porté.
Après tous ces propos qu'on se dit d'arrivée,
D'un fardeau si pesant ayant l'ame grevée,
Je chauvy de l'oreille, et demeurant pensif,
L'eschine j'allongeois comme un asne retif,
Minutant me sauver de ceste tirannie.
Il le juge à respect : « O! sans ceremonie,
Je vous suply, dit-il, vivons en compagnons. »
Ayant ainsi qu'un pot les mains sur les roignons,
Il me pousse en avant, me presente la porte,

Et, sans respect des sainctz, hors l'eglise il me porte,
Aussi froid qu'un jaloux qui voit son corrival.
Sortis, il me demande : « Estes vous à cheval ?
Avez vous point icy quelqu'un de vostre troupe ?
—Je suis tout seul, à pied. » Lui, de m'offrir la croupe.
Moy, pour m'en depestrer, luy dire tout exprès :
« Je vous baise les mains, je m'en vais icy près,
Chez mon oncle disner.—O Dieu ! le galand homme !
J'en suis. » Et moi pour lors, comme un bœuf qu'on as-
Je laisse cheoir la teste, et bien peu s'en falut, [somme,
Remettant par despit en la mort mon salut,
Que je n'allasse lors, la teste la premiere,
Me jetter du Pont-Neuf à bas en la rivière.

Insensible, il me traine en la court du Palais,
Où trouvant par hazard quelqu'un de ses valets,
Il l'apelle et luy dit : « Hola hau ! Ladreville,
Qu'on ne m'attende point ; je vais disner en ville. »
Dieu sçait si ce propos me traversa l'esprit !
Encor n'est-ce pas tout : il tire un long escrit
Que voyant je frémy. Lors, sans cageollerie :
« Monsieur, je ne m'entends à la chicannerie,
Ce luy dis-je, feignant l'avoir veu de travers.
—Aussi n'en est-ce pas : ce sont des meschans vers
(Je cogneu qu'il estoit veritable à son dire)
Que pour tuer le temps je m'efforce d'escrire ;
Et pour un courtisan, quand vient l'occasion,
Je monstre que j'en sçay pour ma provision. »
Il lit, et se tournant brusquement par la place,
Les banquiers estonnez admiroient sa grimace,
Et monstroient en riant qu'ils ne luy eussent pas
Presté sur son minois quatre doubles ducats
(Que j'eusse bien donnez pour sortir de sa pate).
Je l'escoute, et durant que l'oreille il me flate,
Le bon Dieu sçait comment à chasque fin de vers
Tout exprès je disois quelque mot de travers.

Il poursuit nonobstant d'une fureur plus grande,
Et ne cessa jamais qu'il n'eût fait sa legende.
  Me voyant froidement ses œuvres advouer,
Il les serre, et se met luy mesme à se louer :
« Doncq' pour un cavalier n'est-ce pas quelque chose ?
Mais, Monsieur, n'avez-vous jamais veu de ma prose ? »
Moy de dire que si, tant je craignois qu'il eust
Qulque procès-verbal qu'entendre il me fallust.
  « Encore dittes moy en vostre conscience,
Pour un qui n'a du tout acquis nulle science,
Cecy n'est-il pas rare ? — Il est vray, sur ma foy, »
Luy dis-je sousriant. Lors, se tournant vers moy,
M'accolle à tour de bras, et tout petillant d'aise,
Doux comme une espousée à la joue il me baise :
Puis me flattant l'espaule, il me fist librement
L'honneur que d'approuver mon petit jugement.
Après ceste caresse il rentre de plus belle :
Tantost il parle à l'un, tantost l'autre l'appelle,
Tousjours nouveaux discours ; et tant fut-il humain,
Que tousjours de faveur il me tint par la main.
J'ay peur que, sans cela, j'ay l'ame si fragile
Que, le laissant du guet, j'eusse peu faire gile ;
Mais il me fut bien force, estant bien attaché,
Que ma discretion expiast mon peché.
  Quel heur ce m'eust esté, si, sortant de l'eglise,
Il m'eust conduit chez luy, et, m'ostant la chemise,
Ce beau valet à qui ce beau maistre parla
M'eust donné l'anguilade et puis m'eust laissé là !
Honorable defaite, heureuse eschapatoire !
Encores de rechef me la fallut-il boire.
  Il vint à reparler dessus le bruict qui court,
De la Royne, du Roy, des Princes, de la Court ;
Que Paris est bien grand, que le Pont-Neuf s'acheve ;
Si plus en paix qu'en guerre un empire s'eslève.
Il vint à definir que c'estoit qu'amitié

Et tant d'autres vertus, que c'en estoit pitié.
Mais il ne definit, tant il estoit novice,
Que l'indiscretion est un si fascheux vice
Qu'il vaut bien mieux mourir de rage ou de regret
Que de vivre à la gesne avec un indiscret.

Tandis que ces discours me donnoient la torture,
Je sonde tous moyens pour voir si d'avanture
Quelque bon accident eust peu m'en retirer,
Et m'empescher enfin de me desesperer.

Voyant un president, je lui parle d'affaire :
S'il avoit des procès, qu'il estoit nécessaire
D'estre toujours après ces messieurs bonneter;
Qu'il ne laissast, pour moi, de les soliciter ;
Quant à luy, qu'il estoit homme d'intelligence,
Qui sçavoit comme on perd son bien par negligence ;
Où marche l'interest, qu'il faut ouvrir les yeux.
« Ha! non, Monsieur, dit-il, j'aymerois beaucoup mieux
Perdre tout ce que j'ay que vostre compagnie, »
Et se mit aussi-tost sur la ceremonie.

Moy qui n'ayme à debatre en ces fadèses-là,
Un temps sans luy parler ma langue vacila.
Enfin je me remets sur les cageolleries,
Luy dis comme le roy estoit aux Tuileries,
Ce qu'au Louvre on disoit qu'il feroit ce jourd'hui,
Qu'il devroit se tenir tousjours auprès de luy.
Dieu sçait combien alors il me dist de sottises,
Parlant de ses hauts faicts et de ses vaillantises ;
Qu'il avoit tant servy, tant fait la faction,
Et n'avoit cependant aucune pension ;
Mais qu'il se consoloit en ce qu'au moins l'histoire,
Comme on fait son travail, ne desroboit sa gloire ;
Et s'y met si avant que je creu que mes jours
Devoient plus tost finir que non pas son discours.
Mais comme Dieu voulut, après tant de demeures,
L'orloge du Palais vint à fraper onze heures;

Et luy, qui pour la souppe avoit l'esprit subtil :
« A quelle heure Monsieur vostre oncle disne-t-il ? »
Lors bien peu s'en falut, sans plus long-temps attendre,
Que de rage au gibet je ne m'allasse pendre.
Encor l'eussé-je fait, estant desesperé ;
Mais je croy que le Ciel, contre moy conjuré,
Voulut que s'accomplist ceste avanture mienne
Que me dist, jeune enfant, une Bohemienne :
    « Ny la peste, la faim, la verolle, la tous,
« La fievre, les venins, les larrons ny les lous
« Ne tueront cetuy-cy, mais l'importun langage
« D'un fâcheux : qu'il s'en garde estant grand, s'il est
    Comme il continuoit ceste vieille chanson [sage.»
Voicy venir quelqu'un d'assez pauvre façon :
Il se porte au devant, luy parle, le cageolle ;
Mais cest autre, à la fin, se monta de parole :   [drez...
«Monsieur, c'est trop long-temps.. tout ce que vous vou-
Voicy l'arrest signé... Non, Monsieur, vous viendrez...
Quand vous serez dedans, vous ferez à partie...»
Et moy, qui cependant n'estois de la partie,
J'esquive doucement, et m'en vais à grand pas,
La queue en loup qui fuit et les yeux contre bas,
Le cœur sautant de joye, et triste d'aparence.
Depuis aux bons sergens j'ay porté reverence,
Comme à des gens d'honneur par qui le ciel voulut
Que je receusse un jour le bien de mon salut.
    Mais, craignant d'encourir vers toy le mesme vice
Que je blasme en autruy, je suis à ton service,
Et prie Dieu qu'il nous garde, en ce bas monde icy,
De faim, d'un importun, de froid et de soucy.

FIN.

A MONSIEUR RAPIN

SATYRE IX

Rapin, le favorit d'Apollon et des muses,
Pendant qu'en leur mestier jour et nuict tu t'amuses,
Et que d'un vers nombreux non encore chanté
Tu te fais un chemin à l'immortalité,
Moy, qui n'ay ny l'esprit ny l'haleine assez forte
Pour te suivre de près et te servir d'escorte,
Je me contenteray, sans me precipiter,
D'admirer ton labeur, ne pouvant l'imiter,
Et pour me satisfaire au desir qui me reste,
De rendre cest hommage à chascun manifeste.
Par ces vers j'en prens acte, afin que l'advenir
De moy par ta vertu se puisse souvenir,
Et que ceste memoire à jamais s'entretienne,
Que ma Muse imparfaite eut en honneur la tienne,
Et que si j'eus l'esprit d'ignorance abbattu,
Je l'eus au moins si bon, que j'aymay ta vertu,
Contraire à ces resveurs dont la Muse insolente,
Censurant les plus vieux, arrogamment se vante
De reformer les vers, non les tiens seulement,
Mais veulent deterrer les Grecs du monument,
Les Latins, les Hebreux et toute l'antiquaille,
Et leur dire en leur nez qu'ils n'ont rien fait qui vaille.
Ronsard en son mestier n'estoit qu'un apprentif;
Il avoit le cerveau fantastique et retif;
Des-Portes n'est pas net, du Bellay trop facile;
Belleau ne parle pas comme on parle à la ville;

Il a des mots hargneux, bouffis et relevez,
Qui du peuple aujourd'huy ne sont pas approuvez.
　Comment ! il nous faut donq', pour faire une œuvre [grande,
Qui de la calomnie et du temps se deffende,
Qui trouve quelque place entre les bons autheurs,
Parler comme à Sainct-Jean parlent les crocheteurs !
　Encore je le veux, pourveu qu'ils puissent faire
Que ce beau sçavoir entre en l'esprit du vulgaire :
Et quand les crocheteurs seront poëtes fameux,
Alors sans me fascher je parleray comme eux.
　Pensent-ils, des plus vieux offençant la memoire,
Par le mespris d'autruy s'acquerir de la gloire,
Et pour quelque vieux mot estrange ou de travers
Prouver qu'ils ont raison de censurer leurs vers ?
(Alors qu'une œuvre brille et d'art et de science,
La verve quelquefois s'esgaye en la licence.)
　Il semble en leurs discours hautains et genereux,
Que le cheval volant n'ait pissé que pour eux ;
Que Phœbus à leur ton accorde sa vielle ;
Que la mouche du Grec leurs lèvres emmielle ;
Qu'ils ont seuls icy bas trouvé la pie au nit,
Et que des hauts esprits le leur est le zénit ;
Que seuls des grands secrets ils ont la cognoissance ;
Et disent librement que leur experience
A rafiné les vers fantastiques d'humeur,
Ainsi que les Gascons ont fait le point d'honneur ;
Qu'eux tous seuls du bien dire ont trouvé la metode,
Et que rien n'est parfaict s'il n'est fait à leur mode.
　Cependant leur sçavoir ne s'estend seullement
Qu'à regratter un mot douteux au jugement,
Prendre garde qu'un *qui* ne heurte une diphtongue,
Espier si des vers la rime est brève ou longue,
Ou bien si la voyelle, à l'autre s'unissant,
Ne rend point à l'oreille un vers trop languissant,
Et laissent sur le verd le noble de l'ouvrage.

Nul esguillon divin n'esleve leur courage;
Ils rampent bassement, foibles d'inventions,
Et n'osent, peu hardis, tenter les fictions,
Froids à l'imaginer: car s'ils font quelque chose,
C'est proser de la rime et rimer de la prose,
Que l'art lime et relime, et polit de façon
Qu'elle rend à l'oreille un agréable son;
Et voyant qu'un beau feu leur cervelle n'embrase,
Ils attifent leurs mots, enjolivent leur phrase,
Affectent leur discours tout si relevé d'art,
Et peignent leurs defaux de couleur et de fard.
Aussi je les compare à ces femmes jolies
Qui par les affiquets se rendent embellies,
Qui, gentes en habits et sades en façons,
Parmy leur point coupé tendent leurs hameçons;
Dont l'œil rit mollement avecque affeterie,
Et de qui le parler n'est rien que flaterie;
De rubans piolez s'agencent proprement,
Et toute leur beauté ne gist qu'en l'ornement;
Leur visage reluit de ceruse et de peautre;
Propres en leur coiffure, un poil ne passe l'autre;
  Où ces divins esprits, hautains et relevez,
Qui des eaux d'Helicon ont les sens abreuvez,
De verve et de fureur leur ouvrage estincelle;
De leurs vers tout divins la grace est naturelle,
Et sont, comme l'on voit, la parfaicte beauté
Qui, contente de soy, laisse la nouveauté
Que l'art trouve au Palais ou dans le blanc d'Es-
Rien que le naturel sa grace n'accompagne; [pagne.
Son front, lavé d'eau claire, éclate d'un beau teint;
De roses et de lys la nature l'a peint,
Et, laissant là Mercure et toutes ses malices,
Les nonchalances sont ses plus grands artifices.
  Or, Rapin, quant à moy, je n'ay point tant d'es-
Je vay le grand chemin que mon oncle m'aprit, [prit.

Laissant là ces docteurs que les muses instruisent
En des arts tout nouveaux ; et s'ils font, comme ils
De ses fautes un livre aussi gros que le sien, [disent,
Telles je les croiray quand ils auront du bien,
Et que leur belle Muse, à mordre si cuisante,
Leur don'ra, comme à luy, dix mil escus de rente,
De l'honneur, de l'estime, et quand par l'univers
Sur le lut de David on chantera leurs vers ;
Qu'ils auront joint l'utile avecq' le delectable,
Et qu'ils sçauront rimer une aussi bonne table.

On faict en Italie un conte assez plaisant,
Qui vient à mon propos, qu'une fois un paisant,
Homme fort entendu et suffisant de teste,
Comme on peut aisément juger par sa requeste,
S'en vint trouver le pape, et le voulut prier
Que les prestres du temps se peussent marier,
Afin, ce disoit-il, que nous puissions, nous autres,
Leurs femmes caresser ainsi qu'ils font les nostres.

Ainsi suis-je d'avis comme ce bon lourdaut :
S'ils ont l'esprit si bon et l'intellect si haut,
Le jugement si clair, qu'ils facent un ouvrage
Riche d'inventions, de sens et de langage,
Que nous puissions draper comme ils font nos escris,
Et voir comme l'on dit s'ils sont si bien apris :
Qu'ils monstrent de leur eau, qu'ils entrent en car-
Leur age deffaudra plustost que la matière [rière.
Nous sommes en un siècle où le prince est si grand,
Que tout le monde entier à peine le comprend.
Qu'ils facent par leurs vers rougir chacun de honte,
Et, comme de valeur nostre prince surmonte
Hercule, Ænée, Achil, qu'ils ostent les lauriers
Aux vieux, comme le roy l'a fait aux vieux guerriers ;
Qu'ils composent une œuvre : on verra si leur livre
Après mille et mille ans sera digne de vivre,
Surmontant par vertu l'envie et le destin,

Comme celuy d'Homère et du chantre latin.
　　Mais, Rapin, mon amy, c'est la vieille querelle!
L'homme le plus parfaict a manque de cervelle;
Et de ce grand deffaut vient l'imbécilité
Qui rend l'homme hautain, insolent, effronté;
Et selon le suject qu'à l'œil il se propose,
Suivant son appetit il juge toute chose.
　　Aussi, selon nos yeux le soleil est luysant.
Moy-mesme en ce discours qui fais le suffisant,
Je me cognois frappé, sans le pouvoir comprendre
Et de mon ver coquin je ne me puis deffendre.
　　Sans juger nous jugeons, estant nostre raison
Là haut dedans la teste, où, selon la saison
Qui règne en nostre humeur, les brouillas nous embrouillent,
Et de lièvres cornus le cerveau nous barbouillent.
　　Philosophes resveurs, discourez hautement:
Sans bouger de la terre allez au firmament;
Faites que tout le ciel branle à vostre cadence,
Et pesez vos discours mesme dans sa balance:
Cognoissez les humeurs qu'il verse dessus nous,
Ce qui se fait dessus, ce qui se fait dessous;
Portez une lanterne aux cachots de nature;
Sçachez qui donne aux fleurs ceste aimable peinture,
Quelle main sur la terre en broye la couleur,
Leurs secrettes vertus, leurs degrez de chaleur;
Voyez germer à l'œil les semences du monde;
Allez mettre couver les poissons dedans l'onde;
Deschiffrez les secrets de nature et des cieux:
Vostre raison vous trompe, aussi bien que vos yeux.
　　Or ignorant de tout, de tout je me veux rire,
Faire de mon humeur moy-mesme une satyre,
N'estimer rien de vray qu'au goust il ne soit tel,
Vivre, et comme chrestien adorer l'Immortel,
Où gist le seul repos, qui chasse l'ignorance:

Ce qu'on void hors de luy n'est que sotte apparence,
Piperie, artifice ; encore, ô cruauté
Des hommes et du temps ! nostre meschanceté
S'en sert aux passions, et dessous une aumusse
L'ambition, l'amour, l'avarice se musse.
L'on se couvre d'un froc pour tromper les jaloux ;
Les temples aujourd'huy servent aux rendez-vous :
Derrière les pilliers on oyt mainte sornette,
Et comme dans un bal tout le monde y caquette.
On doit rendre, suivant et le temps et le lieu,
Ce qu'on doit à César, et ce qu'on doit à Dieu.
Et quant aux appetis de la sotise humaine,
Comme un homme sans goust je les ayme sans peine ;
Aussi bien rien n'est bon que par affection :
Nous jugeons, nous voyons selon la passion.
 Le soldat aujourd'huy ne resve que la guerre ;
En paix le laboureur veut cultiver sa terre ;
L'avare n'a plaisir qu'en ses doubles ducas ;
L'amant juge sa dame un chef d'œuvre icy bas,
Encore qu'elle n'ait sur soy rien qui soit d'elle ;
Que le rouge et le blanc par art la fasse belle,
Qu'elle ante en son palais ses dents tous les matins,
Qu'elle doive sa taille au bois de ses patins ;
Que son poil, dès le soir frisé dans la boutique,
Comme un casque au matin sur sa teste s'aplique ;
Qu'elle ait comme un piquier le corselet au dos,
Qu'à grand peine sa peau puisse couvrir ses os,
Et tout ce qui de jour la fait voir si doucette,
La nuit comme en depost soit dessous la toillette ;
Son esprit ulceré juge en sa passion
Que son teint fait la nique à la perfection.
 Le soldat tout ainsi pour la guerre souspire ;
Jour et nuit il y pense et tousjours la desire ;
Il ne resve la nuict que carnage et que sang :
La pique dans le poing et l'estoc sur le flanc,

Il pense mettre à chef quelque belle entreprise ;
Que, forçant un chasteau, tout est de bonne prise ;
Il se plaist aux tresors qu'il cuide ravager,
Et que l'honneur luy rie au milieu du danger.

L'avare, d'autre part, n'aime que la richesse ;
C'est son Roy, sa faveur, sa Cour et sa maistresse ;
Nul object ne lui plaist sinon l'or et l'argent,
Et tant plus il en a, plus il est indigent.

Le paysant d'autre soin se sent l'ame embrasée.
Ainsi l'humanité, sottement abusée,
Court à ses appetis, qui l'aveuglent si bien,
Qu'encor qu'elle ait des yeux si ne voit elle rien.
Nul chois hors de son goust ne règle son envie,
Mais s'aheurte où sans plus quelque apas la convie.
Selon son appetit le monde se repaist,
Qui fait qu'on trouve bon seulement ce qui plaist.

O debile raison ! où est ores ta bride ?
Où ce flambeau qui sert aux personnes de guide ?
Contre les passions trop foible est ton secours,
Et souvent, courtisane, après elle tu cours,
Et, savourant l'appas qui ton ame ensorcelle,
Tu ne vis qu'à son goust et ne vois que par elle.

De là vient qu'un chacun, mesmes en son deffaut
Pense avoir de l'esprit autant qu'il luy en faut ;
Aussi rien n'est party si bien par la nature
Que le sens : car chacun en a sa fourniture.

Mais pour nous, moins hardis à croire à nos raisons,
Qui reglons nos esprits par les comparaisons
D'une chose avecq' l'autre, espluchons de la vie
L'action qui doit estre ou blasmée ou suivie ;
Qui criblons le discours, au chois se variant,
D'avecq' la faucetée la verité triant,
Tant que l'homme le peut ; qui formons nos ou- [vrages
Aux moules si parfaits de ces grands personnages
Qui depuis deux mille ans ont acquis le crédit

Qu'en vers rien n'est parfait que ce qu'ils en ont dit,
Devons nous aujourd'huy, pour une erreur nouvelle
Que ces clercs dévoyez forment en leur cervelle,
Laisser legerement la vieille opinion,
Et, suivant leur advis, croire à leur passion ?
    Pour moy, les Huguenots pourroient faire mira-[cles,
Ressusciter les morts, rendre de vrais oracles,
Que je ne pourrois pas croire à leur verité.
En toute opinion je fuis la nouveauté.
Aussi doit-on plustost imiter nos vieux pères,
Que suivre des nouveaux les nouvelles chimères.
De mesme en l'art divin de la muse doit-on
Moins croire à leur esprit qu'à l'esprit de Platon.
    Mais, Rapin, à leur goust, si les vieux sont pro-[fanes,
Si Virgile, le Tasse et Ronsard sont des asnes,
Sans perdre en ces discours le temps que nous perdons,
Allons comme eux aux champs, et mangeons des
    chardons.

FIN.

SATYRE X

Ce mouvement de temps, peu cogneu des humains,
Qui trompe nostre espoir, nostre esprit et nos mains,
Chevelu sur le front et chauve par derrière,
N'est pas de ces oyseaux qu'on prend à la pentière,
Non plus que ce milieu, des vieux tant debatu,
Où l'on mist par despit à l'abry la vertu,
N'est un siège vaquant au premier qui l'occupe.
Souvent le plus mattois ne passe que pour dupe,
Ou par le jugement il faut perdre son temps,
A choisir dans les mœurs ce milieu que j'entens.
  Or j'excuse en cecy nostre foiblesse humaine,
Qui ne veut ou ne peut se donner tant de peine
Que s'exercer l'esprit en tout ce qu'il faudroit
Pour rendre par estude un lourdaut plus adroit.
  Mais je n'excuse pas les censeurs de Socrate,
De qui l'esprit rongneux de soy-mesme se grate,
S'idolâtre, s'admire, et d'un parler de miel
Se va preconisant cousin de l'arcanciel.
Qui baillent pour raisons des chansons et des bourdes,
Et, tous sages qu'ils sont, font les fautes plus lourdes :
Et pour sçavoir gloser sur le Magnificat,
Trenchent en leurs discours de l'esprit delicat,
Controllent un chacun, et par apostasie
Veulent paraphraser dessus la fantasie.
Aussi leur bien ne sert qu'à monstrer le deffaut,
Et semblent se baigner quand on chante tout haut

Qu'ils ont si bon cerveau qu'il n'est point de sottise
Dont par raison d'estat leur esprit ne s'advise.
   Or il ne me chaudroit, insensez ou prudens,
Qu'ils fissent à leurs frais messieurs les Intendans
A chaque bout de champ, si, sous ombre de chère,
Il ne m'en falloit point payer la folle enchère.
   Un de ces jours derniers, par des lieux destour-
Je m'en allois resvant, le manteau sur le nez,   [nez
L'âme bizarrement de vapeurs occupée,
Comme un poëte qui prend les vers à la pipée.
En ces songes profons où flottoit mon esprit,
Un homme par la main hazardement me prit,
Ainsi qu'on pourroit prendre un dormeur par l'oreille
Quand on veut qu'à minuict en sursaut il s'esveille.
Je passe outre d'aguet, sans en faire semblant,
Et m'en vois à grands pas, tout froid et tout trem-
Craignant de faire encor', avec ma patience,   [blant,
Des sottises d'autruy nouvelle penitence.
   Tout courtois il me suit, et d'un parler remis :
« Quoy, Monsieur, est-ce ainsi qu'on traite ses amis ? »
Je m'arreste, contraint ; d'une façon confuse,
Grondant entre mes dents, je barbotte une excuse.
De vous dire son nom, il ne guarit de rien,
Et vous jure au surplus qu'il est homme de bien,
Que son cœur, convoiteux, d'ambition ne crève,
Et pour ses factions qu'il n'ira point en Grève ;
Car il aime la France, et ne souffriroit point,
Le bon seigneur qu'il est, qu'on la mist en pourpoint.
Au compas du devoir il règle son courage,
Et ne laisse en depost pourtant son advantage ;
Selon le temps il met ses partis en avant.
Alors que le Roy passe, il gaigne le devant,
Et dans la Gallerie, encor' que tu luy parles,
Il te laisse au roy Jean et s'en court au roy Charles ;
Mesme aux plus avancez demandant le pourquoy,

Il se met sur un pied et sur le quant à moy,
Et seroit bien fasché, le prince assis à table,
Qu'un autre en fust plus près ou fist plus l'agréable;
Qui plus suffisamment entrant sur le devis
Fist mieux le philosophe ou dist mieux son avis ;
Qui de chiens ou d'oyseaux eust plus d'experience,
Ou qui dévidast mieux un cas de conscience.
Puis dittes, comme un sot, qu'il est sans passion !

Sans gloser plus avant sur sa perfection, [bottes;
Avec maints hauts discours, de chiens, d'oyseaux, de
Que les vallets de pied sont fort sujets aux crottes;
Pour bien faire du pain il faut bien enfourner ;
Si Dom Pedre est venu, qu'il s'en peut retourner,
Le ciel nous fist ce bien qu'encor' d'assez bonne heure
Nous vinsmes au logis où ce Monsieur demeure,
Où, sans historier le tout par le menu,
Il me dict : « Vous soyez, Monsieur, le bien venu.»
Après quelques propos sans propos et sans suitte,
Avecq' un froid adieu je minutte ma fuitte,
Plus de peur d'accident que de discretion ;
Il commence un sermon de son affection,
Me rit, me prend, m'embrasse avec ceremonie :
« Quoy, vous ennuyez-vous en nostre compagnie ?
Non, non, ma foy, dit-il, il n'ira pas ainsi,
Et, puis que je vous tiens, vous souperez icy.»
Je m'excuse, il me force. O dieux ! quelle injustice !
Alors, mais las ! trop tard, je cognus mon supplice :
Mais pour l'avoir cognu je ne peus l'esviter,
Tant le destin se plaist à me persecuter.

A peine à ces propos eut-il fermé la bouche,
Qu'il entre à l'estourdi un sot fait à la fourche,
Qui, pour nous saluer laissant choir son chappeau,
Fist comme un entre-chat avec un escabeau :
Trebuchant par le cul s'en va devant-derrière,
Et grondant se fascha qu'on estoit sans lumière.

Pour nous faire sans rire avaller ce beau saut,
Le Monsieur sur la veue excuse ce deffaut,
Que les gens de sçavoir ont la visière tendre.
L'autre, se relevant, devers nous vient se rendre,
Moins honteux d'estre cheust que de s'estre dressé
Et luy demandast-il s'il n'estoit point blessé.

 Après mille discours dignes d'un grand volume,
On appelle un valet, la chandelle s'allume,
On apporte la nappe et met-on le couvert,
Et suis parmy ces gens comme un homme sans vert,
Qui fait en rechignant aussi maigre visage
Qu'un renard que Martin porte au Louvre en sa cage.

 Un long-temps sans parler je regorgeois d'ennuy.
Mais n'estant point garand des sottises d'autruy,
Je creu qu'il me falloit d'une mauvaise affaire
En prendre seulement ce qui m'en pouvoit plaire.
Ainsi, considerant ces hommes et leurs soins,
Si je n'en disois mot, je n'en pensois pas moins,
Et jugé ce lourdaut, à son nez autentique,
Que c'estoit un pedant, animal domestique
De qui la mine rogue et le parler confus,
Les cheveux gras et longs et les sourcils touffus
Faisoient par leur sçavoir, comme il faisoit entendre,
La figue sur le nez au pedant d'Alexandre.

 Lors je fus asseuré de ce que j'avois creu,
Qu'il n'est plus courtisan de la court si recreu,
Pour faire l'entendu, qu'il n'ait, pour quoy qu'il vaille
Un poëte, un astrologue ou quelque pedantaille
Qui durant ses amours, avec son bel esprit,
Couche de ses faveurs l'histoire par escrit.

 Maintenant que l'on voit et que je vous veux dire
Tout ce qui se fist là digne d'une satyre,
Je croirois faire tort à ce docteur nouveau
Si je ne luy donnois quelques traicts de pinceau.
Mais estant mauvais peintre ainsi que mauvais poëte,

SATYRE X.

Et que j'ay la cervelle et la main mal adroitte,
O Muse, je t'invoque : emmielle-moi le bec,
Et bandes de tes mains les nerfs de ton rebec ·
Laisse moy là Phœbus chercher son aventure,
Laisse moy son *b* mol, prend la clef de nature
Et vien, simple, sans fard, nue et sans ornement,
Pour accorder ma flute avec ton instrument.

Dy moy comme sa race, autrefois ancienne,
Dedans Rome accoucha d'une patricienne,
D'où nasquit dix Catons et quatre-vingts preteurs,
Sans les historiens et tous les orateurs.
Mais non, venons à luy, dont la maussade mine
Resemble un de ces dieux des coutaux de la Chine,
Et dont les beaux discours, plaisamment estourdis,
Feroient crever de rire un sainct de paradis.

Son teint jaune, enfumé, de couleur de malade,
Feroit donner au diable et ceruze et pommade;
Et n'est blanc en Espaigne à qui ce cormoran
Ne fasse renier la loy de l'Alcoran.

Ses yeux bordez de rouge, esgarez, sembloient estre
L'un à Montmarthe et l'autre au chasteau de Bicestre:
Toutesfois, redressant leur entre-pas tortu,
Ils guidoient la jeunesse au chemin de vertu.

Son nez haut relevé sembloit faire la nique
A l'Ovide Nason, au Scipion Nasique,
Où maints rubis balez, tous rougissans de vin,
Monstroient un HAC ITUR à la Pomme de pin
Et, preschant la vendange, asseuroient en leur trongne
Qu'un jeune medecin vit moins qu'un vieil yvrongne.

Sa bouche est grosse et torte, et semble en son por-
Celle-là d'Alizon qui, retordant du fil,   [fil
Fait la moue aux passans, et, feconde en grimace,
Bave comme au prin-temps une vieille limace.

Un rateau mal rangé pour ses dents paroissoit,
Où le chancre et la rouille en monceaux s'amassoit,

Dont pour lors je congneus, grondant quelques pa-
Qu'expert il en sçavoit crever ses everoles,   [roles
Qui me fist bien juger qu'aux veilles des bons jours
Il en souloit rogner ses ongles de velours.

Sa barbe sur sa joue esparse à l'advanture,
Où l'art est en colère avecque la nature,
En bosquets s'eslevoit, où certains animaux,   [maux.
Qui des pieds, non des mains, lui faysoient mille

Quant au reste du corps, il est de telle sorte,
Qu'il semble que ses reins et son espaule torte
Facent guerre à sa teste, et, par rebellion,
Qu'ils eussent entassé Osse sur Pellion,
Tellement qu'il n'a rien en tout son attelage
Qui ne suive au galop la trace du visage.

Pour sa robbe, elle fut autre qu'elle n'estoit
Alors qu'Albert-le-Grand aux festes la portoit;
Mais, tousjours recousant pièce à pièce nouvelle,
Depuis trente ans c'est elle, et si ce n'est pas elle,
Ainsi que ce vaisseau des Grecs tant renommé,
Qui survescut au temps qui l'avoit consommé.
Une taigne affamée estoit sur ses espaules,
Qui traçoit en arabe une carte des Gaules.
Les pièces et les trous semez de tous costez
Representoient les bourgs, les monts et les citez.
Les filets separez, qui se tenoient à peine,
Imitoient les ruisseaux coulans dans une plaine.
Les Alpes, en jurant, luy grimpoient au collet,
Et Savoy' qui plus bas ne pend qu'à un filet.

Les puces et les poux et telle autre quenaille
Aux plaines d'alentour se mettoient en bataille,
Qui, les places d'autruy par armes usurpant,
Le titre disputoient au premier occupant.

Or, dessous ceste robbe illustre et venerable
Il avoit un jupon, non celuy de Constable,
Mais un qui pour un temps suivit l'arrière-ban,

Quand en première nopce il servit de caban
Au croniqueur Turpin, lors que par la campagne
Il portoit l'arbalestre au bon roy Charlemagne.
Pour asseurer si c'est ou laine ou soye ou lin,
Il faut en devinaille estre maistre Gonin.

Sa ceinture honorable, ainsi que ses jartières,
Furent d'un drap du Seau, mais j'entends de lizières,
Qui sur maint cousturier jouèrent maint rollet;
Mais pour l'heure presente ils sangloient le mulet.

Un mouchoir et des gands, avecq' ignominie
Ainsi que des larrons pendus en compagnie,
Luy pendoient au costé, qui sembloient, en lambeaux,
Crier en se mocquant : vieux linges, vieux drapeaux !
De l'autre brimballoit une clef fort honneste,
Qui tire à sa cordelle une noix d'arbaleste.

Ainsi ce personnage en magnifique arroy,
Marchant *pedetentim* s'en vint jusques à moy,
Qui sentis à son nez, à ses lèvres décloses,
Qu'il fleurait bien plus fort, mais non pas mieux que
    Il me parle latin, il allègue, il discourt,   [roses.
Il reforme à son pied les humeurs de la Court :
Qu'il a pour enseigner une belle manière,
Qu'en son globe il a veu la matière première ;
Qu'Epicure est yvrongne, Hypocrate un bourreau,
Que Bartolle et Jason ignorent le barreau ;
Que Virgile est passable, encor' qu'en quelques pages
Il meritast au Louvre estre chiflé des pages ;
Que Pline est inegal, Terence un peu joly ;
Mais surtout il estime un langage poly.

Ainsi sur chasque autheur il trouve de quoy mordre :
L'un n'a point de raison et l'autre n'a point d'ordre;
L'autre avorte avant temps des œuvres qu'il conçoit.
Or il vous prend Macrobe et lui donne le foit.
Ciceron, il s'en taist, d'autant que l'on le crie
Le pain quotidien de la pedanterie.

Quant à son jugement, il est plus que parfait,
Et l'immortalité n'ayme que ce qu'il fait.
Par hazard, disputant, si quelqu'un luy replique
Et qu'il soit à *quia* : « Vous estes heretique,
Ou pour le moins fauteur, ou vous ne sçavez point
Ce qu'en mon manuscrit j'ay noté sur ce point. »
 Comme il n'est rien de simple, aussi rien n'est durable.
De pauvre on devient riche, et d'heureux miserable.
Tout se change, qui fit qu'on changea de discours.
Après maint entretien, maints tours et maints re-
Un valet, se levant le chapeau de la teste, [tours,
Nous vint dire tout haut que la souppe estoit preste.
Je cogneu qu'il est vray ce qu'Homère en escrit,
Qu'il n'est rien qui si fort nous resveille l'esprit,
Car j'eus au son des plats l'ame plus alterée
Que ne l'auroit un chien au son de la curée.
Mais comme un jour d'esté où le soleil reluit,
Ma joie en moins d'un rien comme un éclair s'enfuit ;
Et le ciel, qui des dents me rid à la pareille,
Me bailla gentiment le lièvre par l'oreille.
Et comme en une montre, où les passe-volans,
Pour se monstrer soldats, sont les plus insolens,
Ainsi, parmy ces gens, un gros vallet d'estable,
Glorieux de porter les plats dessus la table,
D'un nez de majordome et qui morgue la faim
Entra, serviette au bras et fricassée en main,
Et, sans respect du lieu, du docteur ny des sauces,
Heurtant table et treteaux, versa tout sur mes chaus-
On le tance, il s'excuse ; et moy, tout resolu, [ses.
Puis qu'à mon dam le ciel l'avoit ainsi voulu,
Je tourne en raillerie un si fascheux mistère,
De sorte que Monsieur m'obligea de s'en taire.
 Sur ce point on se lave, et chacun en son rang
Se met dans une chaire ou s'assied sur un banc,
Suivant ou son mérite ou sa charge ou sa race.

Des niais sans prier je me mets en la place,
Où j'estois resolu, faisant autant que trois,
De boire et de manger comme aux veilles des Rois;
Mais à si beau dessein defaillant la matière,
Je fus enfin contraint de ronger ma litière,
Comme un asne affamé qui n'a chardons ny foin,
N'ayant pour lors dequoy me saouler au besoin.

   Or entre tous ceux-là qui se mirent à table,
Il n'en estoit pas un qui ne fust remarquable,
Et qui sans esplucher n'avallast l'eperlan.
L'uu en titre d'office exerçoit un berlan;
L'antre estoit des suivants de madame Lipée,
Et l'autre chevalier de la petite espée :   [deau)
Et le plus sainct d'entr'eux (sauf le droict du cor-
Vivoit au cabaret pour mourir au bordeau.

   En forme d'eschiquier les plats rangez sur table,
N'avoient ny le maintien ny la grace accostable;
Et bien que nos disneurs mangeassent en sergens,
La viande pourtant ne prioit point les gens.
Mon docteur de menestre, en sa mine alterée,
Avoit deux fois autant de mains que Briarée;
Et n'estoit quel qu'il fust morceau dedans le plat
Qui des yeux et des mains n'eust un eschec et mat
D'où j'aprins en la cuitte aussi bien qu'en la crue,
Que l'ame se laissoit piper comme une grue,
Et qu'aux plats comme au lict avec lubricité
Le peché de la chair tentoit l'humanité.

   Devant moy justement on plante un grand potage
D'où les mouches à jeun se sauvoient à la nage :
Le brouet estoit maigre, et n'est Nostradamus
Qui, l'astrolabe en main, ne demeurast camus
Si par galanterie ou par sottise expresse
Il y pensoit trouver un estoille de gresse.
Pour moy, si j'eusse esté sur la mer de Levant,
Où le vieux Louchaly fendit si bien le vent

Quand Sainct Marc s'habilla des enseignes de Trace,
Je l'accomparerois au golphe de Patrasse,
Pource qu'on y voyoit en mille et mille parts
Les mouches qui flottoient en guise de soldarts,
Qui, morts, sembloient encor', dans les ondes salées,
Embrasser les charbons des galères bruslées.

    J'oy, ce semble, quelqu'un de ces nouveaux doc-
Qui d'estoc et de taille estrillent les autheurs, [teurs
Dire que ceste exemple est fort mal assortie.
Homère, et non pas moy, t'en doit la garantie,
Qui dedans ses escrits, en des certains effects,
Les compare peut-estre aussi mal que je faicts.

    Mais retournons à table, où l'esclanche en cervelle
Des dents et du chalan separoit la querelle,
Et sur la nappe allant de quartier en quartier,
Plus dru qu'une navette au travers d'un mestier,
Glissoit de main en main, où sans perdre advantage,
Ebrechant le cousteau, tesmoignoit son courage :
Et durant que brebis elle fut parmy nous,
Elle sceut bravement se deffendre des loups,
Et de se conserver elle mist si bon ordre
Que, morte de vieillesse, elle ne sçauroit mordre.

    A quoy, glouton oyseau, du ventre renaissant
Du fils du bon Japet te vas-tu repaissant?
Assez et trop long-temps son poulmon tu gourmandes.
La faim se renouvelle au change des viandes.
Laissant là ce larron, vien icy desormais,
Où la tripaille est fritte en cent sortes de mets.

    Or durant ce festin damoyselle Famine,
Avec son nez étique et sa mourante mine,
Ainsi que la cherté par edict l'ordonna,
Faisoit un beau discours dessus la Lezina;
Et, nous torchant le bec, allegoit Symonide,
Qui dict, pour estre sain, qu'il faut mascher à vuide.
Au reste, à manger peu, Monsieur beuvoit d'autant,

Du vin qu'à la taverne on ne payoit contant ;
Et se faschoit qu'un Jean, blessé de la logique,
Luy barbouilloit l'esprit d'un *ergo* sophistique.

Esmiant, quant à moy, du pain entre mes doigts,
A tout ce qu'on disoit doucet je m'accordois :
Leur voyant de piot la cervelle eschauffée,
De peur, comme l'on dict, de courroucer la fée.

Mais à tant d'accidents l'un sur l'autre amassez,
Sçachant qu'il en falloit payer les pots cassez,
De rage, sans parler, je m'en mordois la lèvre,
Et n'est Job, de despit, qui n'en eust pris la chèvre.
Car un limier boiteux, de galles damassé,
Qu'on avoit d'huile chaude et de souffre graissé,
Ainsi comme un verrat enveloppé de fange,
Quand sous le corcelet la crasse luy demange,
Se bouchonne par tout, de mesme en pareil cas
Ce rogneux Las-d'aller se frottoit à mes bas ;
Et fust pour estriller ses galles et ses crottes,
De sa grace il graissa mes chausses pour mes bottes
En si digne façon, que le frippier Martin
Avec sa male-tache y perdroit son latin.

Ainsi qu'en ce despit le sang m'échauffoit l'ame,
Le Monsieur son pedant à son aide reclame
Pour soudre l'argument, quand d'un sçavant parler
Il est qui fait la moue aux chimères en l'air.
Le pedant, tout fumeux de vin et de doctrine,
Respond Dieu sait comment. Le bon Jean se mutine,
Et sembloit que la gloire, en ce gentil assaut,
Fust à qui parleroit non pas mieux, mais plus haut.
Ne croyez, en parlant, que l'un ou l'autre dorme.
« Comment ! vostre argument, dist l'un, n'est pas
   en forme. »
L'autre, tout hors du sens : « Mais c'est vous, malautru,
Qui faites le sçavant et n'estes pas congru : »
L'autre : « Monsieur le sot, je vous feray bien taire :

Quoy! comment! est-ce ainsi qu'on frape Despautere?
Quelle incongruité! vous mentez par les dents.
— Mais vous! » Ainsi ces gens à se picquer ardents,
S'en vindrent du parler à tic, tac, torche, lorgne;
Qui, casse le museau; qui, son rival éborgne;
Qui, jette un pain, un plat, une assiette, un couteau;
Qui, pour une rondache empoigne un escabeau.
L'un fait plus qu'il ne peut, et l'autre plus qu'il n'ose,
Et pense, en les voyant, voir la Metamorphose
Ou les Centaures souz, au bourg Athracien,
Voulurent, chauds de reins, faire nopces de chien,
Et, cornus du bon père, encorner le Lapithe,
Qui leur fit à la fin enfiler la guerite,
Quand avecque des plats, des treteaux, des tisons,
Par force les chassans my-morts de ses maisons,
Il les fist gentiment, après la tragedie,
De chevaux devenir gros asnes d'Arcadie.

   Nos gens en ce combat n'estoient moins inhumains,
Car chacun s'escrimoit et des pieds et des mains:
Et, comme eux, tous sanglants en ces doctes alarmes,
La fureur aveuglée en main leur mit des armes.
Le bon Jean crie au meurtre! et ce docteur, haraut!
Le monsieur dict: «Tout-beau!» L'on appelle Giraut.
A ce nom, voyant l'homme et sa gentille trongne,
En memoire aussi tost me tomba la Gascongne:
Je cours à mon manteau, je descends l'escalier,
Et laisse avec ces gens Monsieur le chevalier,
Qui vouloit mettre barre entre ceste canaille.
Ainsi sans coup ferir je sors de la bataille,
Sans parler de flambeau ni sans faire autre bruit.
Croyez qu'il n'estoit pas: O nuict, jalouse nuict;
Car il sembloit qu'on eust aveuglé la nature,
Et faisoit un noir brun d'aussi bonne teinture
Que jamais on en vit sortir des Gobelins;
Argus pouvoit passer pour un des Quinze-Vingts.
Qui pis est, il plouvoit d'une telle manière,

Que les reins, par despit, me servoient de gouttière ;
Et du haut des maisons tomboit un tel degout,
Que les chiens alterez pouvoient boire debout.
   Alors, me remettant sur ma philosophie,
Je trouve qu'en ce monde il est sot qui se fie
Et se laisse conduire ; et quant aux courtisans,
Qui, doucets et gentils, font tant les suffisans,
Je trouve, les mettant en mesme patenostre,
Que le plus sot d'entr'eux est aussi sot qu'un autre.
Mais pource qu'estant là je n'estois dans le grain,
Aussi que mon manteau la nuict craint le serain,
Voyant que mon logis estoit loin, et peut estre
Qu'il pourroit en chemin changer d'air et de maistre,
Pour éviter la pluye, à l'abry de l'auvent
J'allois doublant le pas comme un qui fend le vent,
Quand, bronchant lourdement en un mauvais pas-
Le ciel me fist jouer un autre personnage :   [sage
Car heurtant une porte, en pensant m'accoter,
Ainsi qu'elle obeyt, je vins à culbuter,
Et, s'ouvrant à mon heurt, je tombay sur le ventre.
On demande que c'est : je me relève, j'entre,
Et, voyant que le chien n'aboyoit point la nuict,
Que les verroux graissez ne faisoient aucun bruit,
Qu'on me rioit au nez, et qu'une chambrière
Vouloit monstrer ensemble et cacher la lumière :
Je suis, je le voy bien… Je parle. L'on respond, [fond,
Où, sans Fleurs de bien dire ou d'autre art plus pro-
Nous tombasmes d'accord. Le monde je contemple,
Et me trouve en un lieu de fort mauvais exemple.
Toutesfois il falloit, en ce plaisant malheur,
Mettre pour me sauver en danger mon honneur.
   Puis donc que je suis là, et qu'il est près d'une heure,
N'esperant pour ce jour de fortune meilleure,
Je vous laisse en repos jusques à quelques jours,

Que, sans parler Phœbus, je feray le discours
De mon giste, où pensant reposer à mon aise,
Je tombé par mal-heur de la poisle en la braise.

Fi :.

SATYRE XI

Suite.

Voyez que c'est du monde et des choses humaines !
Tousjours à nouveaux maux naissent nouvelles peines,
Et ne m'ont les destins, à mon dam trop constans,
Jamais après la pluye envoyé le beau temps.
Estant né pour souffrir, ce qui me reconforte,
C'est que sans murmurer la douleur je suporte ;
Et tire ce bon-heur du malheur où je suis,
Que je fais en riant bon visage aux ennuis ;
Que, le Ciel affrontant, je nazarde la lune,
Et voy sans me troubler l'une et l'autre fortune.
 Pour lors bien m'en vallut : car contre ces assauts,
Qui font, lorsque j'y pense, encor que je tressauts,
Pétrarque et son remède y perdant sa rondache,
En eust de marisson ploré comme une vache.
 Outre que de l'object la puissance s'esmeut,
Moy qui n'ay pas le nez d'estre Jean qui ne peut,
Il n'est mal dont le sens la nature resveille,
Qui, ribaut, ne me prist ailleurs que par l'oreille.
Entré doncq' que je fus en ce logis d'honneur,
Pour faire que d'abord on me traitte en seigneur,
Et me rendre en amour d'autant plus agreable,
La bourse desliant, je mis pièce sur table,
Et, guarissant leur mal du premier appareil,
Je fis dans un escu reluire le soleil.
De nuict dessus leur front la joye estincelante
Monstroit en son midy que l'âme estoit contente.
Dès lors pour me servir chacun se tenoit prest, [c'est !»
Et murmuroient tout bas : « L'honneste homme que

Toutes à qui mieux mieux s'efforçoient de me plaire.
L'on allume du feu, dont j'avois bien affaire.
Je m'aproche, me sieds, et m'aidant au besoin,
Ja tout apprivoisé je mangeois sur le poin,
Quand au flamber du feu, trois vieilles rechignées
Vinrent à pas contez comme des airignées ;
Chacune sur le cul au foyer s'accropit,
Et sembloient, se plaignant, marmoter par despit.
L'une, comme un fantosme, affreusement hardie,
Sembloit faire l'entrée en quelque tragedie,
L'autre, une Egyptienne, en qui les rides font
Contre-escarpes, rampards et fossez sur le front ;
L'autre, qui de soy-mesme estoit diminutive,
Ressembloit, transparente, une lanterne vive
Dont quelque paticier amuse les enfans,
Où des oisons bridez, guenuches, elefans,   [beste
Chiens, chats, lièvres, renards, et mainte estrange
Courent l'une après l'autre : ainsi dedans sa teste
Voyoit-on clairement au travers de ses os
Ce dont sa fantasie animoit ses propos :
Le regret du passé, du present la misère,
La peur de l'advenir, et tout ce qu'elle espère
Des biens que l'hypocondre en ses vapeurs promet,
Quand l'humeur ou le vin luy barbouillent l'armet.
L'une se plaint des reins, et l'autre d'un côtaire ;
L'autre du mal de dents, et comme, en grand mys-
Avec trois brins de sauge, une figue d'antan, [tère,
Un *va-t'en si tu peux ;* un *si tu peux va-t'en,*
Escrit en peau d'oignon, entouroit sa maschoire :
Et toutes, pour garir, se reforçoient de boire.

Or j'ignore en quel champ d'honneur et de vertu
Ou dessous quels drapeaux elles ont combatu ;
Si c'estoit mal de sainct ou de fièvre-quartaine,
Mais je sçay bien qu'il n'est soldat ny capitaine,
Soit de gens de cheval ou soit de gens de pié,

Qui dans la Charité soit plus estropié.
Bien que maistre Denis, sçavant en la sculture,
Fist il avec son art quinaude la nature,
Ou comme Michel l'Ange eust il le diable au corps,
Si ne pourroit-il faire avec tous ses efforts
De ces trois corps tronquez une figure entière,
Manquant à cet effect, non l'art, mais la matière.
   En tout elles n'avoient seulement que deux yeux,
Encores bien fletris, rouges et chassieux;
Que la moitié d'un nez, que quatre dents en bouche,
Qui, durant qu'il fait vent, branlent sans qu'on les tou-
Pour le reste, il estoit comme il plaisoit à Dieu. [che.
En elles la santé n'avoit ny feu ny lieu,
Et chacune à par-soy representoit l'idole,
Des fièvres, de la peste et de l'orde verolle.
   A ce piteux spectacle, il faut dire le vray,
J'eus une telle horreur que, tant que je vivray
Je croiray qu'il n'est rien au monde qui garisse
Un homme vicieux comme son propre vice.
   Toute chose depuis me fut à contre-cœur;
Bien que d'un cabinet sortist un petit cœur,
Avec son chapperon, sa mine de poupée,
Disant : « J'ay si grand peur de ces hommes d'espée,
Que si je n'eusse veu qu'estiez un financier,
Je me fusse plustost laissé crucifier
Que de mettre le nez où je n'ay rien affaire.
Jean, mon mary, Monsieur, il est apotiquaire.
Sur tout, vive l'amour, et bran pour les sergens!
Ardez, voire, c'est-mon : je me congnois en gens.
Vous estes, je voy bien, grand abbateur de quilles,
Mais au reste honneste homme, et payez bien les filles.
Cognoissez-vous?... mais non, je n'ose le nommer.
Ma foy, c'est un brave homme, et bien digne d'aymer.
Il sent tousjours si bon! Mais quoy! vous l'iriez dire...»
   Cependant, de despit, il semble qu'on me tire

Par la queue un matou, qui m'escrit sur les reins,
Des griffes et des dents, mille alibis forains :
Comme un singe fasché j'en dy ma patenostre ;
De rage je maugrée et le mien et le vostre,
Et le noble vilain qui m'avoit attrapé. [soupé ?
« Mais, Monsieur, me dist-elle, avez-vous point
Je vous prie, notez l'heure ; et bien, que vous en semble ?
Estes-vous pas d'avis que nous couchions ensemble ? »
Moy, crotté jusqu'au cul et mouillé jusqu'à l'os,
Qui n'avois dans le lict besoin que de repos,
Je faillis à me pendre, oyant que ceste lice
Effrontément ainsi me presentoit la lice.
On parle de dormir, j'y consens à regret.
La dame du logis me mène au lieu secret.
Allant, on m'entretient de Jeanne et de Macette ;
Par le vray Dieu, que Jeanne estoit et claire et nette,
Claire comme un bassin, nette comme un denier.
Au reste, fors Monsieur, que j'estois le premier.
Pour elle, qu'elle estoit niepce de dame Avoye ;
Qu'elle feroit pour moy de la fauce monnoye ;
Qu'elle eust fermé sa porte à tout autre qu'à moy,
Et qu'elle m'aymoit plus mille fois que le Roy.
Estourdy de caquet, je feignois de la croire. [voire
Nous montons, et, montans, d'un *c'est-mon* et d'un
Doucement en riant j'apointois nos procez.
La montée estoit torte et de fascheux accez ;
Tout branloit dessous nous jusqu'au dernier estage.
D'eschelle en eschelon, comme un linot en cage,
Il falloit sauteller, et des pieds s'approcher
Ainsi comme une chèvre en grimpant un rocher.
Après cent soubre-sauts nous vinsmes en la chambre,
Qui n'avoit pas le goust de musc, civette ou d'ambre ;
La porte en estoit basse, et sembloit un guichet,
Qui n'avoit pour serrure autre engin qu'un crochet ;
Six douves de poinçon servoient d'aiz et de barre,

Qui, bâillant, grimassoient d'une façon bizarre ;
Et pour se reprouver de mauvais entretien,
Chacune par grandeur se tenoit sur le sien,
Et loin l'une de l'autre, en leur mine alterée,
Monstroient leur saincte vie estroite et retirée.

Or, comme il pleust au Ciel, en trois doubles plié,
Entrant je me heurté la caboche et le pié,
Dont je tombe en arrière, estourdi de ma cheute,
Et du haut jusqu'au bas je fis la cullebutte,
De la teste et du cul contant chaque degré.
Puis que Dieu le voulust, je prins le tout à gré.
Aussi qu'au mesme temps, voyant cheoir ceste dame,
Par je ne sçay quel trou je luy vis jusqu'à l'ame,
Qui fist, en ce beau sault, m'esclatant comme un fou,
Que je prins grand plaisir à me rompre le cou.
Au bruit Macette vint : la chandelle on apporte,
Car la nostre en tombant de frayeur estoit morte.
Dieu sçait comme on la vit et derrière et devant,
Le nez sur les carreaux et le fessier au vent ;
De quelle charité l'on soulagea sa peine.
Cependant de son long, sans poulx et sans haleine,
Le museau vermoulu, le nez escarbouillé,
Le visage de poudre et de sang tout souillé,
Sa teste descouverte où l'on ne sçait que tondre,
Et lors qu'on luy parloit qui ne pouvoit respondre ;
Sans collet, sans beguin et sans autre affiquet,
Ses mules d'un costé, de l'autre son tocquet.
En ce plaisant mal-heur je ne saurois vous dire
S'il en falloit pleurer ou s'il en falloit rire.
Après cest accident, trop long pour dire tout,
A deux bras on la prend et la met-on debout.
Elle reprend courage, elle parle, elle crie,
Et changeant en un rien sa douleur en furie,
Dict à Jeanne, en mettant la main sur le roignon :
« C'est, malheureuse, toy, qui me porte guignon. »

A d'autres beaux discours la collère la porte.
Tant que Macette peut elle la reconforte.
Cependant je la laisse et, la chandelle en main,
Regrimpant l'escalier, je suis mon vieux dessein.
J'entre dans ce beau lieu, plus digne de remarque
Que le riche palais d'un superbe monarque.
Estant là, je furete aux recoins plus cachez,
Où le bon Dieu voulut que, pour mes vieux pechez,
Je sceusse le despit dont l'âme est forcenée
Lors que, trop curieuse ou trop endemenée,
Raudant de tous costez et tournant haut et bas,
Elle nous fait trouver ce qu'on ne cherche pas.

 Or, en premier *item*, sous mes pieds je rencontre
Un chaudron ebresché, la bourse d'une montre,
Quatre boëtes d'unguents, une d'alun bruslé,
Deux gands despariez, un manchon tout pelé ;
Trois fioles d'eau bleue, autrement d'eau seconde,
La petite seringue, une esponge, une sonde,
Du blanc, un peu de rouge, un chiffon de rabat,
Un balet pour brusler en allant au sabat ;
Une vielle lanterne, un tabouret de paille
Qui s'estoit sur trois pieds sauvé de la bataille ;
Un barril defoncé, deux bouteilles sur cù,
Qui disoient sans goulet : « Nous avons trop vescu ; »
Un petit sac tout plein de poudre de mercure,
Un vieux chapperon gras de mauvaise teinture,
Et dedans un coffret qui s'ouvre avecq' enhan,
Je trouve des tizons du feu de la sainct Jean,
Du sel, du pain benit, de la feugère, un cierge,
Trois dents de mort pliez en du parchemin vierge ;
Une chauve-souris, la carcasse d'un gay,
De la graisse de loup et du beurre de may.

 Sur ce point, Jeanne arrive, et faisant la doucette :
« Qui vit ceans, ma foy, n'a pas besongne faite ;
Tousjours à nouveau mal nous vient nouveau soucy ;

Je ne sçay, quant à moy, quel logis c'est icy :
Il n'est, par le vray Dieu, jour ouvrier ny feste
Que ces carongnes-là ne me rompent la teste.
Bien, bien, je m'en iray sitost qu'il sera jour.
On trouve dans Paris d'autres maisons d'amour. »
 Je suis là cependant, comme un que l'on nazarde.
Je demande que c'est ? « Hé ! n'y prenez pas garde,
Ce me respondit-elle ; on n'auroit jamais fait.
Mais bran, bran, j'ay laissé là-bas mon attifet.
Tousjours après soupper ceste vilaine crie.
Monsieur, n'est-il pas temps ? couchons-nous, je vous
 Cependant elle met sur la table les dras [prie. »
Qu'en bouchons tortillez elle avait sous les bras.
Elle approche du lict, fait d'une estrange sorte :
Sur deux treteaux boiteux se couchoit une porte,
Où le lict reposoit, aussi noir qu'un souillon.
Un garderobe gras servoit de pavillon ;
De couverte un rideau qui, fuyant (vert et jaune)
Les deux extremitez, estoit trop court d'une aune.
 Ayant consideré le tout de point en point,
Je fis vœu ceste nuict de ne me coucher point,
Et de dormir sur pieds comme un coq sur la perche.
Mais Jeanne tout en rut s'aproche et me recherche
D'amour, ou d'amitié, duquel qu'il vous plaira.
Et moy : « Maudit soit-il, m'amour, qui le fera. »
Polyenne pour lors me vint en la pensée,
Qui sceut que vaut la femme en amour offensée,
Lors que, par impuissance ou par mespris, la nuict,
On fausse compagnie ou qu'on manque au desduict.
C'est pourquoy j'eus grand peur qu'on me troussast
  en malle,
Qu'on me fouetast, pour voir si j'avois point la galle,
Qu'on me crachast au nez, qu'en perche on me le mist,
Et que l'on me berçast si fort qu'on m'endormist,
Ou me baillant du *Jean, Jeanne vous remercie,*

Qu'on me tabourinast le cul d'une vessie.
Cela fut bien à craindre, et si je l'évité,
Ce fut plus par bon-heur que par dexterité.
Jeanne non moins que Circe entre ses dents murmure,
Sinon tant de vengeance, au moins autant d'injure.
 Or pour flatter enfin son malheur et le mien,
Je dis : « Quand je fais mal, c'est quand je paye bien ; »
Et faisait reverence à ma bonne fortune,
En la remerciant je le contai pour une.
Jeanne, rongeant son frein, de mine s'apaisa,
Et, prenant mon argent, en riant me baisa :
« Non, pour ce que j'en dis, je n'en parle pas, voire,
Mon maistre, pensez-vous ? J'entends bien le grimoire ;
Vous estes honneste homme et sçavez l'entre-gent.
Mais, Monsieur, croyez-vous que ce soit pour l'argent ?
J'en fais autant d'estat comme de chenevottes.
Non, ma foy ; j'ai encor un demy-ceint, deux cottes,
Une robe de serge, un chaperon, deux bas,
Trois chemises de lin, six mouchoirs, deux rabats,
Et ma chambre garnie auprès de Sainct-Eustache.
Pourtant, je ne veux pas que mon mary le sçache. »
 Disant cecy, tousjours son lict elle brassoit,
Et les linceuls trop cours par les pieds tirassoit,
Et fist à la fin tant, par sa façon adroite,
Qu'elle les fist venir à moitié de la coite. [fleurs,
Dieu sçait quels lacs d'amour, quels chiffres, quelles
De quels compartimens et combien de couleurs,
Relevoient leur maintien et leur blancheur naïfve,
Blanchie en un sivé, non dans une lessive. [vous,
 Comme son lict est faict, « Que ne vous couchez-
Monsieur ? N'est-il pas temps ? » Et moy de filer dous.
Sur ce point, elle vient, me prend et me détache,
Et le pourpoint du dos par force elle m'arrache,
Comme si nostre jeu fust au Roi despouillé.
J'y resiste pourtant, et d'esprit embrouillé,

Comme par compliment je trenchois de l'honneste,
N'y pouvant rien gaigner, je me gratte la teste.
A la fin je pris cœur, resolu d'endurer
Ce qui pouvait venir sans me desesperer.
Qui fait une follie, il la doit faire entière;
Je détache un soulier, je m'oste une jartiere,
Froidement toutesfois, et semble en ce coucher,
Un enfant qu'un pedant contraint se détacher,
Que la peur tout ensemble esperonne et retarde :
A chacune esguillette il se fasche, et regarde,
Les yeux couvers de pleurs, le visage d'ennuy,
Si la grace du Ciel ne descend point sur luy.

L'on heurte sur ce point, Catherine on appelle.
Jeanne, pour ne respondre, esteignit la chandelle.
Personne ne dit mot. L'on refrappe plus fort,
Et faisoit-on du bruit pour réveiller un mort.
A chaque coup de pied toute la maison tremble,
Et semble que le feste à la cave s'assemble.
«Bagasse, ouvriras-tu? C'est cestuy-ci, c'est-mon.»
Jeanne,ce temps-pendant,me faisoit un sermon. [face?
«Que diable aussi, pourquoy? que voulez-vous qu'on
Que ne vous couchiez-vous?» Ces gens, de la menace
Venant à la prière, essayoient tout moyen.
Ore ilz parlent soldat, et ores citoyen.
Ils contre-font le guet, et de voix magistrale!
«Ouvrez, de par le roy.» Au diable un qui devale.
Un chacun sans parler se tient clos et couvert. [vert,
Or, comme à coups de pieds l'huis s'estoit presque ou-
Tout de bon le guet vint. La quenaille fait gille,
Et moy, qui jusques là demeurois immobile,
Attendant estonné le succez de l'assaut,
Ce pensé-je: «Il est temps que je gaigne le haut,
Et, troussant mon paquet, de sauver ma personne.»
Je me veux r'habiller, je cherche, je tastonne,
Plus estourdy de peur que n'est un hanneton.

Mais quoy? plus on se haste et moins avance t'on.
Tout comme par despit se trouvoit sous ma pate :
Au lieu de mon chapeau je prends une savate ;
Pour mon pourpoint ses bas, pour mes bas son collet ;
Pour mes gands ses souliers, pour les miens un ballet.
Il sembloit que le diable eust fait ce tripotage.
Or Jeanne me disoit, pour me donner courage :
«Si mon compère Pierre est de garde aujourd'huy,
Non, ne vous faschez point, vous n'aurez point d'ennuy.»
Cependant sans delay messieurs frapent en maistre.
On crie patience ; on ouvre la fenestre.

 Or, sans plus m'amuser après le contenu,
Je descens doucement, pied chaussé, l'autre nu ;
Et me tapis d'aguet derrière une muraille.
On ouvre, et brusquement entra ceste quenaille,
En humeur de nous faire un assez mauvais tour.
Et moy, qui ne leur dy ny bon soir ny bon jour,
Les voyant tous passez, je me sentis alaigre ;
Lors, dispos du talon, je vais comme un chat maigre,
J'enfile la venelle, et tout leger d'effroy,
Je cours un fort long temps sans voir derrière moy,
Jusqu'à tant que, trouvant du mortier, de la terre,
Du bois, des estançons, maints platras, mainte pierre,
Je me sentis plustost au mortier embourbé
Que je ne m'aperceus que je fusse tombé.

 On ne peut éviter ce que le ciel ordonne.
Mon ame cependant de colère frissonne,
Et prenant, s'elle eust peu, le destin à party,
De despit à son nez elle l'eust dementy,
Et m'asseure qu'il eust reparé mon dommage.

 Comme je fus sus pieds, enduit comme une image,
J'entendis qu'on parloit, et, marchant à grands pas,
Qu'on disoit : «Hastons-nous, je l'ai laissé fort bas.»
Je m'approche, je voy, desireux de cognoistre :
«Au lieu d'un medecin il lui faudroit un prestre,

Dist l'autre, puisqu'il est si proche de sa fin.
— Comment, dict le valet, estes vous medecin ?
Monsieur, pardonnez moy : le curé je demande. »
Il s'encourt, et disant : « A Dieu me recommande, »
Il laisse là Monsieur, fasché d'estre déceu.

Or comme, allant tousjours, de près je l'aperceu,
Je cogneu que c'estoit nostre amy ; je l'aproche :
Il me regarde au nez, et, riant, me reproche
Sans flambeau, l'heure indue, et de près me voyant,
Fangeux comme un pourceau, le visage effroyant,
Le manteau sous le bras, la façon assoupie :
« Estes-vous travaillé de la licantropie ? »
Dist-il en me prenant pour me taster le pous.
« Et vous, di-je, Monsieur, quelle fièvre avez vous ?
Vous qui tranchez du sage, ainsi parmi la rue !
Faites vous sus un pied toute la nuict la grue ? »
Il voulut me conter comme on l'avoit pipé,
Qu'un valet, du sommeil ou de vin occupé,
Sous couleur d'aller voir une femme malade,
L'avoit galentement payé d'une cassade.

Il nous faisoit bon voir tous deux bien estonnez,
Avant jour par la rue avecq' un pied de nez ;
Luy, pour s'estre levé espérant deux pistoles,
Et moy, tout las d'avoir receu tant de bricolles.
Il se met en discours, je le laisse en riant,
Aussi que je voyois aux rives d'Oriant
Que l'aurore, s'ornant de saffran et de roses,
Se faisant voir à tous, faisoit voir toutes choses,
Ne voulant, pour mourir, qu'une telle beauté
Me vit en se levant si sale et si croté,
Elle qui ne m'a veu qu'en mes habits de feste.
Je cours à mon logis, je heurte, je tempeste,
Et croyez à fraper que je n'estois perclus.
On m'ouvre, et mon valet ne me recognoist plus.
« Monsieur n'est pas ici, que diable à si bonne heure !

Vous frappez comme un sourd. » Quelque temps je demeure;
Je le vois, il me voit, et demande, estonné,
Si le moine bourru m'avoit point promené.
«Dieu! comme estes vous fait? » Il va : moi de le suivre
Et me parle en riant comme si je fusse yvre ;
Il m'allume du feu, dans mon lict je me mets,
Avec vœu, si je puis, de n'y tomber jamais,
Ayant à mes despens appris ceste sentence :
Qui gay fait une erreur, la boit à repentence ;
Et que quand on se frotte avecq' les courtisans,
Les branles de sortie en sont fort desplaisans.
Plus on pénètre en eux, plus on sent le remugle,
Et qui, troublé d'ardeur, entre au bordel aveugle,
Quand il en sort il a plus d'yeux, et plus aigus,
Que Lyncé l'Argonaute ou le jaloux Argus.

FIN.

A MONSIEUR FREMINET

SATYRE XII

On dit que le grand peintre, ayant fait un ouvrage,
Des jugements d'autruy tiroit cest avantage
Que selon qu'il jugeoit qu'ils estoient vrais ou faux,
Docile à son profit, reformoit ses defaux.
Or c'estoit du bon temps que la hayne et l'envie
Par crimes supposez n'attentoient à la vie ;
Que le vray du propos estoit cousin germain,
Et qu'un chacun parloit le cœur dedans la main.
　Mais que serviroit-il maintenant de prétendre
S'amander par ceux-là qui nous viennent reprendre,
Si selon l'interest tout le monde discourt,
Et si la verité n'est plus femme de Court ;
S'il n'est bon courtisan, tant frisé peut-il estre,
S'il a bon apetit, qu'il ne jure à son maistre
Dès la pointe du jour qu'il est midy sonné,
Et qu'au logis du Roy tout le monde a disné ?
Estrange effronterie en si peu d'importance !
Mais de ce costé-là je leur donrois quittance,
S'ils vouloient s'obliger d'espargner leurs amis
Où, par raison d'estat, il leur est bien permis.
　Cecy pourroit suffire à refroidir une ame
Qui n'ose rien tenter pour la crainte du blasme,
A qui la peur de perdre enterre le talent,
Non pas moy, qui me ry d'un esprit nonchalent
Qui, pour ne faillir point, retarde de bien faire.
C'est pourquoi maintenant je m'expose au vulgaire,

Et me donne pour butte aux jugements divers.
Qu'un chacun taille, rongne et glose sur mes vers :
Qu'un resveur insolent d'ignorance m'acuse,
Que je ne suis pas net, que trop simple est ma Muse,
Que j'ai l'humeur bizarre, inesgal le cerveau,
Et, s'il luy plaist encor', qu'il me relie en veau.

 Avant qu'aller si viste, au moins je le suplie
Sçavoir que le bon vin ne peut estre sans lie ;
Qu'il n'est rien de parfait en ce monde aujourd'huy ;
Qu'homme, je suis suject à faillir comme luy ;
Et qu'au surplus, pour moy qu'il se face paroistre
Aussi vray que pour luy je m'efforce de l'estre.

 Mais sçais-tu, Freminet, ceux qui me blasmeront ?
Ceux qui dedans mes vers leurs vices trouveront ;
A qui l'ambition la nuict tire l'oreille ;
De qui l'esprit avare en repos ne sommeille,
Tousjours s'alambiquant après nouveaux partis ;
Qui pour Dieu ny pour loy n'ont que leurs appetis ;
Qui rodent toute nuict troublez de jalousie ;
A qui l'amour lascif règle la fantasie ;
Qui preferent, vilains, le profit à l'honneur ;
Qui par fraude ont ravy les terres d'un mineur.

 Telles sortes de gens vont après les poëtes
Comme après les hiboux vont criant les chuettes.
Leurs femmes vous diront : « Fuyez ce mesdisant :
Fâcheuse est son humeur, son parler est cuisant.
Quoy, Monsieur, n'est-ce pas cest homme à la satyre,
Qui perdroit son amy plustost qu'un mot pour rire ?
Il emporte la pièce ; » et c'est là, de par-Dieu,
(Ayant peur que ce soit celle-là du milieu)
Où le soulier les blesse ; autrement je n'estime
Qu'aucune eust volonté de m'accuser de crime.

 Car pour elles, depuis qu'elles viennent au point,
Elles ne voudroient pas que l'on ne le sceust point.
Un grand contentement mal-aisément se celle.

Puis c'est des amoureux la règle universelle,
De deferer si fort à leur affection,
Qu'ils estiment honneur leur folle passion.
 Et quant est de l'honneur de leurs maris, je pense
Qu'aucune à bon escient n'en prendroit la deffence,
Sçachant bien qu'on n'est pas tenu, par charité,
De leur donner un bien qu'elles leur ont osté.
 Voilà le grand mercy que j'auray de mes peines.
C'est le cours du marché des affaires humaines,
Qu'encores qu'un chacun vaille icy bas son pris,
Le plus cher toutesfois est souvent à mespris.
 Or, amy, ce n'est point une humeur de medire
Qui m'ait fait rechercher ceste façon d'escrire :
Mais mon père m'apprit que des enseignemens
Les humains aprentifs formoient leurs jugemens ;
Que l'exemple d'autruy doibt rendre l'homme sage :
Et, guettant à propos les fautes au passage,
Me disoit : « Considère où cest homme est reduict
Par son ambition. Cest autre toute nuict
Boit avec des putains, engage son domaine.
L'autre sans travailler tout le jour se promeine.
Pierre le bon enfant aux dez a tout perdu.
Ces jours le bien de Jean par decret fut vendu.
Claude ayme sa voisine, et tout son bien luy donne. »
Ainsi me mettant l'œil sur chacune personne
Qui valloit quelque chose ou qui ne valloit rien,
M'aprenoit doucement et le mal et le bien ;
Afin que, fuyant l'un, l'autre je recherchasse,
Et qu'aux despens d'autruy sage je m'enseignasse,
 Sçais-tu si ces propos me sçeurent esmouvoir,
Et contenir mon ame en un juste devoir ?
S'ils me firent penser à ce que l'on doit suivre
Pour bien et justement en ce bas monde vivre ?
 Ainsi que d'un voisin le trespas survenu
Fait resoudre un malade en son lict detenu

A prendre malgré luy tout ce qu'on luy ordonne,
Qui, pour ne mourir point, de crainte se pardonne,
De mesme les esprits debonnaires et doux
Se façonnent prudens par l'exemple des foux,
Et le blasme d'autruy leur fait ces bons offices,
Qu'il leur aprend que c'est de vertus et de vices.
   Or, quoy que j'aye fait, si m'en sont-ils restez,
Qui me pourroient par l'âge à la fin estre ostez,
Ou bien de mes amis avec la remonstrance,
Ou de mon bon demon suivant l'intelligence.
Car, quoy qu'on puisse faire, estant homme, on ne peut
Ny vivre comme on doit ny vivre comme on veut.
En la terre icy bas il n'habite point d'anges :
Or les moins vicieux meritent des louanges,
Qui, sans prendre l'autruy, vivent en bon chrestien,
Et sont ceux qu'on peut dire et saincts et gens de bien.
   Quand je suis à par moy, souvent je m'estudie
(Tant que faire se peut) après la maladie
Dont chacun est blessé : je pense à mon devoir,
J'ouvre les yeux de l'âme, et m'efforce de voir
Au travers d'un chacun ; de l'esprit je m'escrime,
Puis dessus le papier mes caprices je rime
Dedans une satyre, où, d'un œil doux-amer,
Tout le monde s'y voit et ne s'y sent nommer.
   Voyla l'un des pechez où mon âme est encline.
On dit que pardonner est une œuvre divine.
Celuy m'obligera qui voudra m'excuser ;
A son goust toutesfois chacun en peut user.
Quant à ceux du mestier, ils ont dequoy s'ébatre
Sans aller sur le pré nous nous pouvons combatre,
Nous monstrant seulement de la plume ennemis.
En ce cas là, du Roy les duels sont permis ;
Et faudra que bien forte ils facent la partie,
Si les plus fins d'entr'eux s'en vont sans repartie.
   Mais c'est un satyrique, il le faut laisser là,

Pour moi j'en suis d'avis, et cognois à cela
Qu'ils ont un bon esprit. Corsaires à corsaires,
L'un l'autre s'attaquant, ne font pas leurs affaires.

FIN.

MACETTE

SATYRE XIII

La fameuse Macette, à la cour si connue,
Qui s'est aux lieux d'honneur en credit maintenue,
Et qui depuis dix ans jusqu'en ses derniers jours
A soustenu le prix en l'escrime d'amours,
Lasse en fin de servir au peuple de quintaine,
N'estant passe-volant, soldat ny capitaine,
Depuis les plus chetifs jusques aux plus fendans,
Qu'elle n'ait desconfit et mis dessus les dents;
Lasse, di-je, et non soule, en fin s'est retirée
Et n'a plus autre objet que la voute etherée.
Elle qui n'eust, avant que plorer son delict,
Autre ciel pour objet que le ciel de son lict
A changé de courage, et, confitte en detresse,
Imite avec ses pleurs la saincte pecheresse;
Donnant des sainctes loix à son affection,
Elle a mis son amour à la devotion.
Sans art elle s'habille, et, simple en contenance,
Son teint mortifié presche la continence.
Clergesse, elle fait jà la leçon aux prescheurs :
Elle lit sainct Bernard, la Guide des Pecheurs,
Les Meditations de la mère Therèse,
Sçait que c'est qu'hypostase avecque synderese;
Jour et nuict elle va de convent en convent,
Visite les saincts lieux, se confesse souvent,
A des cas reservez grandes intelligences,
Sçait du nom de Jésus toutes les Indulgences,

Que valent chapelets, grains benits enfilez,
Et l'ordre du cordon des peres Recollez.
Loin du monde elle fait sa demeure et son giste;
Son œil tout penitent ne pleure qu'eau beniste;
En fin c'est un exemple, en ce siècle tortu,
D'amour, de charité, d'honneur et de vertu.
Pour beate par tout le peuple la renomme,
Et la Gazette mesme a des-jà dit à Rome,
La voyant aymer Dieu et la chair maistriser,
Qu'on n'attend que sa mort pour la canoniser.
Moy mesme, qui ne croy de leger aux merveilles,
Qui reproche souvent mes yeux et mes oreilles,
La voyant si changée en un temps si subit,
Je creu qu'elle l'estoit d'ame comme d'habit;
Que Dieu la retiroit d'une faute si grande,
Et disois à par moy : mal vit qui ne s'amende.
Ja dès-jà tout devot, contrit et penitent,
J'estois, à son exemple, esmeu d'en faire autant :
Quand, par arrest du Ciel, qui hait l'hypocrisie,
Au logis d'une fille où j'ay ma fantasie
Ceste vieille chouette, à pas lents et posez,
La parole modeste et les yeux composez,
Entra par reverence, et resserrant la bouche,
Timide en son respect, sembloit saincte Nitouche;
D'un *Ave Maria* luy donnant le bon-jour,
Et de propos communs, bien esloignez d'amour,
Entretenoit la belle en qui j'ay la pensée
D'un doux imaginer si doucement blessée,
Qu'aymans et bien aymez, en nos doux passe-temps,
Nous rendons en amour jaloux les plus contans.
Enfin, comme en caquet ce vieux sexe fourmille,
De propos en propos et de fil en esguille
Se laissant emporter au flus de ses discours,
Je pensé qu'il falloit que le mal eust son cours.
Feignant de m'en aller, d'aguet je me recule

Pour voir à quelle fin tendoit son preambule,
Moy qui, voyant son port si plein de saincteté,
Pour mourir d'aucun mal ne me feusse doubté.
Enfin, me tapissant au recoin d'une porte,
J'entendy son propos, qui fut de ceste sorte :
    « Ma fille, Dieu vous garde et vous vueille benir ;
Si je vous veux du mal, qu'il me puisse advenir ;
Qu'eussiez vous tout le bien dont le ciel vous est chi-
L'ayant, je n'en seroy plus pauvre ny plus riche : [che !
Car, n'estant plus du monde, au bien je ne pretens,
Ou bien, si j'en desire, en l'autre je l'attens ;
D'autre chose icy bas le bon Dieu je ne prie.
A propos, sçavez vous? On dit qu'on vous marie.
Je sçay bien vostre cas : un homme grand, adroit,
Riche, et Dieu sçait s'il a tout ce qu'il vous faudroit.
Il vous ayme si fort ! aussi pourquoy, ma fille,
Ne vous aimeroit-il? vous estes si gentille,
Si mignonne et si belle, et d'un regard si doux,
Que la beauté plus grande est laide auprès de vous.
Mais tout ne respond pas au traict de ce visage
Plus vermeil qu'une rose et plus beau qu'un rivage.
Vous devriez, estant belle, avoir de beaux habits,
Esclater de satin, de perles, de rubis.
Le grand regret que j'ay ! non pas, à Dieu ne plaise,
Que j'en ay' de vous voir belle et bien à vostre aise :
Mais, pour moy, je voudroy que vous eussiez au moins
Ce qui peut en amour satisfaire à vos soins ;
Que cecy fust de soye et non pas d'estamine.
Ma foy, les beaux habits servent bien à la mine.
On a beau s'ageancer et faire les doux yeux,
Quand on est bien paré on en est tousjours mieux :
Mais, sans avoir du bien, que sert la renommée?
C'est une vanité confusément semée
Dans l'esprit des humains, un mal d'opinion,
Un faux germe avorté dans nostre affection.

Ces vieux contes d'honneur dont on repaist les dames
Ne sont que des appas pour les debiles ames,
Qui, sans choix de raison, ont le cerveau perclus.
L'honneur est un vieux sainct que l'on ne chomme plus.
Il ne sert plus de rien, sinon d'un peu d'excuse,
Et de sot entretien pour ceux là qu'on amuse,
Ou d'honneste refus quand on ne veut aymer.
Il est bon en discours pour se faire estimer :
Maïs, au fonds, c'est abus, sans excepter personne.
La sage le sçait vendre où la sotte le donne.
« Ma fille, c'est par là qu'il vous en faut avoir.
Nos biens, comme nos maux, sont en nostre pouvoir.
Fille qui sçait son monde a saison oportune.
Chacun est artisan de sa bonne fortune.
Le mal-heur, par conduite, au bon-heur cedera.
Aydez-vous seulement, et Dieu vous aydera.
Combien, pour avoir mis leur honneur en sequestre,
Ont elles en velours eschangé leur limestre,
Et dans les plus hauts rangs eslevé leurs maris ?
Ma fille, c'est ainsi que l'on vit à Paris ;
Et, la vefve aussi bien comme la mariée,
Celle est chaste, sans plus, qui n'en est point priée.
Toutes au fait d'amour se chaussent en un poinct,
Et Jeanne, que tu vois, dont on ne parle point,
Qui fait si doucement la simple et la discrète,
Elle n'est pas plus sage, ains elle est plus secrète.
Elle a plus de respect, non moins de passion,
Et cache ses amours sous sa discretion.
Moy mesme, croiriez-vous, pour estre plus âgée,
Que ma part, comme on dit, en fust desja mangée ?
Non, ma foy : je me sents et dedans et dehors,
Et mon bas peut encor user deux ou trois corps.
Mais chasque âge a son temps. Selon le drap la robe.
Ce qu'un temps on a trop, en l'autre on le desrobe.
Estant jeune, j'ay sceu bien user des plaisirs :

Ores j'ay d'autres soins en semblables desirs.
Je veux passer mon temps et couvrir le mystère.
On trouve bien la cour dedans un monastère,
Et après maint essay en fin j'ay reconnu
Qu'un homme comme un autre est un moine tout nu.
Puis, outre le sainct vœu qui sert de couverture,
Ils sont trop obligez au secret, de nature,
Et sçavent, plus discrets, apporter en aymant
Avecque moins d'esclat plus de contentement.
C'est pourquoy, desguisant les bouillons de mon ame,
D'un long habit de cendre envelopant ma flame,
Je cache mon dessein, aux plaisirs adonné.
Le peché que l'on cache est demi pardonné.
La faute seullement ne gist en la deffence :
Le scandale et l'opprobre est cause de l'offence;
Pourveu qu'on ne le sçache, il n'importe comment:
Qui peut dire que non ne pèche nullement.
Puis, la bonté du ciel nos offences surpasse :
Pourveu qu'on se confesse, on a tousjours sa grace.
Il donne quelque chose à nostre passion,
Et qui, jeune, n'a pas grande devotion,
Il faut que, pour le monde, à la feindre il s'exerce.
C'est entre les devots un estrange commerce,
Un trafic par lequel, au joly temps qui court,
Toute affaire fascheuse est facile à la Cour.
Je sçay bien que vostre âge encore jeune et tendre
Ne peut ainsi que moy ces mystères comprendre :
Mais vous devriez, ma fille, en l'âge où je vous voy,
Estre riche, contente, avoir fort bien dequoy ;
Et, pompeuse en habits, fine, accorte et rusée,
Reluire de joyaux ainsi qu'une espousée.
Il faut faire vertu de la necessité.
Qui sçait vivre icy bas n'a jamais pauvreté.
Puis qu'elle vous deffend des dorures l'usage,
Il faut que les brillants soient en vostre visage ;

Que vostre bonne grace en acquière pour vous.
Se voir du bien, ma fille, il n'est rien de si doux.
S'enrichir de bonne heure est une grand' sagesse.
Tout chemin d'acquerir se ferme à la vieillesse,
A qui ne reste rien, avec la pauvreté,
Qu'un regret espineux d'avoir jadis esté.
Où, lors qu'on a du bien, il n'est si decrepite
Qui ne trouve (en donnant) couvercle à sa marmite.
Non, non, faites l'amour, et vendez aux amans
Vos accueils, vos baisers et vos embrassemens.
C'est gloire, et non pas honte, en ceste douce peine,
Des acquests de son lict accroistre son domaine.
Vendez ces doux regards, ces attraicts, ces apas :
Vous mesme vendez vous, mais ne vous livrez pas.
Conservez vous l'esprit, gardez vostre franchise ;
Prenez tout, s'il se peut : ne soyez jamais prise.
Celle qui par amour s'engage en ces mal-heurs,
Pour un petit plaisir a cent mille douleurs.
Puis, un homme au desduit ne vous peut satisfaire;
Et quand, plus vigoureux, il le pourroit bien faire,
Il faut tondre sur tout, et changer à l'instant.
L'envie en est bien moindre, et le gain plus contant.
Sur tout soyez de vous la maistresse et la dame.
Faites, s'il est possible, un miroir de vostre ame,
Qui reçoit tous objects, et tout contant les pert :
Fuyez ce qui vous nuist, aymez ce qui vous sert.
Faites profit de tout, et mesme de vos pertes ;
A prendre sagement ayez les mains ouvertes ;
Ne faites, s'il se peut, jamais present ny don,
Si ce n'est d'un chabot pour avoir un gardon.
Par fois on peut donner pour les galands attraire.
A ces petits presens je ne suis pas contraire,
Pourveu que ce ne soit que pour les amorcer.
Les fines, en donnant, se doivent efforcer
A faire que l'esprit et que la gentillesse

Face estimer les dons, et non pas la richesse.
Pour vous, estimez plus qui plus vous donnera.
Vous gouvernant ainsi, Dieu vous assistera.
Au reste, n'espargnez ny Gaultier ny Garguille.
Qui se trouvera pris, je vous pri' qu'on l'estrille.
Il n'est que d'en avoir : le bien est tousjours bien,
Et ne vous doit chaloir ny de qui, ny combien.
Prenez à toutes mains, ma fille, et vous souvienne,
Que le gain a bon goust, de quelque endroit qu'il
Estimez vos amans selon le revenu :   [vienne.
Qui donnera le plus qu'il soit le mieux venu.
Laissez la mine à part, prenez garde à la somme.
Riche vilain vaut mieux que pauvre gentil-homme.
Je ne juge, pour moy, les gens sur ce qu'ils sont,
Mais selon le profit et le bien qu'ils me font.
Quand l'argent est meslé, l'on ne peut reconnoistre
Celuy du serviteur d'avec celuy du maistre.
L'argent d'un cordon-bleu n'est pas d'autre façon
Que celui d'un fripier ou d'un aide à maçon.
Que le plus et le moins y mette difference,
Et tienne seullement la partie en souffrance,
Que vous restablirez du jour au lendemain ;
Et tousjours retenez le bon bout à la main,
De crainte que le temps ne destruise l'affaire.
Il faut suivre de près le bien que l'on diffère,
Et ne le differer qu'entant que l'on le peut,
Ou se puisse aisément restablir quand on veut.
Tous ces beaux suffisans dont la cour est semée
Ne sont que triacleurs et vendeurs de fumée.
Ils sont beaux, bien peignez, belle barbe au menton :
Mais quand il faut payer, au diantre le teston !
Et faisant des mourans et de l'ame saisie,
Ils croyent qu'on leur doit pour rien la courtoisie.[mun:
Mais c'est pour leur beau nez ! Le puits n'est pas com-
Si j'en avois un cent, ils n'en auroient pas un.

Et ce poëte croté, avec sa mine austère,
Vous diriez à le voir que c'est un secretaire.
Il va mélancholique et les yeux abaissez,
Comme un sire qui plaint ses parens trespassez. [tres.
Mais Dieu sçait, c'est un homme aussi bien que les au-
Jamais on ne luy voit aux mains des patenostres.
Il hante en mauvais lieux : gardez-vous de cela ;
Non, si j'estoy de vous, je le planteroy là.
Et bien, il parle livre, il a le mot pour rire :
Mais au reste, après tout, c'est un homme à satyre.
Vous croiriez à le voir qu'il vous deust adorer :
Gardez, il ne faut rien pour vous des-honorer.
Ces hommes mesdisans ont le feu sous la lèvre;
Ils sont matelineurs, prompts à prendre la chèvre,
Et tournent leurs humeurs en bizarres façons ;
Puis ils ne donnent rien si ce n'est des chansons.
Mais, non, ma fille, non : qui veut vivre à son aise,
Il ne faut simplement un amy qui vous plaise,
Mais qui puisse au plaisir joindre l'utilité.
En amour, autrement, c'est imbecilité.
Qui le fait à credit n'a pas grande resource :
On y fait des amis, mais peu d'argent en bourse.
Prenez moy ces abbez, ces fils de financiers
Dont depuis cinquante ans les pères usuriers,
Volans à toutes mains, ont mis en leur famille
Plus d'argent que le roy n'en a dans la Bastille.
C'est là que vostre main peut faire de beaux coups.
Je sçay de ces gens là qui languissent pour vous :
Car estant ainsi jeune, en vos beautez parfaites,
Vous ne pouvez sçavoir tous les coups que vous faites ;
Et les traits de vos yeux, haut et bas eslancez,
Belle, ne voyent pas tous ceux que vous blessez.
Tel s'en vient plaindre à moy qui n'ose le vous dire,
Et tel vous rit de jour qui toute nuict souspire
Et se plaint de son mal, d'autant plus vehement,

Que vos yeux sans dessein le font innocemment.
En amour l'innocence est un sçavant mistère,
Pourveu que ce ne soit une innocence austère,
Mais qui sçache par art, donnant vie et trespas,
Feindre avecques douceur qu'elle ne le fait pas.
Il faut aider ainsi la beauté naturelle;
L'innocence autrement est vertu criminelle :
Avec elle il nous faut et blesser et garir,
Et parmy les plaisirs faire vivre et mourir.
 Formez vous des desseins dignes de vos merites :
Toutes basses amours sont pour vous trop petites.
Ayez dessein aux dieux : pour de moindres beautez
Ils ont laissé jadis les cieux des-habitez. »
 Durant tous ces discours, Dieu sçait l'impatience !
Mais comme elle a tousjours l'œil à la deffiance,
Tournant deçà, delà, vers la porte où j'estois,
Elle vist en sursaut comme je l'escoutois.
Elle trousse bagage, et faisant la gentille :
« Je vous verray demain ; à Dieu, bon soir, ma fille.
— Ha vieille, dy-je lors, qu'en mon cœur je maudis,
Est-ce là le chemin pour gaigner paradis ?
Dieu te doint pour guerdon de tes œuvres si sainctes
Que soient avant ta mort tes prunelles esteintes,
Ta maison descouverte et sans feu tout l'hyver,
Avecque tes voisins jour et nuict estriver,
Et traîner sans confort, triste et desesperée,
Une pauvre vieillesse, et tousjours alterée. »

FIN.

SATYRE XIV

J'ay pris cent et cent fois la lanterne en la main,
Cherchant en plein midy, parmy le genre humain,
Un homme qui fust homme et de faict et de mine,
Et qui peust des vertus passer par l'estamine.
Il n'est coing et recoing que je n'aye tenté
Depuis que la nature icy bas m'a planté :
Mais tant plus je me lime et plus je me rabote,
Je croy qu'à mon avis tout le monde radote,
Qu'il a la teste vuide et sans dessus dessous,
Ou qu'il faut qu'au rebours je sois l'un des plus fous.
 C'est de notre folie un plaisant stratagesme,
Se flattant de juger les autres par soy-mesme.
 Ceux qui pour voyager s'embarquent dessus l'eau
Voyent aller la terre, et non pas leur vaisseau :
Peut-estre ainsi trompé que faussement je juge ;
Toutesfois, si les fous ont leur sens pour refuge,
Je ne suis pas tenu de croire aux yeux d'autruy :
Puis j'en sçay pour le moins autant ou plus que luy
 Voylà fort bien parlé, si l'on me vouloit croire.
Sotte presomption, vous m'enyvrez sans boire !
 Mais après, en cherchant, avoir autant couru
Qu'aux Avans de Noël fait le Moyne Bourru,
Pour retrouver un homme envers qui la satyre
Sans flater ne trouvast que mordre et que redire,
Qui sçeust d'un chois prudent toute chose éplucher,
Ma foy, si ce n'est vous, je n'en veux plus chercher.
Or ce n'est point pour estre eslevé de fortune :

Aux sages comme aux fous c'est chose assez commune,
Elle avance un chacun sans raison et sans chois :
Les foux sont aux echets les plus proches des rois.

 Aussi mon jugement sur cela ne se fonde:
Au compas des grandeurs je ne juge le monde ;
L'esclat de ces clinquans ne m'esblouit les yeux.
Pour estre dans le Ciel je n'estime les Dieux,
Mais pour s'y maintenir et gouverner de sorte
Que ce tout en devoir reglément se comporte,
Et que leur providence egalement conduit
Tout ce que le soleil en la terre produit.
Des hommes tout ainsi je ne puis recognoistre
Les grans, mais bien ceux-là qui meritent de l'estre,
Et de qui le merite, indomtable en vertu,
Force les accidens et n'est point abatu.
Non plus que de farceurs je n'en puis faire conte ;
Ainsi que l'un descend, on voit que l'autre monte,
Selon ou plus ou moins que dure le roollet,
Et l'habit faict sans plus le maistre ou le vallet.
De mesme est de ces gens dont la grandeur se joue :
Aujourd'huy gros, enflez, sur le haut de la roue,
Ils font un personnage, et demain, renversez,
Chacun les met au rang des pechez effacez.
La faveur est bizarre, à traitter indocile,
Sans arrest, inconstante et d'humeur difficile ;
Avecq' discretion il la faut caresser ;
L'un la perd bien souvent pour la trop embrasser,
Ou pour s'y fier trop, l'autre par insolence,
Ou pour avoir trop peu ou trop de violence,
Ou pour se la promettre ou se la desnier :
Enfin c'est un caprice estrange à manier.
Son amour est fragile et se rompt comme verre,
Et faict aux plus matois donner du nez en terre.

 Pour moy, je n'ay point veu, parmy tant d'avancez,
Soit de ces tems icy, soit des siècles passez,

SATYRE XIV.

Homme que la fortune ayt tasché d'introduire,
Qui durant le bon vent ait sceu se bien conduire.
Or, d'estre cinquante ans aux honneurs eslevé
Des grands et des petits dignement approuvé,
Et de sa vertu propre aux malheurs faire obstacle,
Je n'ay point veu de sots avoir faict ce miracle.
Aussi, pour discerner et le bien et le mal,
Voir tout, congnoistre tout, d'un œil tousjours égal;
Manier dextrement les desseins de nos Princes;
Respondre à tant de gens de diverses provinces;
Estre des estrangers pour oracle tenu;
Prevoir tout accident avant qu'estre advenu;
Destourner par prudence une mauvaise affaire.
Ce n'est pas chose aysée ou trop facile à faire,
Voylà comme on conserve avecq' le jugement
Ce qu'un autre dissipe et perd imprudemment.
Quand on se brusle au feu que soi-mesme on attise,
Ce n'est point accident, mais c'est une sottise.
Nous sommes du bonheur de nous-mesme artisans,
Et fabriquons nos jours ou fascheux ou plaisans.
La fortune est à nous, et n'est mauvaise ou bonne
Que selon qu'on la forme ou bien qu'on se la donne.

 A ce point le malheur, amy comme ennemy,
Trouvant au bord d'un puis un enfant endormy,
En risque d'y tomber, à son ayde s'avance,
Et luy parlant ainsi le resveille et le tance :
« Sus, badin, levez-vous; si vous tombiez dedans,
De douleur vos parens, comme vous imprudens,
Croyant en leur esprit que de tout je dispose,
Diroient en me blasmant que j'en serois la cause. »

 Ainsi nous seduisant d'une fauce couleur,
Souvent nous imputons nos fautes au malheur,
Qui n'en peut mais. Mais quoi ! l'on le prend à partie
Et chacun de son tort cherche la garantie,
Et nous pensons bien fins, soit veritable ou faux,

Quand nous pouvons couvrir d'excuses nos defaux:
Mais ainsi qu'aux petits, aux plus grands personnages
Sondez tout jusqu'au fond : les fous ne sont pas sages.
 Or c'est un grand chemin jadis assez frayé,
Qui des rimeurs françois ne fut onc essayé :
Suivant les pas d'Horace, entrant en la carrière,
Je trouve des humeurs de diverse manière,
Qui me pourroient donner subject de me mocquer :
Mais qu'est-il de besoin de les aller chocquer ?
Chacun ainsi que moy sa raison fortifie,
Et se forme à son goust une philosophie ;
Ils ont droit en leur cause, et de la contester,
Je ne suis chicanneur et n'aime à disputer.
 Gallet a sa raison, et, qui croira son dire,
Le hazard pour le moins luy promet un empire ;
Toutesfois, au contraire, estant leger et net,
N'ayant que l'esperance et trois dez au cornet,
Comme sur un bon fond de rente ou de receptes
Dessus sept ou quatorze il assigne ses debtes,
Et trouve sur cela qui lui fournit dequoy ;
Ils ont une raison qui n'est raison pour moy,
Que je ne puis comprendre, et, qui bien l'examine,
Est-ce vice ou vertu qui leur fureur domine ?
 L'un, alleché d'espoir de gaigner vingt pour cent,
Ferme l'œil à sa perte, et librement consent
Que l'autre le despouille et ses meubles engage,
Mesmes, s'il est besoin, baille son heritage.
 Or, le plus sot d'entr'eux, je m'en rapporte à luy :
Pour l'un, il perd son bien ; l'autre, celuy d'autruy.
Pourtant c'est un traficq qui suit tousjours sa route,
Où bien moins qu'à la place on a fait banqueroute,
Et qui dans le brelan se maintient bravement,
N'en desplaise aux arrests de nostre Parlement.
Pensez-vous, sans avoir ses raisons toutes prestes
Que le sieur de Provins persiste en ses requestes,

Et qu'il ait, sans espoir d'estre mieux à la Court,
A son long balandran changé son manteau court,
Bien que, depuis vingt ans, sa grimace importune
Ayt à sa desfaveur obstiné la fortune?

Il n'est pas le Cousin qui n'ait quelque raison.
De peur de reparer il laisse sa maison ;
Que son lict ne defonce, il dort dessus la dure,
Et n'a, crainte du chaud, que l'air pour couverture.
Ne se pouvant munir encontre tant de maux
Dont l'air intemperé fait guerre aux animaux,
Comme le chaud, le froid, les frimas et la pluye,
Mil autres accidens, bourreaux de nostre vie,
Luy, selon sa raison, souz eux il s'est sousmis,
Et, forçant la Nature, il les a pour amis.
Il n'est point enreumé pour dormir sur la terre ;
Son poulmon enflammé ne tousse le caterre ;
Il ne craint ny les dents ny les defluctions,
Et son corps a, tout sain, libres ses fonctions.
En tout indifferent, tout est à son usage.
On dira qu'il est fou : je croy qu'il n'est pas sage.
Que Diogène aussi fust un fou de tout point,
C'est ce que le Cousin comme moy ne croit point.
Ainsi ceste raison est une estrange beste ;
On l'a bonne selon qu'on a bonne la teste,
Qu'on imagine bien du sens comme de l'œil,
Pour grain ne prenant paille, ou Paris pour Corbeil.

Or, suivant ma raison et mon intelligence,
Mettant tout en avant, et soin et diligence,
Et criblant mes raisons pour en faire un bon chois,
Vous estes, à mon gré, l'homme que je cherchois.
Afin doncq' qu'en discours le temps je ne consomme
Ou vous estes le mien, ou je ne veux point d'homme
Qu'un chacun en ait un ainsi qu'il luy plaira;
Rozete, nous verrons qui s'en repentira.

Un chacun en son sens selon son chois abonde.

Or, m'ayant mis en goust des hommes et du monde,
Reduisant brusquement le tout en son entier,
Encor faut-il finir par un tour du mestier.

 On dit que Jupiter, roy des Dieux et des hommes,
Se promenant un jour en la terre où nous sommes,
Receut en amitié deux hommes apparens,
Tous deux d'âge pareils, mais de mœurs differens.
L'un avoit nom Minos, l'autre avoit nom Tantale :
Il les eslève au ciel, et d'abord leur estale,
Parmy les bons propos, les graces et les ris,
Tout ce que la faveur depart aux favoris :
Ils mangeoient à sa table, avaloient l'ambrosie,
Et des plaisirs du Ciel souloient leur fantasie,
Ils estoient comme chefs de son Conseil privé,
Et rien n'estoit bien fait qu'ils n'eussent aprouvé.
Minos eut bon esprit, prudent, accord et sage,
Et sçeut jusqu'à la fin jouer son personnage :
L'autre fut un langard, revelant les secrets
Du Ciel et de son maistre aux hommes indiscrets :
L'un avecque prudence au Ciel s'impatronise,
Et l'autre en fut chassé comme un peteux d'église.

FIN.

SATYRE XV

Ouy, j'escry rarement, et me plais de le faire;
Non pas que la paresse en moy soit ordinaire,
Mais si tost que je prens la plume à ce dessein,
Je croy prendre en galère une rame en la main;
Je sen, au second vers que la Muse me dicte,
Que contre sa fureur ma raison se despite.
Or si par fois j'escry suivant mon ascendant,
Je vous jure, encor est-ce à mon corps deffendant,
L'astre qui de naissance à la Muse me lie
Me fait rompre la teste après ceste folie,
Que je recongnois bien; mais pourtant, malgré moy,
Il faut que mon humeur fasse joug à sa loy;
Que je demande en moi ce que je me desnie,
De mon ame et du Ciel estrange tyrannie!
Et qui pis est, ce mal, qui m'afflige au mourir,
S'obstine aux recipez et ne se veut guarir;
Plus on drogue ce mal et tant plus il s'empire;
Il n'est point d'elebore assez en Anticire;
Revesche à mes raisons, il se rend plus mutin,
Et ma philosophie y perd tout son latin.
Or pour estre incurable, il n'est pas necessaire,
Patient en mon mal, que je m'y doive plaire;
Au contraire, il m'en fasche et m'en desplais si fort,
Que durant mon accez je voudrois estre mort :
Car lors qu'on me regarde et qu'on me juge un poëte,
Et qui par consequent a la teste mal-faite,
Confus en mon esprit, je suis plus desolé,

Que si j'estois maraut, ou ladre ou verollé.

Encor si le transport dont mon ame est saisie
Avoit quelque respect durant ma frenaisie ;
Qu'il se reglast selon les lieux moins importans,
Ou qu'il fist choix des jours, des hommes ou du temps,
Et que lors que l'hyver me renferme en la chambre,
Aux jours les plus glacez de l'engourdy novembre,
Apollon m'obsedast, j'aurois en mon malheur
Quelque contentement à flater ma douleur.
Mais aux jours les plus beaux de la saison nouvelle,
Que Zephire en ses rets surprend Flore la belle ;
Que dans l'air les oyseaux, les poissons en la mer,
Se pleignent doucement du mal qui vient d'aymer ;
Ou bien lors que Cérès de fourment se couronne,
Ou que Bacchus souspire, amoureux de Pomone ;
Ou lors que le saffran, la dernière des fleurs,
Dore le scorpion de ses belles couleurs,
C'est alors que la verve insolemment m'outrage,
Que la raison forcée obeyt à la rage,
Et que, sans nul respect des hommes ou du lieu,
Il faut que j'obeisse aux fureurs de ce Dieu :
Comme en ces derniers jours, les plus beaux de l'année,
Que Cibelle est par-tout de fruicts environnée,
Que le paysant recueille, emplissant à milliers
Greniers, granges, chartis, et caves et celiers,
Et que Junon, riant d'une douce influance,
Rend son œil favorable aux champs qu'on ensemence ;
Que je me resoudois, loing du bruit de Paris
Et du soing de la Cour ou de ses favoris,
M'esgayer au repos que la campagne donne,
Et sans parler curé, doyen, chantre ou Sorbonne,
D'un bon mot faire rire, en si belle saison,
Vous, vos chiens et vos chats et toute la maison,
Et là, dedans ces champs que la riviere d'Oyse
Sur des arènes d'or en ses bors se degoyse,

(Séjour jadis si doux à ce Roy qui deux fois
Donna Sydon en proye à ses peuples françois)
Faire meint soubre-saut, libre de corps et d'ame,
Et, froid aux appetis d'une amoureuse flamme,
Estre vuide d'amour comme d'ambition,
Des gallands de ce temps horrible passion.

 Mais à d'autres revers ma fortune est tournée.
Dès le jour que Phœbus nous monstre la journée,
Comme un hiboux qui fuit la lumière et le jour
Je me lève, et m'en vay dans le plus creux sejour
Que Royaumont recelle en ses forests secrettes,
Des renards et des loups les ombreuses retraittes,
Et là, malgré mes dents rongeant et ravassant,
Polissant les nouveaux, les vieux rapetassant,
Je fay des vers, qu'encor qu'Apollon les advoue,
Dedans la Cour, peut-estre, on leur fera la moue;
Ou s'ils sont, à leur gré, bien faits et bien polis,
J'auray pour recompense : « Ils sont vrayment jolis. »
Mais moy, qui ne me reigle aux jugemens des hommes:
Qui dedans et dehors cognoy ce que nous sommes;
Comme, le plus souvent, ceux qui sçavent le moings
Sont temerairement et juges et tesmoings,
Pour blasme ou pour louange ou pour froide parole
Je ne fay de leger banqueroute à l'escolle [prend
Du bon homme Empedocle, où son discours m'ap-
Qu'en ce monde il n'est rien d'admirable et de grand
Que l'esprit desdaignant une chose bien grande,
Et qui, Roy de soy-mesme, à soy-mesme commande.

 Pour ceux qui n'ont l'esprit si fort ny si trempé,
Afin de n'estre point de soy-mesme trompé,
Chacun se doibt cognoistre, et par un exercice,
Cultivant sa vertu, desraciner son vice;
Et, censeur de soy-mesme, avec soin corriger
Le mal qui croist en nous, et non le negliger;
Esveiller son esprit troublé de resverie.

Comme doncq je me plains de ma forcenerie,
Que par art je m'efforce à regler ses accés,
Et contre mes deffaux que j'intente un procés,
Comme on voit, par exemple, en ces vers où j'accuse
Librement le caprice où me porte la Muse,
Qui me repaist de baye en ses fous passe-temps,
Et malgré moy me faict aux vers perdre le temps,
Ils devroient à propos tascher d'ouvrir la bouche,
Mettant leur jugement sur la pierre de touche,
S'estudier de n'estre, en leurs discours tranchans,
Par eux-mêmes jugez ignares ou meschans,
Et ne mettre sans choix en égalle balance
Le vice, la vertu, le crime, l'insolence.
Qui me blasme aujourd'hui, demain il me louera,
Et peut-estre aussi-tost il se desadvouera.
La louange est à prix, le hazard la debite,
Où le vice souvent vaut mieux que le merite :
Pour moy, je ne fay cas ny ne me puis vanter
Ny d'un mal ny d'un bien que l'on me peut oster.

 Avecq' proportion se depart la louange,
Autrement c'est pour moy du baragouyn estrange.
Le vrai me faict dans moy recognoistre le faux;
Au poix de la vertu je juge les deffaux.
J'assine l'envieux cent ans après la vie,
Où l'on dit qu'en Amour se convertit l'Envie;
Le juge sans reproche est la posterité.
Le temps, qui tout descouvre, en fait la verité,
Puis la monstre à nos yeux ; ainsi dehors la terre
Il tire les tresors et puis les y reserre.

 Doncq' moy, qui ne m'amuse à ce qu'on dit icy,
Je n'ay de leurs discours ny plaisir ny soucy,
Et ne m'esmeus non plus, quand leur discours fourvoye,
Que d'un conte d'Urgande et de Ma Mère l'Oye.

 Mais puis que tout le monde est aveugle en son fait,
Et que dessous la lune il n'est rien de parfait,

Sans plus se controller, quand à moy je conseille
Qu'un chacun doucement s'excuse à la pareille.
Laissons ce qu'en resvant ces vieux foux ont escrit;
Tant de philosophie embarasse l'esprit.
Qui se contraint au monde il ne vit qu'en torture.
Nous ne pouvons faillir suivant nostre nature.
Je t'excuse, Pierrot : de mesme excuse moy;
Ton vice est de n'avoir ny Dieu, ny foy, ny loy.
Tu couvres tes plaisirs avec l'hypocrisie;
Chupin se taisant veut couvrir sa jalousie;
Rison accroist son bien d'usure et d'interests;
Selon ou plus ou moins Jan donne ses arrests
Et comme au plus offrant debite la Justice.
Ainsi, sans rien laisser, un chacun a son vice.
Le mien est d'estre libre et ne rien admirer,
Tirer le bien du mal lors qu'il s'en peut tirer,
Sinon adoucir tout par une indifference,
Et vaincre le mal-heur avecq' la patience;
Estimer peu de gens, suyvre mon vercoquin,
Et mettre à mesme taux le noble et le coquin. [dre,
   D'autre part, je ne puis voir un mal sans m'en plain-
Quelque part que ce soit, je ne me puis contraindre;
Voyant un chicaneur riche d'avoir vendu
Son devoir à celuy qui deust estre pendu;
Un advocat instruire en l'une et l'autre cause;
Un Lopet qui partis dessus partis propose;
Un medecin remplir les limbes d'avortons;
Un banquier qui fait Rome icy pour six testons;
Un prelat enrichy d'interest et d'usure
Plaindre son bois saisy pour n'estre de mesure;
Un Jan abandonnant femme, filles et sœurs,
Payer mesmes en chair jusques aux rotisseurs;
Rousset faire le prince, et tant d'autre mystère :
Mon vice est, mon amy, de ne m'en pouvoir taire.
   Or des vices où sont les hommes attachez,

Comme les petits maux font les petits pechez,
Ainsi les moins mauvais sont ceux dont tu retires
Du bien, comme il advient le plus souvent des pires,
Au moins estimez tels : c'est pourquoi, sans errer,
Au sage bien souvent on les peut desirer,
Comme aux prescheurs l'audace à reprendre le vice,
La folie aux enfans, aux juges l'injustice.
Vien doncq', et regardant ceux qui faillent le moins,
Sans aller rechercher ny preuve ny tesmoins,
Informons de nos faits sans haine et sans envie,
Et jusqu'au fond du sac espluchons nostre vie.
 De tous ces vices là dont ton cœur entaché
S'est veu par mes escris si librement touché,
Tu n'en peux retirer que honte et que dommage.
En vendant la justice, au Ciel tu fais outrage,
Le pauvre tu destruis, la veufve et l'orphelin,
Et ruynes chacun avecq' ton patelin.
Ainsi consequemment de tout dont je t'offence,
Et dont je ne m'attens d'en faire penitence :
Car parlant librement je pretens t'obliger
A purger tes deffaux, tes vices corriger.
Si tu le fais, enfin, en ce cas je merite,
Puis qu'en quelque façon mon vice te profite.

FIN.

A MONSIEUR

DE FORQUEVAUS

SATYRE XVI

Puis que le jugement nous croist par le donmage,
Il est temps, Forquevaus, que je devienne sage,
Et que par mes travaux j'apprenne à l'avenir
Comme en faisant l'amour on se doit maintenir.
Après avoir passé tant et tant de traverses,
Avoir porté le joug de cent beautez diverses,
Avoir en bon soldat combatu nuict et jour,
Je dois estre routier en la guerre d'amour,
Et comme un vieux guerrier blanchi dessous les armes,
Sçavoir me retirer des plus chaudes alarmes,
Destourner la fortune, et, plus fin que vaillant,
Faire perdre le coup au premier assaillant ;
Et, sçavant devenu par un long exercice,
Conduire mon bonheur avec de l'artifice,
Sans courir comm' un fou saizy d'aveuglement,
Que le caprice emporte, et non le jugement.
Car l'esprit, en amour, sert plus que la vaillance,
Et tant plus on s'efforce et tant moins on avance.
Il n'est que d'estre fin, et, de soir ou de nuit,
Surprendre, si l'on peut, l'ennemy dans le lit.
   Du temps que ma jeunesse, à l'amour trop ardente,
Rendoit d'affection mon ame violente,
Et que, de tous costés, sans chois ou sans raison,
J'allois comme un limier après la venaison,

Souvent de trop de cœur j'ay perdu le courage,
Et, piqué des douceurs d'un amoureux visage,
J'ai si bien combatu, serré flanc contre flanc,
Qu'il ne m'en est resté une goutte de sang.
Or, sage à mes despens, j'esquive la bataille;
Sans entrer dans le champ j'attens que l'on m'assaille,
Et pour ne perdre point le renom que j'ay eu,
D'un bon mot du vieux temps je couvre tout mon jeu,
Et sans estre vaillant je veux que l'on m'estime.
Ou si par fois encor j'entre en la vieille escrime,
Je gouste le plaisir sans en estre emporté
Et prens de l'exercice au pris de ma santé.
Je resigne aux plus forts ces grands coups de maîtrise.
Accablé sous le fais, je fuy toute entreprise,
Et sans plus m'amuser aux places de renom,
Qu'on ne peut emporter qu'à force de canon,
J'ayme une amour facile et de peu de defense.
Si je voi qu'on me rit, c'est là que je m'avance,
Et ne me veux chaloir du lieu, grand ou petit;
La viande ne plaist que selon l'appetit.
Toute amour a bon goust pourveu qu'elle recrée,
Et s'elle est moins louable, elle est plus asseurée;
Car quand le jeu déplaît, sans soupçon ou danger
De coups ou de poison, il est permis changer.
Aymer en trop haut lieu une dame hautaine,
C'est aimer en soucy le travail et la peine,
C'est nourrir son amour de respect et de soin.
Je suis saoul de servir le chapeau dans le poing;
Et fuy plus que la mort l'amour d'une grand dame.
Tousjours comme un forçat il faut estre à la rame,
Naviger jour et nuit, et sans profit aucun
Porter tout seul le fais de ce plaisir commun.
 Ce n'est pas, Forquevaus, cela que je demande;
Car si je donne un coup, je veux qu'on me le rende,
Et que les combatans, à l'egal collerez,

Se donnent l'un à l'autre autant de coups fourez.
C'est pourquoy je recherche une jeune fillette
Experte dès long-temps à courir l'eguillette,
Qui soit vive et ardente au combat amoureux,
Et pour un coup receu qui vous en rende deux.
La grandeur en amour est vice insupportable,
Et qui sert hautement est tousjours miserable :
Il n'est que d'estre libre, et en deniers contans
Dans le marché d'amour acheter du bon temps,
Et pour le prix commun choisir sa marchandise ;
Ou si l'on n'en veut prendre, au moins on en devise,
L'on taste, l'on manie, et sans dire combien
On se peut retirer, l'object n'en couste rien.
Au savoureux traffic de ceste mercerie
J'ai consummé les jours les plus beaux de ma vie,
Marchant des plus rusez, et qui le plus souvent
Payoit ses creanciers de promesse et de vent.
Et encore, n'estoit le hazard et la perte,
J'en voudrois pour jamais tenir boutique ouverte :
Mais la risque m'en fasche et si fort m'en deplaist,
Qu'au malheur que je crains je postpose l'acquest ;
Si bien que, redoutant la verolle et la goutte,
Je bannis ces plaisirs et leur fais banqueroutte,
Et resigne aux mignons aveuglez en ce jeu
Avecques les plaisirs tous les maux que j'ay eu,
Les boutons du printemps et les autres fleurettes
Que l'on cueille au jardin des douces amourettes.
Le mercure et l'eau fort me sont à contre-cœur ;
Je hay l'eau de gaiac et l'estouffante ardeur
Des fourneaux enfumez où l'on perd sa substance,
Et où l'on va tirant un homme en quintescence ;
C'est pourquoi tout à coup je me suis retiré,
Voulant doresnavant demeurer asseuré ;
Et comme un marinier eschappé de l'orage,
Du havre seurement contempler le naufrage.

Ou si parfois encor je me remets en mer,
Et qu'un œil enchanteur me contraigne d'aymer,
Combattant mes esprits par une douce guerre,
Je veux en seureté naviger terre à terre,
Ayant premierement visité le vaisseau,
S'il est bien calfeutré ou s'il ne prend point l'eau.
Ce n'est pas peu de cas de faire un long voyage ;
Je tiens un homme fou qui quitte le rivage,
Qui s'abandonne aux vents, et pour trop presumer
Se commet aux hazards de l'amoureuse mer.
Expert en ses travaux, pour moy, je la deteste,
Et la fuy tout ainsi comme je fuy la peste.

Mais aussi, Forquevaus, comme il est malaisé
Que nostre esprit ne soit quelquesfois abusé
Des appas enchanteurs de cest enfant volage,
Il faut un peu baisser le col sous le servage,
Et donner quelque place aux plaisirs savoureux ;
Car c'est honte de vivre et de n'estre amoureux.
Mais il faut, en aymant, s'aider de la finesse,
Et sçavoir rechercher une simple maistresse
Qui sans vous asservir vous laisse en liberté,
Et joigne le plaisir avecq la seureté ;
Qui ne sçache que c'est que d'estre courtisée ;
Qui n'ait de mainte amour la poitrine embrasée ;
Qui soit douce et nicette, et qui ne sache pas,
Apprentive au mestier, que vallent les appas ;
Que son œil et son cœur parlent de mesme sorte ;
Q'aucune affection hors de soy ne l'emporte ;
Bref, qui soit toute à nous tant que la passion
Entretiendra nos sens en ceste affection.
Si parfois son esprit ou le nostre se lasse,
Pour moy, je suis d'avis que l'on change de place,
Qu'on se range autre part, et sans regret aucun
D'absence ou de mespris, que l'on ayme un chacun :
Car il ne faut jurer aux beautez d'une dame,

Ains changer, par le temps, et d'amour et de flame.
C'est le change qui rend l'homme plus vigoureux,
Et qui jusqu'au tombeau le faict estre amoureux.
Nature se maintient pour estre variable,
Et pour changer souvent son estat est durable.
Aussi l'affection dure eternellement,
Pourveu, sans se lasser, qu'on change à tout moment.
De la fin d'une amour l'autre naist plus parfaitte,
Comme on voit un grand feu naistre d'une bluette.

FIN.

SATYRE XVII.

Non, non, j'ay trop de cœur pour laschement me rendre.
L'Amour n'est qu'un enfant dont l'on se peut def-
Et l'homme qui flechit sous sa jeune valleur [fendre;
Rend par ses laschetez coulpable son malheur.
Il se defait soy-mesme et soy-mesme s'outrage,
Et doibt son infortune à son peu de courage.
Or moy, pour tout l'effort qu'il fasse à me domter,
Rebelle à sa grandeur, je le veux effronter,
Et bien qu'avec les Dieux on ne doive debattre,
Comme un nouveau Titan si le veux-je combattre.
Avecq' le desespoir je me veux asseurer.
C'est salut aux vaincuz de ne rien esperer. [prises
Mais hélas! c'en est faict! quand les places sont
Il n'est plus temps d'avoir recours aux entreprises,
Et les nouveaux desseins d'un salut pretendu
Ne servent plus de rien lors que tout est perdu.
Ma raison est, captive, en triomphe menée ;
Mon ame, déconfite, au pillage est donnée,
Tous mes sens m'ont laissé seul et mal adverty,
Et chacun s'est rangé du contraire party ;
Et ne me reste plus de la fureur des armes
Que des cris, des sanglots, des souspirs et des larmes,
Dont je suis si troublé qu'encor ne sçay-je pas
Où pour trouver secours je tourneray mes pas.
Aussi pour mon salut que doi-je plus attendre,

Et quel sage conseil en mon mal puis-je prendre,
S'il n'est rien icy bas de doux et de clement
Qui ne tourne visage à mon contentement?
S'il n'est astre esclairant en la nuit solitaire,
Ennemy de mon bien, qui ne me soit contraire,
Qui ne ferme l'oreille à mes cris furieux?
Il n'est pour moy là haut ny clemence ny Dieux.
Au ciel comme en la terre il ne faut que j'attende
Ny pitié ny faveur au mal qui me commande;
Car encor que la dame en qui seule je vy
M'ait avecque douceur sous ses loix asservy;
Que je ne puisse croire, en voyant son visage,
Que le Ciel l'ait formé si beau pour mon dommage,
Ny moins qu'il soit possible en si grande beauté
Qu'avecque la douceur loge la cruauté;
Pourtant toute esperance en mon esprit chancelle :
Il suffit, pour mon mal, que je la trouve belle.
Amour, qui pour object n'a que mes desplaisirs,
Rend tout ce que j'adore ingrat à mes desirs.
Toute chose en aymant est pour moy difficile,
Et comme mes souspirs ma peine est infertile.
D'autre part, sçachant bien qu'on n'y doit aspirer,
Aux cris j'ouvre la bouche, et n'ose souspirer ;
Et ma peine estouffée avecque le silence,
Estant plus retenue, a plus de violence.
Trop heureux si j'avois en ce cruel tourment
Moins de discretion et moins de sentiment,
Ou, sans me relascher à l'effort du martyre,
Que mes yeux ou ma mort mon amour peussent dire !
Mais ce cruel enfant, insolent devenu,
Ne peut estre à mon mal plus long-temps retenu ;
Il me contrainct aux pleurs, et par force m'arrache
Les cris qu'au fond du cœur la reverence cache.
 Puis doncq' que mon respect peut moins que sa dou-
Je lasche mon discours à l'effort du malheur, [leur,

Et, poussé des ennuis dont mon ame est atteinte,
Par force je vous fais ceste piteuse plainte,
Qu'encore ne rendrois-je en ces derniers efforts,
Si mon dernier soupir ne la jettoit dehors.
Ce n'est pas, toutesfois, que pour m'escouter plaindre
Je tasche par ces vers à pitié vous contraindre,
Ou rendre par mes pleurs vostre œil moins rigoureux :
La plainte est inutile à l'homme malheureux. [meure,
Mais puis qu'il plaist au ciel par vos yeux que je
Vous direz que, mourant, je meurs à la bonne heure,
Et que d'aucun regret mon trespas n'est suivy,
Sinon de n'estre mort le jour que je vous vy
Si divine et si belle et d'attraits si pourveue.
Oui, je devois mourir des trais de vostre veue,
Avec mes tristes jours mes misères finir,
Et par feu, comme Hercule, immortel devenir.
J'eusse, bruslant là-haut en des flammes si claires,
Rendu de vos regards tous les dieux tributaires,
Qui, servant comme moy de trophée à vos yeux,
Pour vous aymer en terre eussent quitté les cieux.
Eternisant par tout ceste haute victoire,
J'eusse engravé là-haut leur honte et vostre gloire :
Et comme, en vous servant, aux pieds de vos autels
Ils voudroient, pour mourir, n'estre point immor-
Heureusement ainsi j'eusse peu rendre l'ame, [tels ;
Après si bel effect d'une si belle flamme;
Aussi bien tout le temps que j'ay vescu depuis,
Mon cœur, gesné d'amour, n'a vescu qu'aux ennuis.
Depuis, de jour en jour s'est mon ame enflammée,
Qui n'est plus que d'ardeur et de peine animée.
Sur mes yeux esgarez ma tristesse se lit ;
Mon âge avant le temps par mes maux s'envieillit ;
Au gré des passions mes amours sont contraintes ;
Mes vers bruslans d'amour ne resonnent que plaintes ;
De mon cœur tout fletry l'allegresse s'enfuit,

Et mes tristes pensers, comme oyseaux de la nuict,
Volant dans mon esprit, à mes yeux se presentent,
Et comme ils font du vray, du faux ils m'espouvan-
Et tout ce qui repasse en mon entendement [tent,
M'apporte de la crainte et de l'estonnement.
Car, soit que je vous pense ingrate ou secourable,
La playe de vos yeux est tousjours incurable ;
Tousjours faut-il, perdant la lumière et le jour,
Mourir dans les douleurs ou les plaisirs d'amour.

Mais tandis que ma mort est encore incertaine,
Attendant qui des deux mettra fin à ma peine,
Ou les douceurs d'amour ou bien vostre rigueur,
Je veux sans fin tirer les souspirs de mon cœur ;
Et, devant que mourir ou d'une ou d'autre sorte,
Rendre en ma passion si divine et si forte
Un vivant tesmoignage à la postérité
De mon amour extresme et de vostre beauté, [rent,
Et, par mille beaux vers que vos beaux yeux m'inspi-
Pour vostre gloire atteindre où les sçavans aspirent,
Et rendre memorable aux siècles à venir
De vos rares vertus le noble souvenir.

FIN.

ELEGIE ZELOTYPIQUE

Bien que je sçache au vray tes façons et tes ruses,
J'ai tant et si long temps excusé tes excuses ;
Moi-mesme je me suis mille fois démenty,
Estimant que ton cœur, par douceur diverty,
Tiendroit ses laschetez à quelque conscience :
Mais enfin ton humeur force ma patience.
J'accuse ma foiblesse, et, sage à mes despens,
Si je t'aymay jadis, ores je m'en repens,
Et, brisant tous ces nœuds dont j'ay tant fait de conte,
Ce qui me fut honneur m'est ores une honte.
Pensant m'oster l'esprit, l'esprit tu m'as rendu ;
J'ay regagné sur moy ce que j'avois perdu.
Je tire un double gain d'un si petit dommage,
Si ce n'est que trop tard je suis devenu sage.
Toutesfois, le bonheur nous doit rendre contans,
Et, pourveu qu'il nous vienne, il vient tousjours à temps.
Mais j'ay donc supporté de si lourdes injures !
J'ay doncq' creu de ses yeux les lumieres parjures,
Qui, me navrant le cœur, me promettoient la paix,
Et donné de la foy à qui n'en eut jamais !
J'ay doncq' leu d'autre main ses lettres contrefaites ;
J'ai doncq' sçeu ses façons, recogneu ses deffaites,
Et comment elle endort de douceur sa maison,
Et trouve à s'excuser quelque fauce raison :
Un procés, un accord, quelque achat, quelques ventes,
Visites de cousins, de frères et de tantes ;

Pendant qu'en autre lieu, sans femmes et sans bruict,
Sous pretexte d'affaire elle passe la nuict.
Et cependant, aveugle en ma peine enflammée,
Ayant sceu tout cecy, je l'ay tousjours aymée.
Pauvre sot que je suis ! ne devoy-je à l'instant
Laisser là ceste ingrate et son cœur inconstant ?

    Encor' serait-ce peu, si d'amour emportée,
Je n'avois à son teint et sa mine affettée
Leu de sa passion les signes evidans,
Que l'amour imprimoit en ses yeux trop ardans.
Mais qu'est-il de besoin d'en dire davantage ?
Iray-je rafraichir sa honte et mon dommage ?
A quoy de ses discours diray-je le deffaut :
Comme pour me piper elle parle un peu haut,
Et comme bassement, à secretes volées,
Elle ouvre de son cœur les flames recelées ;
Puis, sa voix rehaussant en quelques mots joyeux,
Elle pense charmer les jaloux curieux,
Fait un conte du Roy, de la Reine et du Louvre ;
Quand, malgré que j'en aye, Amour me le découvre,
Me dechifre aussi-tost son discours indiscret,
(Hélas ! rien aux jaloux ne peut estre secret !)
Me fait veoir de ses traits l'amoureux artifice,
Et qu'aux soupçons d'amour trop simple est sa malice ?
Ces heurtemens de pieds en feignant de s'asseoir,
Faire sentir ses gands, ses cheveux, son mouchoir,
Ces rencontres de mains, et mille autres caresses
Qu'usent à leurs amans les plus douces maistresses,
Que je tais par honneur, craignant qu'avecq' le sien
En un discours plus grand j'engageasse le mien ?

    Cherche doncq' quelque sot, au tourment insensible,
Qui souffre ce qu'il m'est de souffrir impossible ;
Car pour moy j'en suis las (ingrate) et je ne puis
Durer plus longuement en la peine où je suis.
Ma bouche incessamment aux plaintes est ouverte.

ELEGIE I.

Tout ce que j'aperçoy semble jurer ma perte ;
Mes yeux tousjours pleurans, de tourment éveillez,
Depuis d'un bon sommeil ne se sont veuz sillez.
Mon esprit agité fait guerre à mes pensées ;
Sans avoir reposé vingt nuicts se sont passées ;
Je vais comme un lutin deça, delà courant,
Et ainsi que mon corps mon esprit est errant.

 Mais tandis qu'en parlant du feu qui me surmonte
Je despeins en mes vers ma douleur et ta honte,
Amour dedans le cœur m'assaut si vivement,
Qu'avecque tout desdain je perds tout jugement.

 Vous autres, que j'emploie à l'espier sans cesse,
Au logis, en visite, au sermon, à la messe,
Cognoissant que je suis amoureux et jaloux,
Pour flatter ma douleur que ne me mentez-vous ?
Ha ! pourquoy m'estes vous à mon dam si fidelles ?
Le porteur est fascheux de fascheuses nouvelles.
Defferez à l'ardeur de mon mal furieux,
Feignez de n'en rien voir, et vous fermez les yeux.
Si dans quelque maison sans femme elle s'arreste,
S'on luy fait au Palais quelque signe de teste,
S'elle rit à quelqu'un, s'elle appelle un valet,
S'elle baille en cachette ou reçoit un poullet ;
Si dans quelque recoin quelque vieille incogneue,
Marmotant un Pater, luy parle et la salue,
Déguisez-en le fait, parlez-m'en autrement :
Trompant ma jalousie et vostre jugement,
Dites moy qu'elle est chaste et qu'elle en a la gloire
Car bien qu'il ne soit vray, si ne le puis-je croire.
De contraires efforts mon esprit agité,
Douteux, s'en court de l'une à l'autre extremité.
La rage de la hayne et l'amour me transporte ;
Mais j'ay grand peur enfin que l'amour soit plus forte.
Surmontons par mespris ce desir indiscret ;
Au moins, s'il ne se peut, l'aymeray-je à regret.

Le bœuf n'ayme le joug que toutesfois il traine ;
Et, meslant sagement mon amour à la hayne,
Donnons luy ce que peut ou que doit recevoir
Son merite égallé justement au devoir.
　En Conseiller d'estat de discours je m'abuse.
Un amour violent aux raisons ne s'amuse.
Ne sçay-je que son œil, ingrat à mon tourment,
Me donnant ce desir m'osta le jugement ?
Que mon esprit blessé nul bien ne se propose ;
Qu'aveugle et sans raison, je confonds toute chose,
Comme un homme insensé qui s'emporte au parler,
Et dessigne avec l'œil mille chasteaux en l'air ?
　C'en est fait pour jamais, la chance en est jettée.
D'un feu si violent mon âme est agittée,
Qu'il faut, bon-gré, mal-gré, laisser faire au destin ;
Heureux si par la mort j'en puis estre à la fin,
Et si je puis, mourant en ceste frenesie,
Voir mourir mon amour avecq' ma jalousie !
　Mais, Dieu ! que me sert-il en pleurs me consommer,
Si la rigueur du Ciel me contrainct de l'aymer ?
Où le Ciel nous incline, à quoy sert la menace ?
Sa beauté me rappelle où son deffaut me chasse :
Aymant et desdaignant par contraires efforts
Les façons de l'esprit et les beautez du corps.
Ainsi je ne puis vivre avec elle, et sans elle.
Ha ! Dieu ! que fusses-tu ou plus chaste, ou moins belle
Ou pusses-tu connoistre et voir par mon trespas
Qu'avecque ta beauté ton humeur ne sied pas !
Mais si ta passion est si forte et si vive
Que des plaisirs des sens ta raison soit captive,
Que ton esprit blessé ne soit maistre de soy,
Je n'entends en cela te prescrire une loy,
Te pardonnant par moy ceste fureur extresme,
Ainsi comme par toy je l'excuse en moy-mesme.
Car nous sommes tous deux, en nostre passion,

Plus dignes de pitié que de punition.
Encor, en ce malheur où tu te precipites,
Doibs-tu par quelque soin t'obliger tes merites,
Cognoistre ta beauté, et qu'il te faut avoir,
Avecques ton amour, esgard à ton devoir.
Mais sans discretion tu vas à guerre ouverte,
Et, par sa vanité triomphant de ta perte,
Il montre tes faveurs, tout haut il en discourt,
Et ta honte et sa gloire entretiennent la Court.
Cependant, me jurant tu m'en dis des injures.
O Dieux ! qui sans pitié punissez les parjures,
Pardonnez à ma dame, ou changeant vos effects,
Vengez plustost sur moy les pechez qu'elle a faicts.

S'il est vray sans faveur que tu l'escoutes plaindre,
D'où vient pour son respect que l'on te voit contrain-
Que tu permets aux siens lire en tes passions, [dre?
De veiller jour et nuict dessus tes actions ;
Que tousjours d'un vallet ta carrosse est suivie,
Qui rend, comme espion, compte exact de ta vie :
Que tu laisse un chacun pour plaire à ses soupçons,
Et que, parlant de Dieu, tu nous faits des leçons,
Nouvelle Magdelaine au desert convertie,
Et jurant que ta flamme est du tout amortie,
Tu pretends finement par ceste mauvaitié
Luy donner plus d'amour, à moy plus d'amitié ;
Et me cuidant tromper, tu voudrois faire accroire
Avecque faux serments que la neige fust noire.
Mais comme tes propos ton art est descouvert,
Et chacun en riant en parle à cœur ouvert,
Dont je creve de rage, et voyant qu'on te blasme,
Trop sensible en ton mal, de regret je me pasme,
Je me ronge le cœur, je n'ay point de repos.
Et voudrois estre sourd, pour l'estre à ces propos.
Je me hay de te voir ainsi mesestimée.
T'aymant si dignement, j'ayme ta renommée ;

Et si je suis jaloux, je le suis seulement
De ton honneur, et non de ton contentement.
 Fay tout ce que tu fais, et plus s'il se peut faire ;
Mais choisi pour le moins ceux qui se peuvent taire.
Quel besoin peut-il estre, insensée en amour,
Ce que tu fais la nuict, qu'on le chante le jour ;
Ce que fait un tout seul, tout un chacun le sçache,
Et monstres en amour ce que le monde cache ?
 Mais puisque le Destin à toy m'a sçeu lier,
Et qu'oubliant ton mal je ne puis t'oublier,
Par ces plaisirs d'amour tout confits en delices,
Par tes apas, jadis à mes vœuz si propices,
Par ces pleurs que mes yeux et les tiens ont versez,
Par mes souspirs, au vent sans profit dispersez,
Par les Dieux, qu'en pleurant tes sermens appellèrent,
Par tes yeux, qui l'esprit par les miens me volerent,
Et par leurs feux si clairs et si beaux à mon cœur,
Excuse, par pitié, ma jalouse rancœur ;
Pardonne, par mes pleurs, au feu qui me commande :
Si mon peché fut grand, ma repentance est grande ;
Et voy dans le regret dont je suis consommé,
Que j'eusse moins failly si j'eusse moins aymé.

AUTRE

Aymant comme j'aymois, que ne devois-je craindre ?
Pouvois-je estre asseuré qu'elle se deust contraindre,
Et que, changeant d'humeur au vent qui l'emportoit,

Elle eust, pour moy, cessé d'estre ce qu'elle estoit ?
Que, laissant d'estre femme, inconstante et legere,
Son cœur, traistre à l'Amour, et sa foy mensongère,
Se rendant en un lieu l'esprit plus arresté,
Peust, au lieu du mensonge, aymer la verité?
 Non, je croyois tout d'elle, il faut que je le die,
Et tout m'estoit suspect horsmis la perfidie.
Je craignois tous ses traits que j'ay sceu du depuis,
Ses jours de mal de teste et ses secrettes nuicts,
Quand, se disant malade et de fièvre enflammée,
Pour moy tant seullement sa porte estoit fermée.
Je craignois ses attraits, ses ris et ses couroux
Et tout ce dont Amour allarme les jaloux.
 Mais la voyant jurer avecq' tant d'asseurance,
Je l'advoue, il est vray, j'estois sans deffiance.
Aussi, qui pouvoit croire, après tant de serments,
De larmes, de souspirs, de propos vehements
Dont elle me juroit que jamais de sa vie
Elle ne permettroit d'un autre estre servie,
Qu'elle aymoit trop ma peine, et qu'en ayant pitié,
Je m'en devois promettre une ferme amitié ;
Seulement pour tromper le jaloux populaire,
Que je devois, constant, en mes douleurs me taire,
Me feindre tousjours libre, ou bien me captiver,
Et quelqu'autre perdant, seule la conserver?
 Cependant, devant Dieu, dont elle a tant de crainte,
Au moins comme elle dict, sa parole estoit feinte ;
Et le ciel luy servit, en ceste trahison,
D'infidèle moyen pour tromper ma raison.
Et puis il est des Dieux tesmoins de nos parolles !
Non, non, il n'en est point ; ce sont contes frivolles
Dont se repaist le peuple, et dont l'antiquité
Se servit pour tromper nostre imbecilité.
S'il y avoit des Dieux, ils se vengeroient d'elle
Et ne la voiroit-on si fière ny si belle.

Ses yeux s'obscurciroient, qu'elle a tant parjurez,
Son teint seroit moins clair, ses cheveux moins dorez,
Et le Ciel, pour l'induire à quelque penitence,
Marqueroit sur son front son crime et leur vengeance.

Ou s'il y a des dieux, ils ont le cœur de chair :
Ainsi que nous d'amour ils se laissent toucher ;
Et, de ce sexe ingrat excusant la malice,
Pour une belle femme ils n'ont point de justice.

FIN.

IMPUISSANCE

Imitation d'Ovide

Quoy ! ne l'avois-je assez en mes vœuz desirée ?
N'estoit-elle assez belle ou assez bien parée ?
Estoit-elle à mes yeux sans grace et sans appas ?
Son sang estoit-il point issu d'un lieu trop bas ?
Sa race, sa maison, n'estoit-elle estimée ?
Ne valoit-elle point la peine d'estre aymée ?
Inhabile au plaisir, n'avoit-elle dequoy ?
Estoit-elle trop laide ou trop belle pour moy ?
Ha ! cruel souvenir ! cependant je l'ay eue,
Impuissant que je suis, en mes bras toute nue,
Et n'ay peu, le voulans tous deux esgallement,
Contenter nos desirs en ce contentement.
Au surplus, à ma honte, Amour, que te diray-je ?
Elle mit en mon col ses bras plus blancs que neige,
Et sa langue mon cœur par ma bouche embrasa,
Bref, tout ce qu'ose Amour, ma deesse l'osa ;
Me suggerant la manne en sa levre amassée,
Sa cuisse se tenait en la mienne enlassée,
Les yeux luy petilloient d'un desir langoureux,
Et son ame exilloit maint souspir amoureux,
Sa langue, en begayant d'une façon mignarde, [de ?
Me disoit : « Mais, mon cœur, qu'est-ce qui vous retar-
N'aurois-je point en moy quelque chose qui peust
Offencer vos desirs, ou bien qui vous depleust ?
Ma grace, ma façon, ha ! Dieu, ne vous plaist-elle ?
Quoy ! n'ay-je assez d'amour, ou ne suis-je assez belle ?»

Cependant, de la main animant ses discours,
Je trompois, impuissant, sa flamme et mes amours ;
Et comme un tronc de bois, charge lourde et pesante,
Je n'avois rien en moy de personne vivante.
Mes membres languissans, perclus et refroidis,
Par ses attouchemens n'estoient moins engourdis.
Mais quoy ! que deviendrai-je en l'extresme vieillesse,
Puisque je suis retif au fort de ma jeunesse?
Et si, las ! je ne puis, et jeune et vigoureux,
Savourer la douceur du plaisir amoureux?
Ha ! j'en rougis de honte, et depite mon âge,
Age de peu de force et de peu de courage,
Qui ne me permet pas en cest accouplement
Donner ce qu'en amour peut donner un amant.
Car, Dieux ! ceste beauté par mon deffaut trompée
Se leva le matin de ses larmes trempée,
Que l'amour de despit escouloit par ses yeux,
Ressemblant à l'Aurore, alors qu'ouvrant les Cieux
Elle sort de son lict, hargneuse et depitée
D'avoir sans un baiser consommé la nuictée ;
Quand, baignant tendrement la terre de ses pleurs,
De chagrin et d'amour elle enjette ses fleurs.
 Pour flater mon deffaut, mais que me sert la gloire,
De mon amour passée inutile mémoire,
Quand, aymant ardemment et ardemment aymé,
Tant plus je combatois, plus j'estois animé :
Guerrier infatigable en ce doux exercice,
Par dix ou douze fois je rentrois dans la lice,
Où, vaillant et adroit, après avoir brisé,
Des chevaliers d'amour j'étois le plus prisé?
Mais de cest accident je fais un mauvais conte,
Si mon honneur passé m'est ores une honte,
Et si le souvenir, trop prompt de m'outrager,
Par le plaisir receu ne me peut soulager.
 O ciel ! il falloit bien qu'ensorcelé je fusse,

Ou, trop ardent d'amour, que je ne m'apperceusse
Que l'œil d'un envieux nos desseins empeschoit,
Et sur mon corps perclus son venin espanchoit !
Mais qui pourroit atteindre au point de son merite
Veu que toute grandeur pour elle est trop petite ?
Si par l'égal ce charme a force contre nous,
Autre que Jupiter n'en peut estre jaloux.
Luy seul, comme envieux d'une chose si belle,
Par l'émulation seroit seul digne d'elle.
Hé quoy, là haut au ciel mets-tu les armes bas,
Amoureux Jupiter ? Que ne viens-tu ça-bas
Jouir d'une beauté sur les autres aymable ?
Assez de tes amours n'a caqueté la fable.
C'est ores que tu dois, en amour vif et pront,
Te mettre encore un coup les armes sur le front,
Cacher ta déité dessous un blanc plumage,
Prendre le feint semblant d'un Satyre sauvage,
D'un serpent, d'un cocu, et te repandre encor,
Alambiqué d'amour, en grosses gouttes d'or ;
Et puisque sa faveur, à moy seul octroyée,
Indigne que je suis, fust si mal employée,
Faveur qui de mortel m'eust fait égal aux Dieux,
Si le Ciel n'eust esté sur mon bien envieux !

 Mais encor tout bouillant en mes flames premières,
De quels vœuz redoublez et de quelles prières
Iray-je derechef les Dieux sollicitant,
Si d'un bien-fait nouveau j'en attendois autant ;
Si mes deffauts passez leurs beautez mescontentent
Et si de leurs bienfaicts je croy qu'ils se repentent ?

 Or quand je pense, ô Dieu ! quel bien m'est advenu,
Avoir veu dans un lit ses beaux membres à nu,
La tenir languissante entre mes bras couchée,
De mesme affection la voir estre touchée,
Me baiser haletant d'amour et de desir,
Par ses chatouillemens resveiller le plaisir,

Ha Dieux ! ce sont des traicts si sensibles aux ames,
Qu'ils pourroient l'Amour mesme eschauffer de leurs
   flames,
Si plus froid que la mort ils ne m'eussent trouvé,
Des mystères d'amour amant trop reprouvé ;
Je l'avois cependant, vive d'amour extresme ;
Mais si je l'eus ainsi, elle ne m'eust de mesme,
O malheur ! et de moy elle n'eust seulement
Que des baisers d'un frère, et non pas d'un amant.
En vain cent et cent fois je m'efforce a luy plaire,
Non plus qu'à mon desir je n'y puis satisfaire ;
Et la honte pour lors qui me saisit le cœur,
Pour m'achever de peindre, esteignit ma vigueur.
 Comme elle recongnust, femme mal satisfaite,
Quelle perdoit son temps, du lict elle se jette,
Prend sa juppe, se lace, et puis en se mocquant,
D'un ris et de ces motz elle m'alla piquant :
« Non, si j'estois lascive, ou d'amour occupée,
Je me pourrois fascher d'avoir esté trompée ;
Mais puisque mon desir n'est si vif ne si chaud,
Mon tiède naturel m'oblige à ton defaut.
Mon amour satisfaicte ayme ton impuissance,
Et tire de ta faute assez de recompence,
Qui, tousjours dilayant, m'a faict par le desir,
Esbatre plus long-temps à l'ombre du plaisir. »
 Mais estant la douceur par l'effort divertie,
La fureur à la fin rompit sa modestie ;
Et dit en esclatant : « Pourquoy me trompes-tu ?
Ton impudence à tort a vanté ta vertu.
Si en d'autres amours ta vigueur s'est usée,
Quel honneur reçois-tu de m'avoir abusée ? »
 Assez d'autres propos le despit luy dictoit
Le feu de son desdain par sa bouche sortoit.
Enfin, voulant cacher ma honte et sa colère,
Elle couvrit son front d'une meilleure chère ;

Se conseille au miroir, ses femmes appella,
Et, se lavant les mains, le faict dissimula.
 Belle, dont la beauté si digne d'estre aymée
Eust rendu des plus mortz la froideur enflamée,
Je confesse ma honte, et, de regret touché,
Par les pleurs que j'espands j'accuse mon peché :
Peché d'autant plus grand que grande est ma jeu-
Si, homme, j'ay failly, pardonnez-moy, Déesse.[nesse.
J'avoue estre fort grand le crime que j'ai fait,
Pourtant jusqu'à la mort si n'avoy-je forfait,
Si ce n'est qu'à present ; qu'à vos pieds je me jette ;
Que ma confession vous rende satisfaicte.
Je suis digne des maux que vous me prescrirez.
J'ay meurtry, j'ay volé, j'ay des vœuz parjurez,
Trahy les Dieux benins. Inventez à ces vices,
Comme estranges forfaicts, des estranges supplices,
O beauté, faictes en tout ainsi qu'il vous plaist.
Si vous me comdamnez à mourir, je suis prest.
La mort me sera douce, et d'autant plus encore
Si je meurs de la main de celle que j'adore.
Avant qu'en venir là, au moins souvenez-vous
Que mes armes, non moy, causent votre courrouz,
Que, champion d'Amour entré dedans la lice,
Je n'eus assez d'haleine à si grand exercice ;
Que je ne suis chasseur jadis tant approuvé,
Ne pouvant redresser un deffaut retrouvé.
Mais d'où viendroit cecy ? seroit ce point, maistresse,
Que mon esprit du corps precedast la paresse ?
Ou que, par le desir trop prompt et vehement,
J'allasse avec le temps le plaisir consommant ?
Pour moy, je n'en sçay rien : en ce fait tout m'abuse ;
Mais enfin, ô beauté, recevez pour excuse,
S'il vous plaist derechef que je rentre en l'assaut,
J'espère avec usure amender mon deffaut.

FIN.

SUR LE TRESPAS

DE MONSIEUR PASSERAT

Passerat, le séjour et l'honneur des Charites,
Les delices de Pinde et son cher ornement,
Qui, loing du monde ingrat que bienheureux tu quittes,
Comme un autre Apollon reluis au firmament,

Afin que mon devoir s'honore en tes merites,
Et mon nom par le tien vive eternellement,
Que dans l'eternité ces paroles escrites
Servent à nos neveux comme d'un testament :

« Passerat fut un Dieu soubs humaine semblance,
Qui vit naistre et mourir les Muses en la France,
Qui de ses doux accords leurs chansons anima.

« Dans le champ de ses vers fut leur gloire semée.
Et, comme un mesme sort leur fortune enferma,
Ils ont, à vie égalle, égalle renommée. »

STANCES

Le tout-puissant Jupiter
Se sert de l'Aigle à porter
Son foudre parmy la nue,
Et Junon du haut des cieux
Sur ses Paons audacieux
Est souvent icy venue.

Saturne a pris le Corbeau,
Noir messager du tombeau ;
Mars l'Espervier se reserve ;
Phœbus les Cygnes a pris ;
Les Pigeons sont à Cypris,
Et la Chouette à Minerve.

Ainsi les Dieux ont esleu
Tels oyseaux qui leur ont pleu ;
Priappe, qui ne voit goute,
Haussant son rouge museau,
A tastons, pour son oyseau,
Print un asnon qui vous f. . . .

LA C. P.

Infame bastard de Cythère,
Fils ingrat d'une ingrate mère,
Avorton traistre et déguisé,
Si je t'ay suivy dès l'enfance,
De quelle ingrate recompense
As-tu mon service abusé !

Mon cas, fier de mainte conqueste,
En Espagnol portoit la teste,
Triomphant, superbe et vainqueur,
Que nul effort n'eust sceu rabattre ;
Maintenant lasche et sans combatre,
Fait la cane et n'a plus de cœur.

De tes autels une prestresse
L'a reduict en telle detresse,
Le voyant au choc obstiné,
Qu'entouré d'onguent et de linge,
Il m'est avis de voir un singe
Comme un enfant embeguiné.

De façon robuste et raillarde,
Pend l'aureille, et n'est plus gaillarde ;
Son teint vermeil n'a point d'esclat ;
De pleurs il se noye la face,
Et faict aussi laide grimace
Qu'un boudin crevé dans un plat.

Aussy penaud qu'un chat qu'on chastre,
Il demeure dans son emplastre,
Comme en sa coque un limaçon.
En vain d'arrasser il essaye :
Encordé comme une lamproye,
Il obeyt au caveçon.

Une salive mordicante
De sa narine distillante
L'ulcère si fort par dedans,
Que, crachant l'humeur qui le pique,
Il bave comme un pulmonique
Qui tient la mort entre ses dents.

Ha ! que cette humeur languissante
Du temps jadis est differente,
Quand brave, courageux et chaud,
Tout passoit au fil de sa rage,
N'estant si jeune pucelage
Qu'il n'enfilast de prime assaut !

Appollon, dès mon âge tendre,
Poussé du courage d'apprendre,
Auprès du ruisseau parnassin
Si je t'invocqué pour poëte,
Ores, en ma douleur secrete,
Je t'invoque pour medecin.

Sevère Roy des destinées,
Mesureur des vistes années,
Cœur du monde, œil du firmament,
Toy qui presides à la vie,
Garis mon cas, je te supplie,
Et le conduis à sauvement.

Pour recompense, dans ton temple,
Servant de memorable exemple
Aux joueurs qui viendront après,
J'appendray la mesme figure
De mon cas malade en peinture,
Ombragé d'ache et de cyprès.

FIN.

SUR LE PORTRAIT D'UN POËTE COURONNÉ

Graveur, vous deviez avoir soin
De mettre dessus cette teste,
Voyant qu'elle estoit d'une beste,
Le lien d'un botteau de foin.

RESPONSE.

Ceux qui m'ont de foin couronné,
M'ont fait plus d'honneur que d'injure :
Sur du foin Jesus-Christ fust né ;
Mais ils ignorent l'Escripture.

REPLIQUE.

Tu as une mauvaise grace :
Le foin dont tu fais si grand cas
Pour Dieu n'estoit en ceste place,
Car Jesus-Christ n'en mangeoit pas,
Mais bien pour servir de repas
Au premier asne de ta race.

CONTRE UN AMOUREUX TRANSY

Pourquoy perdez-vous la parole
Aussi-tost que vous rencontrez
Celle que vous idolatrez ?
Devenant vous-mesme une idole,
Vous estes là sans dire mot,
Et ne faictes rien que le sot.

Par la voix Amour vous suffoque ;
Si vos souspirs vont au devant,
Autant en emporte le vent,
Et vostre Déesse s'en mocque,
Vous jugeant de mesme imparfaict
De la parole et de l'effect.

Pensez-vous la rendre abatue
Sans vostre fait lui déceler ?
Faire les doux yeux sans parler,
C'est faire l'amour en tortue.
La belle faict bien de garder
Ce qui vaut bien le demander.

Voulez-vous, en la violence
De vostre longue affection,
Monstrer une discretion ?
Si on la voit par le silence,

Un tableau d'amoureux transi
Le peut bien faire tout ainsi.

Souffrir mille et mille traverses,
N'en dire mot, prétendre moins,
Donner ses tourments pour tesmoins
De toutes ses peines diverses,
Des coups n'estre point abatu ;
C'est d'un asne avoir la vertu.

L'effort fait plus que le merite,
Car pour trop meriter un bien
Le plus souvent on n'en a rien ;
Et dans l'amoureuse poursuite,
Quelquesfois l'importunité
Fait plus que la capacité.

J'approuve bien la modestie ;
Je hay les amans effrontez;
Evitons les extremitez :
Mais des dames une partie,
Comme estant sans election,
Juge en discours l'affection.

En discourant à sa maistresse,
Que ne promet l'amant subtil ?
Car chacun, tant pauvre soit-il,
Peut estre riche de promesse.
« Les grands, les vignes, les amans
« Trompent tousjours de leurs sermens. »

Mais vous ne trompez que vous mesme,
En faisant le froid à dessein.
Je crois que vous n'estes pas sain :
Vous avez le visage blesme.

Où le front a tant de froideur,
Le cœur n'a pas beaucoup d'ardeur.

Vostre belle, qui n'est pas lourde,
Rit de ce que vous en croyez.
Qui vous void, pense que soyez
Ou vous muet, ou elle sourde.
Parlez, elle vous oira bien ;
Mais elle attend, et n'entend rien.

Elle attend d'un desir de femme,
D'ouyr de vous quelques beaux mots.
Mais s'il est vray qu'à nos propos
On reconnoist quelle est nostre ame ;
Elle vous croit, à cette fois,
Manquer d'esprit comme de voix.

Qu'un honteux respect ne vous touche :
Fortune aime un audacieux.
Pensez, voyant Amour sans yeux,
Mais non pas sans mains ny sans bouche,
Qu'après ceux qui font des presens,
L'Amour est pour les bien-disans.

FIN.

QUATRAINS.

Si des maux qui vous font la guerre
Vous voulez guerir desormais,
Il faut aller en Angleterre,
Où les loups ne viennent jamais.

Je n'ay peu rien voir qui me plaise
Dedans les Psalmes de Marot :
Mais j'ayme bien ceux-là de Beze,
En les chantant sans dire mot.

Je croy que vous avez faict vœu
D'aymer et parent et parente :
Mais, puis que vous aymez la tante,
Espargnez au moins le nepveu.

Le Dieu d'Amour se devoit peindre
Aussy grand comme un autre Dieu,
N'estoit qu'il luy suffit d'atteindre
Jusqu'à la pièce du milieu.

Ceste femme à couleur de bois
En tout temps peut faire potage :
Car dans sa manche elle a des poix,
Et du beure sur son visage.

DISCOURS AU ROY

Il estoit presque jour, et le ciel sousriant
Blanchissoit de clairté les peuples d'Orient ;
L'aurore aux cheveux d'or, au visage de roses,
Desjà comme à demy descouvroit toutes choses,
Et les oyseaux, perchez en leur feuilleux sejour,
Commençoient, s'esveillant, à se plaindre d'amour,
Quand je vis en sursaut une beste effroyable,
Chose estrange à conter, toutesfois veritable,
Qui plus qu'un hydre affreuse à sept gueules meuglant,
Avoit les dents d'acier, l'œil horrible et sanglant,
Et pressoit à pas torts une Nimphe fuyante,
Qui, reduite aux abbois, plus morte que vivante,
Haletante de peine, en son dernier recours,
Du grand Mars des François imploroit le secours,
Embrassoit ses genoux, et l'appellant aux armes,
N'avoit autre discours que celuy de ses larmes.
 Ceste Nimphe estoit d'age, et ses cheveux meslez
Flottoient au gré du vent, sur son dos avalez ;
Sa robe estoit d'azur, où cent fameuses villes
Eslevoient leurs clochers sur des plaines fertiles
Que Neptune arrosoit de cent fleuves espars,
Qui dispersoient le vivre aux gens de toutes pars.
Les villages espais fourmilloient par la plaine ;
De peuple et de bestail la campagne estoit pleine,
Qui, s'employant aux arts, mesloient diversement
La fertile abondance avecque l'ornement.

Tout y reluisoit d'or, et sur la broderie
Esclatoit le brillant de mainte pierrerie.
 La mer aux deux costez cest ouvrage bordoit,
L'Alpe de la main gauche en biais s'espandoit
Du Rhein jusqu'en Provence ; et le mont qui partage
D'avecque l'espagnol le françois heritage,
De Leucate à Bayonne en cornes se haussant,
Monstroit son front pointu de neiges blanchissant.
 Le tout estoit formé d'une telle manière,
Que l'art ingenieux excedoit la matière.
Sa taille estoit auguste, et son chef couronné
De cent fleurs de lis d'or estoit environné.
 Ce grand prince, voyant le soucy qui la grève,
Touché de pieté, la prend et la relève,
Et de feux estouffant ce funeste animal,
La delivra de peur aussitost que de mal,
Et, purgeant le venim dont elle estoit si pleine,
Rendit en un instant la Nimphe toute saine.
 Ce prince, ainsi qu'un Mars en armes glorieux,
De palmes ombrageoit son chef victorieux,
Et sembloit de ses mains au combat animées
Comme foudre jetter la peur dans les armées,
Ses exploits achevez en ses armes vivoient :
Là les champs de Poictou d'une part s'eslevoient,
Qui, superbes, sembloient s'honorer en la gloire
D'avoir premiers chanté sa première victoire.
 Dieppe, de l'autre part, sur la mer s'allongeoit,
Où par force il rompoit le camp qui l'assiegeoit,
Et poussant plus avant ses trouppes espanchées,
Le matin en chemise il surprit les tranchées.
Là, Paris, delivré de l'espagnole main,
Se deschargeoit le col de son joug inhumain.
La campagne d'Ivry, sur le flanc cizelée,
Favorisoit son prince au fort de la meslée ;
Et de tant de Ligueurs par sa dextre vaincus

Au Dieu de la bataille appendoit les escus.
 Plus haut estoit Vendosme, et Chartres, et Pontoise,
Et l'Espagnol desfait à Fontaine-Françoise,
Où la valeur du foible emportant le plus fort,
Fist voir que la vertu ne craint aucun effort.
 Plus bas, dessus le ventre, au naïf contrefaite,
Estoit, près d'Amiens, la honteuse retraite
Du puissant archiduc, qui, craignant son pouvoir,
Creut que c'estoit en guerre assez que de le voir.
 Deçà, delà, luitoit mainte trouppe rengée,
Mainte grande cité gemissoit assiegée,
Où, si-tost que le fer l'en rendoit possesseur,
Aux rebelles vaincus il usoit de douceur :
Vertu rare au vainqueur, dont le courage extresme
N'a gloire en la fureur que se vaincre soi-mesme !
 Le chesne et le laurier cest ouvrage ombrageoit,
Où le peuple devot sous ses loix se rengeoit,
Et de vœuz et d'encens au ciel faisoit prière
De conserver son prince en sa vigueur entière.
 Maint puissant ennemy, domté par sa vertu,
Languissoit dans les fers sous ses pieds abatu,
Tout semblable à l'Envie, à qui l'estrange rage
De l'heur de son voisin enfielle le courage,
Hideuse, bazannée et chaude de rancœur,
Qui ronge ses poulmons et se masche le cœur.
 Après quelque prière en son cœur prononcée,
La Nimphe en le quittant au ciel s'est eslancée,
Et son corps dedans l'air demeurant suspendu,
Ainsi comme un milan sur ses aisles tendu,
S'arreste en une place où, changeant de visage,
Un bruslant aiguillon lui picque le courage :
Son regard estincelle, et son cerveau tremblant,
Ainsi comme son sang d'horreur se va troublant :
Son estomac pantois sous la chaleur frissonne,
Et, chaude de l'ardeur qui son cœur espoinçonne,

Tandis que la faveur precipitoit son cours,
Veritable prophète, elle fait ce discours :
 « Peuple, l'objet piteux du reste de la terre,
Indocile à la paix et trop chaud à la guerre,
Qui, fecond en partis et leger en desseins,
Dedans ton propre sang souïlles tes propres mains,
Entens ce que je dis, attentif à ma bouche,
Et qu'au plus vif du cœur ma parole te touche.
 « Depuis qu'irreverent envers les immortels,
Tu taches de mespris l'Eglise et ses autels ;
Qu'au lieu de la raison gouverne l'insolence ;
Que le droit alteré n'est qu'une violence ;
Que par force le foible est foulé du puissant ;
Que la ruse ravit le bien à l'innocent,
Et que la vertu sainte, en public mesprisée,
Sert aux jeunes de masque, aux plus vieux de risée,
(Prodige monstrueux !) et sans respect de foy
Qu'on s'arme ingratement au mespris de son roy,
La justice et la paix, tristes et desolées,
D'horreur se retirant, au Ciel s'en sont volées :
Le bonheur aussi tost à grands pas les suivit,
Et depuis, le soleil de bon œil ne te vit.
 « Quelque orage tousjours qui s'esleve à ta perte,
A comme d'un brouillas ta personne couverte,
Qui, tousjours prest à fondre, en eschec te retient,
Et malheur sur malheur à chaque heure te vient.
 « On a veu tant de fois la jeunesse trompée
De tes enfans passez au trenchant de l'espée ;
Tes filles sans honneur errer de toutes parts ;
Ta maison et tes biens saccagez des soldars ;
Ta femme insolemment d'entre tes bras ravie,
Et le fer tous les jours s'attacher à ta vie.
 « Et cependant, aveugle en tes propres effets,
Tout le mal que tu sens, c'est toy qui te le fais ;
Tu t'armes à ta perte, et ton audace forge

L'estoc dont, furieux, tu te couppes la gorge.
  « Mais quoy ! tant de malheurs te suffisent-ils pas ?
Ton prince, comme un Dieu, te tirant du trespas,
Rendit de tes fureurs les tempestes si calmes,
Qu'il te fait vivre en paix à l'ombre de ses palmes.
Astrée en sa faveur demeure en tes citez ;
D'hommes et de bestail les champs sont habitez,
Le paysant, n'ayant peur des bannières estranges,
Chantant coupe ses bleds, riant fait ses vendanges,
Et le berger, guidant son troupeau bien nourry,
Enfle sa cornemuse en l'honneur de Henry.
Et toy seul, cependant, oubliant tant de graces,
Ton aise trahissant, de ses biens tu te lasses.
  « Vien, ingrat, respon-moy : quel bien espères-tu,
Après avoir ton prince en ses murs combatu ?
Après avoir trahi pour de vaines chimères
L'honneur de tes ayeux et la foy de tes pères ?
Après avoir, cruel, tout respect violé,
Et mis à l'abandon ton pays desolé ?
  « Attens-tu que l'Espagne, avec son jeune prince,
Dans son monde nouveau te donne une province,
Et qu'en ces trahisons, moins sage devenu,
Vers toy par ton exemple il ne soit retenu,
Et qu'ayant dementy ton amour naturelle,
A luy plus qu'à ton prince il t'estime fidèle ?
Peut-estre que ta race et ton sang violent,
Issu, comme tu dis, d'Oger ou de Roland,
Ne te veut pas permettre, encore jeune d'âge,
Qu'oysif en ta maison se rouille ton courage ;
Et rehaussant ton cœur, que rien ne peut ployer,
Te fait chercher un Roi qui te puisse employer ;
Qui, la gloire du ciel et l'effroy de la terre, [guerre ;
Soit, comme un nouveau Mars, indomptable à la
Qui sçache en pardonnant les discords estouffer,
Par clemence aussi grand comme il est par le fer.

« Cours tout le monde entier de province en pro-
Ce que tu cherches loin habite en nostre prince.[vince:
« Mais quels exploicts si beaux a faits ce jeune Roy,
Qu'il faille pour son bien que tu faulses ta foy,
Trahisses ta patrie, et que d'injustes armes
Tu la combles de sang, de meurtres et de larmes ?
« Si ton cœur convoiteux est si vif et si chaud,
Cours la Flandre, où jamais la guerre ne defaut ;
Et plus loing, sur les flancs d'Austriche et d'Alemagne
De Turcs et de turbans enjonche la campagne ;
Puis, tout chargé de coups, de vieillesse et de biens,
Revien en ta maison mourir entre les tiens.
Tes fils se mireront en si belles despouilles :
Les vieilles, au foyer, en fillant leurs quenouilles,
En chanteront le conte, et, brave en arguments,
Quelque autre Jean de Mun en fera des romans.
« Ou si, trompant ton roy, tu cours autre fortune,
Tu trouveras, ingrat, toute chose importune.
A Naples, en Sicille, et dans ces autres lieux
Où l'on t'assignera, tu seras odieux ;
Et l'on te fera voir, avec ta convoitise,
Qu'après les trahisons les traistres on mesprise
Les enfans estonnez s'enfuiront te voyant,
Et l'artisan mocqueur, aux places t'effroyant,
Rendant par ses brocards ton audace fletrie,
Dira : « Ce traistre-icy nous vendit sa patrie
« Pour l'espoir d'un royaume en chimeres conçeu,
« Et pour tous ses desseins du vent il a reçeu. »
« Ha ! que ces paladins vivants dans mon histoire,
Non comme toy touchez d'une bastarde gloire,
Te furent differens, qui, courageux par tout,
Tindrent fidellement mon enseigne debout ;
Et qui, se respendant ainsi comme un tonnerre,
Le fer dedans la main firent trembler la terre,
Et tant de roys Payans sous la Croix desconfis

Asservirent vaincus aux pieds du Crucifix,
Dont les bras retroussez et la teste panchée,
De fers honteusement au triomphe attachée,
Furent de leur valeur tesmoins si glorieux,
Que les noms de ces preux en sont escris aux Cieux !
  « Mais si la pieté, de ton cœur divertie,
En toy, pauvre insensé, n'est du tout amortie :
Si tu n'as tout-à-fait rejetté loin de toy
L'amour, la charité, le devoir et la foy,
Ouvre tes yeux sillez, et voy de quelle sorte,
D'ardeur precipité, la rage te transporte,
T'enveloppe l'esprit, t'esgarant, insensé,
Et juge l'avenir par le siècle passé. »
  Si-tost que cette Nimphe, en son dire enflammée,
Pour finir son propos eut la bouche fermée,
Plus haute s'eslevant dans le vague des cieux,
Ainsi comme un esclair disparut à nos yeux ;
Et, se monstrant déesse en sa fuite soudaine,
La place elle laissa de parfum toute pleine,
Qui, tombant en rosée aux lieux les plus prochains,
Reconforta le cœur et l'esprit des humains.
  HENRY, le cher suject de nos sainctes prières,
Que le ciel reservoit à nos peines dernières
Pour restablir la France au bien non limité
Que le destin promet à son eternité,
Après tant de combats et d'heureuses victoires,
Miracles de nos temps, honneur de nos histoires,
Dans le port de la paix, grand Prince, puisses-tu,
Malgré tes ennemis exercer ta vertu !
Puisse estre à ta grandeur le destin si propice
Que ton cœur de leurs traicts rebouche la malice,
Et, s'armant contre toy, puisses-tu d'autant plus
De leurs efforts domter le flus et le reflus,
Et comme un saint rocher oposant ton courage,
En escume venteuse en dissiper l'orage,

Et, brave, t'eslevant par dessus les dangers,
Estre l'amour des tiens, l'effroy des estrangers !

   Attendant que ton fils, instruit par ta vaillance,
Dessous tes estendars sortant de son enfance,
Plus fortuné que toy, mais non pas plus vaillant,
Aille les Othomans jusqu'au Caire assaillant ;
Et que, semblable à toy, foudroyant les armées,
Il cueille avecq le fer les palmes Idumées.

   Puis, tout flambant de gloire, en France revenant,
Le Ciel mesme là-haut de ses faicts s'estonnant,
Qu'il espande à tes pieds les despouilles conquises,
Et que de leurs drapeaux il pare nos Eglises.

   Alors, rajeunissant au récit de ses faicts,
Tes desirs et tes vœuz en ses œuvres parfaits,
Tu ressentes d'ardeur ta vieillesse eschauffée,
Voyant tout l'univers nous servir de trophée.

   Puis, n'estant plus icy chose digne de toy,
Ton fils du monde entier restant paisible Roy,
Souz tes modelles sainctz et de paix et de guerre
Il regisse puissant en justice la terre,
Quand, après un long temps, ton esprit glorieux
Sera des mains de Dieu couronné dans les Cieux.

FIN.

ŒUVRES POSTHUMES

OU APOCRYPHES

SATYRE

N'avoir crainte de rien et ne rien espérer,
Amy, c'est ce qui peut les hommes bien-heurer.
J'ayme les gens hardis, dont l'ame non commune,
Morgant les accidens, fait teste à la fortune,
Et, voyant le soleil de flammes reluisant,
La nuit au manteau noir les astres conduisant,
La lune se masquant de formes differentes,
Faire naître les mois en ses courses errantes
Et les cieux se mouvoir par ressorts discordans
Les uns chauds, temperez, et les autres ardens,
Qui, ne s'émouvant point, de rien n'ont l'ame at-
Et n'ont en les voyant esperance ni crainte; [teinte,
Mesme si pesle mesle avec les Elemens
Le ciel d'airain tomboit jusques aux fondemens
Et que tout se froissast d'une étrange tempeste,
Les esclats sans frayeur leur frapperoyent la teste.
   Combien moins les assauts de quelque passion,
Dont le bien et le mal n'est qu'une opinion ?
Ni les honneurs perdus ni la richesse acquise
N'auront sur son esprit ny puissance ny prise.[mer,
   Dy-moy, qu'est-ce qu'on doit plus cherement ay-
De tout ce que nous donne ou la terre ou la mer:
Ou ces grands diamans si brillans à la veue,
Dont la France se voit à mon gré trop pourveue,
Ou ces honneurs cuisans que la faveur depart,
Souvent moins par raison que non pas par hazard,

Ou toutes ces grandeurs après qui l'on abbaye,
Qui font qu'un president dans les procez s'égaye ?
De quel œil, trouble, ou clair, dy-moy, les doit-on voir,
Et de quel appetit au cœur les recevoir ?

Je trouve, quant à moy, bien peu de difference
Entre la froide peur et la chaude esperance :
D'autant que mesme doute également assaut
Nostre esprit, qui ne sçait au vray ce qu'il lui faut.

Car estant la Fortune en ces fins incertaine,
L'accident non prévu nous donne de la peine.
Le bien inesperé nous saisit tellement,
Qu'il nous gèle le sang, l'ame et le jugement,
Nous fait fremir le cœur, nous tire de nous mesmes.
Ainsi diversement saisis des deux extremes,
Quand le succez du bien au desir n'est égal,
Nous nous sentons troublez du bien comme du mal ;
Et trouvant mesme effet en un sujet contraire,
Le bien fait dedans nous ce que le mal peut faire.

Or donc, que gagne-t'on de rire ou de pleurer,
Craindre confusément, bien ou mal esperer,
Puisque mesme le bien, excedant nostre attente,
Nous saisissant le cœur, nous trouble et nous tourmente,
Et, nous desobligeant nous mesme en ce bonheur,
La joie et le plaisir nous tient lieu de douleur ?

Selon son rolle on doit jouer son personnage.
Le bon sera méchant, insensé l'homme sage,
Et le prudent sera de raison devestu,
S'il se monstre trop chaud à suivre la vertu.
Combien plus celuy-là dont l'ardeur non commune
Elève ses desseins jusqu'au ciel de la lune,
Et, se privant l'esprit de ses plus doux plaisirs,
A plus qu'il ne se doit laisse aller ses desirs ! Change,

Va donc, et d'un cœur sain voyant le Pont-au-Desire
l'or brillant sous mainte pierre estrange ;

Ces gros lingots d'argent qu'à grands coups de marteaux
L'art forme en cent façons de plats et de vaisseaux;
Et devant que le jour aux gardes se découvre,
Va d'un pas diligent à l'Arsenac, au Louvre,
Talonne un president, suy-le comme un valet;
Mesme, s'il est besoin, estrille son mulet.
Suy jusques au Conseil les Maistres des Requestes;
Ne t'enquiers, curieux, s'ils sont hommes ou bestes,
Et les distingue bien : les uns ont le pouvoir
De juger finement un procez sans le voir;
Les autres comme Dieux près le soleil résident,
Et, demons de Plutus, aux finances president;
Car leurs seules faveurs peuvent en moins d'un an
Te faire devenir Chalange ou Montauban.
Je veux encore plus : démembrant ta province,
Je veux, de partisan, que tu deviennes prince:
Tu seras des badauts en passant adoré,
Et sera jusqu'au cuir ton carosse doré;
Chacun en ta faveur mettra son esperance;
Mille valets sous toy desoleront la France;
Tes logis, tapissez en magnifique arroy,
D'éclat aveugleront ceux-là mesmes du roy.
Mais si faut-il enfin que tout vienne à son conte,
Et, soit avec l'honneur ou soit avec la honte,
Il faut, perdant le jour, esprit, sens et vigueur, [Cœur,
Mourir comme Enguerrand ou comme Jacques-
Et descendre là-bas, où, sans choix de personnes,
Les escuelles de bois s'égalent aux couronnes. [temps,

 En courtisant pourquoy perdrois-je tout mon
Si de bien et d'honneur mes esprits sont contens?
Pourquoi d'ame et de corps faut-il que je me peine,
Et qu'estant hors du sens aussi bien que d'haleine,
Je suive un financier, soir, matin, froid et chaud,
Si j'ai du bien pour vivre autant comme il m'en faut?
Qui n'a point de procès au Palais n'a que faire.

Un President pour moy n'est non plus qu'un notaire.
Je fais autant d'état du long comme du court,
Et mets en la vertu ma faveur et ma Court.

Voilà le vray chemin, franc de crainte et d'envie,
Qui doucement nous meine à cette heureuse vie
Que parmi les rochers et les bois desertez,
Jeusne, veille, oraison et tant d'austeritez,
Ces hermites jadis, ayant l'Esprit pour guide,
Cherchèrent si longtemps dedans la Thebaïde.
Adorant la vertu, de cœur, d'ame et de foy,
Sans la chercher si loin chacun l'a dedans soy,
Et peut, comme il lui plaist, lui donner la teinture,
Artisan de sa bonne ou mauvaise aventure.

SATYRE

Perclus d'une jambe et des bras,
Tout de mon long entre deux dras,
Il ne me reste que la langue
Pour vous faire cette harangue.
Vous sçavés que j'ay pension,
Et que l'on a pretention,
Soit par sotise ou par malice,
Embarrassant le benefice,
Me rendre, en me torchant le bec,
Le ventre creux comme un rebec.
On m'en baille en discours de belles,
Mais de l'argent point de nouvelles ;
Encore, au lieu de payement,
On parle d'un retranchement,
Me faisant au nez grise mine :
Que l'abbaye est en ruine,
Et ne vaut pas, beaucoup s'en faut,
Les deux mille francs qu'il me faut ;
Si bien que je juge, à son dire,
Malgré le feu Roy nostre sire,
Qu'il desireroit volontiers
Lachement me reduire au tiers.
Je laisse à part ce fascheux conte :
Au printemps que la bile monte
Par les veines dans le cerveau,
Et que l'on sent au renouveau

Son esprit fécond en sornettes,
Il fait mauvais se prendre aux poëtes.
Toutesfois je suis de ces gens,
De toutes choses négligens,
Qui, vivant au jour la journée,
Ne controllent leur destinée,
Oubliant, pour se mettre en paix,
Les injures et les bien-faits,
Et s'arment de philosophie.
Il est pourtant fou qui s'y fie ;
Car la dame Indignation
Est une forte passion.

    Estant donc en mon lit malade,
Les yeux creux et la bouche fade,
Le teint jaune comme un espy,
Et non pas l'esprit assoupy,
Qui dans ces caprices s'égaye,
Et souvent se donne la baye
Se feignant, pour passer le temps,
Avoir cent mille escus contans,
Avec cela large campagne,
Je fais des châteaux en Espagne ;
J'entreprens partis sur partis.
Toutesfois je vous avertis,
Pour le sel, que je m'en deporte,
Que je n'en suis en nulle sorte,
Non plus que du droit annuel :
Je n'aime point le casuel.
J'ay bien un avis d'autre estoffe,
Dont du Luat le philosophe
Désigne rendre au consulat
Le nez fait comme un cervelat
Si le Conseil ne s'y oppose,
Vous verrez une belle chose.
Mais laissant là tous ces projets,

Je ne manque d'autres sujets,
Pour entretenir mon caprice
En un fantastique exercice ;
Je discours des neiges d'antan,
Je prends au nid le vent d'autan,
Je pète contre le tonnerre,
Aux papillons je fais la guerre,
Je compose Almanachs nouveaux,
De rien je fais brides à veaux ;
A la Saint-Jean je tends aux grues,
Je plante des pois par les rues,
D'un baston je fais un cheval,
Je voy courir la Seine à val,
Et beaucoup de choses, beau sire,
Que je ne **veux** et n'ose dire.
Après cela, je peinds en l'air,
J'apprens aux asnes à voler,
Du bordel je fais la chronique,
Aux chiens j'apprens la rhetorique ;
Car, enfin, ou Plutarque ment,
Ou bien ils ont du jugement.
Ce n'est pas tout, je dis sornettes,
Je dégoise des chansonnettes,
Et vous dis qu'avec grand effort,
La nature pâtit très-fort :
Je suis si plein que je regorge.
Si une fois je rends ma gorge,
Esclatant ainsi qu'un petard,
On dira : Le diable y ait part.
Voilà comme le temps je passe.
Si je suis las, je me délasse,
J'écris, je lis, je mange et boy,
Plus heureux cent fois que le Roy
(Je ne dis pas le roy de France),
Si je n'estois court de finance.

Or, pour finir, voilà comment
Je m'entretiens bisarrement.
Et prenez-moy les plus extremes
En sagesse ils vivent de mesmes,
N'estant l'humain entendement
Qu'une grotesque seulement.
Vuidant les bouteilles cassées,
Je m'embarasse en mes pensées;
Et quand j'y suis bien embrouillé,
Je me couvre d'un sac mouillé.
Faute de papier, *bona sere*,
Qui a de l'argent si le serre.
Votre serviteur à jamais,
Maistre Janin du Pont-Alais.

ELEGIE

L'homme s'oppose en vain contre la destinée:
Tel a domté sur mer la tempeste obstinée,
Qui, deceu dans le port, esprouve en un instant
Des accidens humains le revers inconstant,
Qui le jette au danger lors que moins il y pense.
Ores à mes depens j'en fais l'experience :
Moy qui, tremblant encor du naufrage passé,
Du bris de mon navire au rivage amassé
Bastissois un autel aux dieux legers des ondes,
Jurant mesme la mer et ses vagues profondes,
Instruit à mes dépens et prudent au danger,
Que je me garderois de croire de leger,
Sçachant qu'injustement il se plaint de l'orage,
Qui, remontant sur mer, fait un second naufrage ;
 Cependant ay-je à peine essuyé mes cheveux
Et payé dans le port l'offrande de mes vœux,
Que d'un nouveau desir le courant me transporte,
Et n'ay pour l'arrester la raison assez forte.
Par un destin secret mon cœur s'y voit contraint,
Et par un si doux nœud si doucement estreint,
Que, me trouvant espris d'une ardeur si parfaite,
Trop heureux en mon mal, je benis ma defaite,
Et me sens glorieux, en un si beau tourment,
De voir que ma grandeur serve si dignement.
Changement bien étrange en une amour si belle !
Moy, qui rangeois au joug la terre universelle ;

ÉLÉGIE.

Dont le nom glorieux, aux astres eslevé,
Dans le cœur des mortels par vertu s'est gravé,
Qui fis de ma valeur le hazard tributaire,
A qui rien, fors l'amour, ne put estre contraire,
Qui commande par tout, indomptable en pouvoir,
Qui sçay donner des loix, et non les recevoir,
Je me voy prisonnier aux fers d'un jeune maistre,
Où je languis esclave et fais gloire de l'estre,
Et sont à le servir tous mes vœux obligez ;
Mes palmes, mes lauriers en myrthes sont changez,
Qui, servant de trophée aux beautez que j'adore,
Font en si beau sujet que ma perte m'honore.

Vous qui dès le berceau de bon œil me voyez,
Qui du troisième ciel mes destins envoyez,
Belle et sainte planète, astre de ma naissance,
Mon bonheur plus parfait, mon heureuse influence,
Dont la douceur preside aux douces passions,
Venus, prenez pitié de mes affections ;
Soyez-moy favorable, et faites à cette heure,
Plustost que découvrir mon amour, que je meure :
Et que ma fin témoigne, en mon tourment secret,
Qu'il ne vescut jamais un amant si discret ;
Et qu'amoureux constant, en un si beau martyre
Mon trépas seulement mon amour puisse dire.

Ha ! que la passion me fait bien discourir !
Non, non, un mal qui plaist ne fait jamais mourir.
Dieux ! que puis-je donc faire au mal qui me tour-
La patience est foible et l'amour violente ; [mente ?
Et, me voulant contraindre en si grande rigueur,
Ma plainte se dérobe et m'échape du cœur.
Semblable à cet enfant que la mère en colère
Après un châtiment veut forcer à se taire :
Il s'efforce de crainte à ne point soupirer,
A grand peine ose-t-il son haleine tirer :
Mais nonobstant l'effort, dolent en son courage,

Les sanglots, à la fin, debouchent le passage ;
S'abandonnant aux cris, ses yeux fondent en pleurs,
Et faut que son respect défère à ses douleurs.
De mesme je m'efforce au tourment qui me tue :
En vain de le cacher mon respect s'évertue :
Mon mal, comme un torrent pour un temps retenu
Renversant tout obstacle, est plus fier devenu,
  Or, puis que ma douleur n'a pouvoir de se taire
Et qu'il n'est ni desert ni rocher solitaire
A qui de mon secret je m'osasse fier,
Et que jusqu'à ce point je me dois oublier
Que de dire ma peine en mon cœur si contrainte.
À vous seule, en pleurant, j'addresse ma complainte
Aussi puisque vostre œil m'a tout seul asservy,
C'est raison que luy seul voye comme je vy ;
Qu'il voye que ma peine est d'autant plus cruelle
Que seule en l'univers je vous estime belle ;
Et si de mes discours vous entrez en courroux,
Songez qu'ils sont en moy, mais qu'ils naissent de
Et que ce seroit estre ingrate en vos defaites [vous,
Que de fermer les yeux aux playes que vous faites.
  Donc, beauté plus qu'humaine, objet de mes plai-
Delices de mes yeux et de tous mes desirs,   [sirs,
Qui regnez sur les cœurs d'une contrainte aimable,
Pardonnez à mon mal, hélas ! trop veritable ;
Et, lisant dans mon cœur que valent vos attraits,
Le pouvoir de vos yeux, la force de vos traits,
La preuve de ma foy, l'aigreur de mon martyre,
Pardonnez à mes cris de l'avoir osé dire.
Ne vous offencez point de mes justes clameurs,
Et si, mourant d'amour, je vous dis que je meurs.

STANCES

Si vostre œil tout ardent d'amour et de lumiere
De mon cœur votre esclave est la flamme premiere
Que comme un astre saint je revère à genoux,
  Pourquoy ne m'aymez-vous ?

Si vous que la beauté rend ores si superbe
Devez, comme une fleur qui flestrit dessus l'herbe,
Esprouver des saisons l'outrage et le courroux,
  Pourquoy ne m'aymez-vous ?

Voulez-vous que vostre œil en amour si fertile
Vous soit de la nature un present inutile ?
Si l'Amour comme un dieu se communique à tous,
  Pourquoy ne m'aymez-vous ?

Attendez-vous qu'un jour un regret vous saisisse ?
C'est à trop d'interests imprimer un supplice.
Mais puisque nous vivons en un âge si doux,
  Pourquoy ne m'aymez-vous ?

Si vostre grand beauté toutes beautés excelle,
Le ciel pour mon malheur ne vous fist point si belle :
S'il semble en son dessein avoir pitié de nous,
  Pourquoy ne m'aymez-vous ?

Si j'ai, pour vous aymer, ma raison offensée,
Mortellement blessé d'une flesche insensée,

Sage en ce seul esgard que j'en benys les coups,
    Pourquoy ne m'aymez-vous?

La douleur, m'estrangeant de toute compagnie,
De mes jours malheureux a la clarté bannie;
Et si dans ce malheur pour vous je me résous,
    Pourquoy ne m'aymez-vous?

Fasse le ciel qu'enfin vous puissiez recognoistre
Que mon mal a de vous son essence et son estre.
Mais, Dieu! puisqu'il est vray, yeux qui m'estes si
    Pourquoy ne m'aymez-vous?   [doux,

COMPLAINTE

STANCES

Vous qui violentez nos volontez subjettes,
Oyez ce que je dis, voyez ce que vous faites :
Plus vous la fermerez plus ferme elle sera,
Plus vous la forcerez plus elle aura de force,
Plus vous l'amortirez plus elle aura d'amorce,
Plus elle endurera plus elle durera.

Cachez-la, serrez-la, tenez-la bien contraincte,
L'attache de nos cœurs d'une amoureuse estraincte
Nous couple beaucoup plus qu'elle ne nous desjoinct;
Nos corps sont desunis, nos ames enlacées,
Nos corps sont separés et non point nos pensées :
Nous sommes desunis et ne le sommes point.

Vous me faictes tirer profit de mon dommage ;
En croissant mon tourment vous croissez mon cou-
En me faisant du mal vous me faictes du bien ; [rage ;
Vous me rendez content me rendant miserable ;
Sans vous estre obligé je vous suis redevable ;
Vous me faictes beaucoup et ne me faictes rien.

Ce n'est pas le moyen de me pouvoir distraire :
L'ennemi se rend fort voyant son adversaire ;
Au fort de mon malheur je me roidis plus fort.
Je mesure mes maux avecques ma constance ;
J'ai de la passion et de la patience ;
Je vis jusqu'à la mort, j'aime jusqu'à la mort.

Bandez-vous contre moi : que tout me soit con-
  traire :
Tous vos efforts sont vains ; et que pouvez-vous faire ?
Je sens moins de rigueur que je n'ai de vigueur.
Comme l'or se rafine au milieu de la flamme,
Je despite ce feu où j'épure mon âme,
Et vais contre-carrant ma force et ma langueur.

Le palmier genereux, d'une constante gloire
Tousjours s'opiniastre à gagner la victoire ;
Qui ne se rend jamais à la mercy du poids,
Le poids le fait plus fort, et l'effort le renforce,
Et surchargeant sa charge on renforce sa force.
Il esleve le faix en eslevant son bois.

Et le fer refrappé sous les mains résonnantes
Deffie des marteaux les secousses battantes,
Est battu, combattu et non pas abattu ;
Ne craint beaucoup le coup, se rend impenetrable,
Se rend, en endurant, plus fort et plus durable ;
Et les coups redoublés redoublent sa vertu.

Par le contraire vent en soufflantes bouffées
Le feu va ratisant ses ardeurs étouffées :
Il bruit au bruit du vent, souffle au soufflet venteux,
Murmure, gronde, craque à longues hallenées ;
Il tonne, estonne tout de flammes entonnées :
Ce vent disputé bouffe et bouffit despiteux.

Le faix, le coup, le vent, roidit, durcit, embraze
L'arbre, le fer, le feu par antiperistaze.
On me charge, on me bat, on m'esvente souvent ;
Roidissant, durcissant et bruslant en mon ame,
Je fais comme la palme et le fer et la flamme
Qui despite le faix et le coup et le vent.

Le faix de mes travaux eslève ma constance,
Le coup de mes malheurs endurcit ma souffrance,
Le vent de ma fortune attise mes desirs.
Toi pour qui je pastis, subject de mon attente,
O ame de mon ame, sois contente et constante,
Et, joyeuse, jouis de mes tristes plaisirs.

Nos deux corps sont à toy : je ne suis plus que d'ombre ;
Nos ames sont à toy : je ne sers que de nombre :
Las ! puisque tu es tout et que je ne suis rien,
Je n'ay rien en t'ayant, ou j'ay tout au contraire.
Avoir et rien et tout, comme se peut-il faire ?
C'est que j'ay tous les maux et je n'ay point de bien.

J'ay un ciel de desirs, un monde de tristesse,
Un univers de maux, mille feux de détresse :
J'ay un ciel de sanglots et une mer de pleurs ;
J'ay mille jours d'ennuy, mille jours de disgrace,
Un printemps d'esperance et un hiver de glace,
De souspirs un automne, un esté de chaleurs.

Clair soleil de mes yeux, si je n'ay ta lumière,
Une aveugle nuée évite ma paupière,
Une pluye de pleurs decoule de mes yeux.
Les clairs éclairs d'Amour, les esclats de son foudre
Entrefendent mes nuicts et m'écrasent en poudre :
Quand j'entonne mes cris lors j'étonne les cieux.

Vous qui lisez ces vers, larmoyez tous mes larmes :
Souspirez mes soupirs, vous qui lisez mes carmes :
Car vos pleurs et mes pleurs amortiront mes feux :
Vos souspirs, mes souspirs animeront ma flamme ;
Le feu s'esteint de l'eau et le souffle l'enflamme.
Pleurez, pleurez toujours et ne souspirez plus.

Tout moite, tout venteux, je pleure, je souspire
Pour, esteignant mon feu, amortir le martyre :
Mais l'humeur est trop loing et le souffle trop près.
Le feu s'esteint soudain, soudain il se renflamme.
Si les eaux de mes pleurs amortissent ma flamme,
Les vents de mes desirs les tarissent après.

La froide salamandre, au chaud antipathique,
Met parmy le brasier sa froideur en pratique
Et la bruslante ardeur n'y nuit que point ou peu.
Je dure dans le feu comme la salamandre ;
Le chaud ne la consomme et ne me met en cendre ;
Elle ne craint la flamme et je ne crains le feu.

Mais elle est sans le mal et moy sans le remède.
Moi extrêmement chaud, elle extrêmement froide :
Si je porte mon feu elle porte son glas ;
Loing ou près de la flamme elle ne craint la flamme,
Où près ou loing du feu j'ay du feu dans mon ame ;
Elle amortit son feu, moi je ne l'esteins pas.

Belle ame de mon corps, bel esprit de mon ame,
Flamme de mon esprit et chaleur de ma flamme,
J'ennuie tous les vifs, j'ennuie tous les morts.
Ma vie, si tu veux, ne peut estre ravie,
Veu que ta vie est plus la vie de ma vie
Que ma vie n'est pas la vie de mon corps.

Je vis par et pour toy ainsi que pour moy-mesme;
Tu vis par et pour toy ainsi que pour toy-mesme :
Nous n'avons qu'une vie et n'avons qu'un trespas.
Je ne veux pas ta mort, je desire la mienne;
Mais ma mort est ta mort, et ma vie est la tienne;
Aussi je veux mourir et je ne le veux pas.

STANCES POUR LA BELLE CLORIS

Cloris, le bien qui m'importune
Ne change ma condition :
Le changement de ma fortune
Ne finit pas ma passion.

Mon amour est trop legitime
Pour se rendre à ce changement,
Et vous quitter seroit un crime
Digne d'un cruel chatiment.

Vous avez dessus moy, Madame,
Un pouvoir approuvé du temps;
Car les vœux que j'ay dans mon ame
Servent d'exemple aux plus contents.

Quelque force dont on essaye
D'assujettir ma volonté,
Je bénirai toujours la playe
Que je sens par votre beauté.

Je veux que mon amour fidelle
Vous oblige autant à m'aymer
Comme la qualité de belle
Vous faict ici-bas estimer.

Mon âme à vos fers asservie,
Et par amour et par raison,
Ne peut consentir que ma vie
Sorte jamais de sa prison.

N'adorant ainsi que vos chaisnes
Je me plais si fort en ce lien,
Qu'il semble que parmy mes peines
Mon âme gouste quelque bien.

Vos vœux, où mon âme se fonde,
Me seront à jamais si chers
Que mes vœux seront en ce monde
Aussi fermes que des rochers.

Ne croyez donc pas que je laisse
Vostre prison qui me retient,
Car jamais un effet ne cesse
Tant que la cause le maintient.

PLAINTE

En quel obscur séjour le ciel m'a-t-il réduit ?
Mes beaux jours sont voilez d'une effroyable nuit,
Et dans un mesme instant, comme l'herbe fauchée,
    Ma jeunesse est seichée.

    Mes discours sont changez en funèbres regrets,
Et mon ame d'ennuis est si fort éperdue,
Qu'ayant perdu ma dame en ces tristes forests,
Je crie, et ne sçay point ce qu'elle est devenue.

    O bois ! ô prez ! ô monts ! qui me fustes jadis,
En l'avril de mes jours, un heureux paradis,
Quand de mille douceurs la faveur de ma dame
    Entretenoit mon ame ;

    Or' que la triste absence, en l'enfer où je suis,
D'un piteux souvenir me tourmente et me tue ;
Pour consoler mon mal et flatter mes ennuis,
Hélas ! répondez-moi, qu'est-elle devenue ?

    Où sont ces deux beaux yeux ? que sont-ils devenus,
Où sont tant de beautez, d'Amours et de Vénus
Qui regnoient dans sa veue, ainsi que dans mes veine,
    Les soucis et les peines ?

    Hélas ! fille de l'air, qui sens ainsi que moy
Dans les prisons d'Amour ton ame detenue,
Compagne de mon mal, assiste mon émoy,
Et réponds à mes cris, qu'est-elle devenue ?

Je voy bien, en ce lieu triste et desesperé
Du naufrage d'Amour ce qui m'est demeuré,
Et, bien que loin d'icy le destin l'ait guidée,
    Je m'en forme l'idée.

Je voy dedans ces fleurs les tresors de son teint,
La fierté de son ame en la mer toute esmeue :
Tout ce qu'on voit icy vivement me la peint :
Mais il ne me peint pas ce qu'elle est devenue.

Las ! voici bien l'endroit où premier je la vy,
Où mon cœur, de ses yeux si doucement ravy,
Rejettant tout respect, découvrit à la belle
    Son amitié fidelle.

Je revoy bien le lieu, mais je ne revoy pas
La reyne de mon cœur, qu'en ce lieu j'ai perdue,
O bois ! ô prés ! ô monts ! ses fideles esbats,
Helas ! repondez-moy, qu'est-elle devenue ?

Durant que son bel œil ces lieux embellissoit,
L'agreable printemps sous ses pieds florissoit,
Tout rioit auprès d'elle, et la terre parée
    Estoit enamourée.

Ores que le malheur nous en a sçeu priver,
Mes yeux, tousjours mouillez d'une humeur continue,
Ont changé leurs saisons en la saison d'hyver,
N'ayant sceu découvrir ce qu'elle est devenue.

Mais quel lieu fortuné si longtemps la retient ?
Le soleil qui s'absente au matin nous revient,
Et par un tour reglé sa chevelure blonde
    Eclaire tout le monde.

Si-tost que sa lumière à mes yeux se perdit,
Elle est comme un esclair pour jamais disparue;
Et quoy que j'aye fait, malheureux et maudit,
Je n'ay peu descouvrir ce qu'elle est devenue.

 Mais, Dieux! j'ay beau me plaindre, et tousjours souspirer,
J'ay beau de mes deux yeux deux fontaines tirer,
J'ay beau mourir d'amour et de regret pour elle :
  Chacun me la recelle.

 O bois! ô prez! ô monts! ô vous qui la cachez,
Et qui contre mon gré l'avez tant retenue,
Si jamais de pitié vous vous vistes touchez,
Hélas! répondez-moi, qu'est-elle devenue?

 Fut-il jamais mortel si malheureux que moy?
Je lis mon infortune en tout ce que je voy;
Tout figure ma perte, et le ciel et la terre
  A l'envy me font guerre.

 Le regret du passé cruellement me point,
Et rend l'objet present ma douleur plus aigue :
Mais las! mon plus grand mal est de ne sçavoir point,
Entre tant de malheurs, ce qu'elle est devenue.

 Ainsi de toutes parts je me sens assaillir;
Et, voyant que l'espoir commence à me faillir,
Ma douleur se rengrège, et mon cruel martyre
  S'augmente et devient pire.

 Et si quelque plaisir s'offre devant mes yeux
Qui pense consoler ma raison abbatue,
Il m'afflige, et le Ciel me serait odieux
Si là-haut j'ignorois ce qu'elle est devenue.

Gesné de tant d'ennuis, je m'étonne comment,
Environné d'Amour et du fascheux tourment
Qu'entre tant de regrets son absence me livre,
  Mon esprit a pu vivre.

Le bien que j'ay perdu me va tyrannisant,
De mes plaisirs passez mon ame est combatue;
Et ce qui rend mon mal plus aigre et plus cuisant,
C'est qu'on ne peut sçavoir ce qu'elle est devenue.

Et ce cruel penser qui sans cesse me suit,
Du trait de sa beauté me pique jour et nuit,
Me gravant en l'esprit la miserable histoire
  D'une si courte gloire.

Et ces biens qu'en mes maux encor il me faut voir
Rendroient d'un peu d'espoir mon âme entretenue,
Et m'y consolerois, si je pouvois sçavoir
Ce qu'ils sont devenus, ce qu'elle est devenue.

Plaisirs si tost perdus, helas! où estes-vous?
Et vous, chers entretiens qui me sembliez si doux,
Où estes-vous allez? hé, où s'est retirée
  Ma belle Cytherée?

Ha! triste souvenir d'un bien si-tost passé!
Las! pourquoy ne la voy-je, ou pourquoy l'ay-je [veue;
Ou pourquoy mon esprit, d'angoisses oppressé,
Ne peut-il découvrir ce qu'elle est devenue?

En vain, hélas! en vain la vas-tu dépeignant
Pour flatter ma douleur, si le regret poignant
De m'en voir séparé d'autant plus me tourmente
  Qu'on me la représente.

Seulement au sommeil j'ai du contentement,
Qui la fait voir présente à mes yeux toute nue,
Et chatouille mon mal d'un faux ressentiment;
Mais il ne me dit pas ce qu'elle est devenue.

Encor ce bien m'afflige, il n'y faut plus songer;
C'est se paistre du vent, que la nuit s'alléger
D'un mal qui tout le jour me poursuit et m'outrage
  D'une impiteuse rage.

Retenu dans des nœuds qu'on ne peut délier,
Il faut, privé d'espoir, que mon cœur s'évertue
Ou de mourir bien-tost, ou bien de l'oublier,
Puisqu'on ne peut sçavoir ce qu'elle est devenue.

Comment, que je l'oublie! Ha! Dieux! je ne le puis.
L'oubly n'efface point les amoureux ennuis
Que ce cruel tyran a gravez dans mon ame
  En des lettres de flame.

Il me faut par la mort finir tant de douleurs.
Ayons donc à ce point l'ame bien resolue,
Et, finissant nos jours, finissons nos malheurs,
Puisqu'on ne peut sçavoir ce qu'elle est devenue.

Adieu donc, clairs soleils, si divins et si beaux,
Adieu l'honneur sacré des forests et des eaux,
Adieu monts, adieu prez, adieu campagne verte,
  De vos beautez deserte.

Las! recevez mon ame en ce dernier adieu.
Puisque de mon malheur ma fortune est vaincue,
Miserable amoureux, je vay quitter ce lieu,
Pour sçavoir aux enfers ce qu'elle est devenue.

Ainsi dit Amiante, alors que de sa voix
Il entama les cœurs des rochers et des bois,
Pleurant et soupirant la perte d'Yacée,
    L'object de sa pensée.

Afin de la trouver il s'encourt au trépas,
Et, comme sa vigueur peu à peu diminue,
Son ombre pleure et crie en descendant là-bas :
« Esprits, hé! dites-moy, qu'est-elle devenue ? »

STANCES

Quand sur moy je jette les yeux,
A trente ans me voyant tout vieux,
Mon cœur de frayeur diminue :
Estant vieilli dans un moment,
Je ne puis dire seulement
Que ma jeunesse est devenue.

Du berceau courant au cercueil,
Le jour se dérobe à mon œil,
Mes sens troublez s'évanouissent.
Les hommes sont comme des fleurs,
Qui naissent et vivent en pleurs,
Et d'heure en heure se fanissent.

Leur age à l'instant écoulé,
Comme un trait qui s'est envolé,

Ne laisse après soy nulle marque ;
Et leur nom si fameux icy,
Si-tost qu'ils sont morts meurt aussi,
Du pauvre autant que du monarque.

N'agueres, verd, sain et puissant,
Comme un aubespin florissant,
Mon printemps estoit délectable.
Les plaisirs logeoient en mon sein ;
Et lors estoit tout mon dessein
Du jeu d'Amour et de la table.

Mais, las ! mon sort est bien tourné ;
Mon age en un rien s'est borné,
Foible languit mon esperance :
En une nuit, à mon malheur,
De la joye et de la douleur
J'ay bien appris la difference !

La douleur aux traits veneneux,
Comme d'un habit épineux
Me ceint d'une horrible torture.
Mes beaux jours sont changés en nuits ;
Et mon cœur tout flestri d'ennuis
N'attend plus que la sepulture.

Enyvré de cent maux divers,
Je chancelle et vay de travers,
Tant mon âme en regorge pleine :
J'en ay l'esprit tout hebêté,
Et si peu qui m'en est resté,
Encor me fait-il de la peine.

La memoire du temps passé,
Que j'ay folement depencé,

Espand du fiel en mes ulcères ;
Si peu que j'ay de jugement,
Semble animer mon sentiment,
Me rendant plus vif aux misères.

Ha! pitoyable souvenir !
Enfin, que dois-je devenir ?
Où se reduira ma constance ?
Estant ja défailly de cœur,
Qui me donra de la vigueur,
Pour durer en la penitence ?

Qu'est-ce de moy! foible est ma main,
Mon courage, hélas! est humain,
Je ne suis de fer ny de pierre.
En mes maux montre-toy plus doux ;
Seigneur ; aux traits de ton couroux
Je suis plus fragile que verre.

Je ne suis à tes yeux sinon
Qu'un festu sans force et sans nom,
Qu'un hibou qui n'ose paroistre ;
Qu'un fantosme icy bas errant,
Qu'une orde escume de torrent,
Qui semble fondre avant que naistre,

Où toy, tu peux faire trembler
L'univers, et desassembler
Du firmament le riche ouvrage ;
Tarir les flots audacieux,
Ou, les élevant jusqu'aux cieux,
Faire de la terre un naufrage.

Le soleil fléchit devant toy,
De toy les astres prennent loy,

Tout fait joug dessous ta parole,
Et cependant tu vas dardant
Dessus moy ton courroux ardent,
Qui ne suis qu'un bourrier qui vole.

Mais quoy ! si je suis imparfait,
Pour me defaire m'as-tu fait ?
Ne sois aux pécheurs si sevère.
Je suis homme, et toi Dieu clement :
Sois donc plus doux au châtiment,
Et punis les tiens comme père.

J'ai l'œil scellé d'un sceau de fer ;
Et déjà les portes d'enfer
Semblent s'entr'ouvrir pour me prendre :
Mais encore, par ta bonté,
Si tu m'as osté la santé,
O seigneur ! tu me la peux rendre.

Le tronc de branches devestu,
Par une secrette vertu
Se rendant fertile en sa perte,
De rejettons espère un jour
Ombrager les lieux d'alentour,
Reprenant sa perruque verte.

Où l'homme, en la fosse couché,
Après que la mort l'a touché
Le cœur est mort comme l'escorce ;
Encor l'eau reverdit le bois,
Mais, l'homme estant mort une fois,
Les pleurs pour luy n'ont plus de force.

ODE

Jamais ne pourray-je bannir
Hors de moy l'ingrat souvenir
De ma gloire si tost passée ?
Tousjours, pour nourrir mon soucy,
Amour, cet enfant sans mercy,
L'offrira-t-il à ma pensée ?

Tyran implacable des cœurs,
De combien d'amères langueurs
As-tu touché ma fantasie ?
De quels maux m'as-tu tourmenté,
Et dans mon esprit agité
Que n'a point fait la jalousie ?

Mes yeux, aux pleurs accoutumez,
Du sommeil n'estoient plus fermez ;
Mon cœur frémissoit sous la peine ;
A veu' d'œil mon teint jaunissoit,
Et ma bouche, qui gémissoit,
De souspirs estoit toujours pleine.

Aux caprices abandonné,
J'errois d'un esprit forcené ;
La raison cedant à la rage,
Mes sens, des desirs emportez,
Flottoient confus de tous costez,
Comme un vaisseau parmy l'orage.

Blasphémant la terre et les cieux,
Mesmes je m'estois odieux,

Tant la fureur troubloit mon âme :
Et bien que mon sang amassé
Autour de mon cœur fust glacé,
Mes propos n'estoient que de flame.

Pensif, frenetique et resvant,
L'esprit troublé, la teste au vent,
L'œil hagard, le visage blesme,
Tu me fis tous maux éprouver,
Et, sans jamais me retrouver,
Je m'allois cherchant en moy-mesme.

Cependant, lorsque je voulois,
Par raison enfraindre tes loix,
Rendant ma flame refroidie,
Pleurant, j'accusay ma raison,
Et trouvay que la guerison
Est pire que la maladie.

Un regret pensif et confus
D'avoir esté et n'estre plus
Rend mon ame aux douleurs ouverte ;
A mes despens, las ! je voy bien
Qu'un bon-heur comme estoit le mien
Ne se connoist que par la perte.

POUR M. LE DAUPHIN

Delos flottant sur l'onde s'agitoit
Ains que Phebus en elle eust pris naissance ;
Ainsy la France en l'orage flottoit
Lorsque naquit un soleil à la France.

Sainte Latonne, ardent but de nos vœux,
Par ta vertu si chaste et si feconde,
Pour assurer la terre à ses nepveux,
De petits dieux tu repeuples le monde,
Et, relevant notre empire abattu,
Tu le remets en sa base si ferme,
Qu'estant sans fin, ainsi que ta vertu
Il n'est du Ciel limité d'aucun terme.

SONNET

SUR LA MORT DE M. RAPIN

Passant, cy gist Rapin, la gloire de son âge,
Superbe honneur de Pinde et de ses beaux secrets,
Qui, vivant, surpassa les Latins et les Grecs,
Soit en profond sçavoir ou douceur de langage.

Eternisant son nom avecq' maint haut ouvrage,
Au futur il laissa mille poignants regrets
De ne pouvoir attaindre, ou de loin ou de près,
Au but où le porta l'estude et le courage.

On dit, et je le croy, qu'Apollon fut jaloux,
Le voyant comme un Dieu reveré parmi nous,
Et qu'il mist de rancœur si-tost fin à sa vie.

Considere, passant, quel il fust icy-bas,
Puisque sur sa vertu les dieux eurent envie,
Et que tous les humains y pleurent son trespas.

DIALOGUE

CLORIS ET PHILIS

CLORIS.

Philis, œil de mon cœur et moitié de moy-mesme,
Mon amour, qui te rend le visage si blesme?
Quels sanglots, quels soupirs, quelles nouvelles pleurs,
Noyent de tes beautez les graces et les fleurs?

PHILIS.

Ma douleur est si grande, et si grand mon martyre,
Qu'il ne se peut, Cloris, ny comprendre ny dire.

CLORIS.

Ces maintiens égarez, ces pensers esperdus,
Ces regrets et ces cris par ces bois espandus,
Ces regards languissans, en leurs flammes discrettes,
Me sont de ton amour les paroles secrettes.

PHILIS.

Ha! Dieu, qu'un divers mal diversement me point!
J'ayme, hélas! Non, Cloris, non, non, je n'ayme point.

CLORIS.

La honte ainsi dément ce que l'amour décelle:
La flame de ton cœur par tes yeux estincelle,
Et ton silence mesme, en ce profond malheur,
N'est que trop éloquent à dire ta douleur.
Tout parle en ton visage; et, te voulant contraindre,
L'amour vient, malgré toi, sur ta lèvre se plaindre;
Pourquoy veux-tu, Philis, aymant comme tu fais,
Que l'amour se démente en ses propres effets?

Ne sçais-tu que ces pleurs, que ces douces œillades,
Ces yeux, qui se mourant font les autres malades,
Sont théâtres du cœur, où l'amour vient jouer
Les pensers que la bouche a honte d'avouer?
N'en fais donc point la fine, et vainement ne cache
Ce qu'il faut, malgré toy, que tout le monde sçache,
Puisque le feu d'amour, dont tu veux triompher,
Se montre d'autant plus qu'on le pense étouffer.
L'Amour est un enfant nud, sans fard et sans crainte,
Qui se plaist qu'on le voye, et qui fuit la contrainte.
Force donc tout respect, ma chere fille, et croy
Que chacun est sujet à l'Amour comme toy.
En jeunesse j'aymay, ta mere fit de mesme,
Licandre aima Lisis, et Félisque Philesme;
Et si l'âge esteignit leur vie et leurs soupirs,
Par ces plaines encore on en sent les zéphirs.
Ces fleuves sont encor tout enflez de leurs larmes,
Et ces prez tout ravis de tant d'amoureux charmes
Encore oit-on l'Echo redire leurs chansons,
Et leurs noms sur ces bois gravez en cent façons.
Mesmes que penses-tu? Berenice la belle,
Qui semble contre Amour si fiere et si cruelle,
Me dit tout franchement en pleurant, l'autre jour,
Qu'elle estoit sans amant, mais non pas sans amour.
Telle encor qu'on me voit, j'ayme de telle sorte,
Que l'effet en est vif, si la cause en est morte.
Es cendres d'Alexis Amour nourrit le feu
Que jamais par mes pleurs éteindre je n'ay peu.
Mais comme d'un seul trait notre ame fut blessée,
S'il n'avoit qu'un desir, je n'eus qu'une pensée.

PHILIS.

Ha! n'en dis davantage,et, de grace, ne rends [grands.
Mes maux plus douloureux, ni mes ennuis plus

CLORIS.

D'où te vient le regret dont ton ame est saisie?
Est-ce infidelité, mépris ou jalousie?

PHILIS.

Ce n'est ny l'un ny l'autre, et mon mal rigoureux
Excède doublement le tourment amoureux.

CLORIS.

Mais ne peut-on savoir le mal qui te possède?

PHILIS.

A quoy serviroit-il, puisqu'il est sans remède?

CLORIS.

Volontiers les ennuis s'alégent au discours.

PHILIS.

Las! je ne veux aux miens ni pitié ni secours.

CLORIS.

La douleur que l'on cache est la plus inhumaine.

PHILIS.

Qui meurt en se taisant semble mourir sans peine

CLORIS.

Peut-estre en la disant te pourrois-je guerir.

PHILIS.

Tout remede est fâcheux alors qu'on veut mourir.

CLORIS.

Au moins avant la mort dis où le mal te touche.

PHILIS.

Le secret de mon cœur ne va point en ma bouche.

DIALOGUE.

CLORIS.

Si je ne me déçois, ce mal te vient d'aymer?

PHILIS.

Cloris, d'un double feu je me sens consumer.

CLORIS.

La douleur malgré toy la langue te dénoue.

PHILIS.

Mais faut-il, à ma honte, hélas, que je l'avoue,
Et que je die un mal pour qui jusques icy
J'eus la bouche fermée et le cœur si transy
Qu'étouffant mes souspirs, aux bois, aux prez, aux [plaines,
Je ne pûs ny n'osay discourir de mes peines?

CLORIS.

Avec toy mourront donc tes ennuis rigoureux!

PHILIS.

Mon cœur est un sépulcre honorable pour eux.

CLORIS.

Je croy lire en tes yeux quelle est ta maladie.

PHILIS.

Si tu la vois, pourquoi veux-tu que je la die?
Auray-je assez d'audace à dire ma langueur?
Ha! perdons le respect où j'ay perdu le cœur.
J'ayme, j'ayme, Cloris, et cet enfant d'Eryce,
Qui croit que c'est pour moy trop peu que d'un su- [plice,
De deux traits qu'il tira des yeux de deux amans
Cause en moy ces douleurs et ces gemissemens :
Chose encor inouie, et toutesfois non feinte,
Et dont jamais bergère à ces bois ne s'est plainte!

CLORIS.

Seroit-il bien possible ?

PHILIS.

A mon dam tu le vois.

CLORIS.

Comment! qu'on puisse aimer deux hommes à la fois!

PHILIS.

Mon malheur en ceci n'est que trop veritable ;
Mais las! il est bien grand, puisqu'il n'est pas croyable.

CLORIS.

Qui sont ces deux bergers dont ton cœur est espoint?

PHILIS.

Amynte et Philémon ; ne les connois-tu point ?

CLORIS.

Ceux qui furent blessez lors que tu fus ravie ?

PHILIS.

Ouy, ces deux dont je tiens et l'honneur et la vie.

CLORIS.

J'en sçay tout le discours; mais dy-moy seulement
Comme amour par leurs yeux charma ton jugement.

PHILIS.

Amour, tout dépité de n'avoir point de flesche
Assez forte pour faire en mon cœur une bresche,
Voulant qu'il ne fût rien dont il ne fût vainqueur,
Fit par les coups d'autruy cette playe en mon cœur:
Quand ces bergers navrez, sans vigueur et sans armes,
Tout moites de leur sang comme moy de mes larmes,
Près du satyre mort et de moy, que l'ennuy

Rendoit en apparence aussi morte que luy,
Firent voir à mes yeux, d'une piteuse sorte,
Qu'autant que leur amour leur valeur estoit forte,
Ce traître, tout couvert de sang et de pitié,
Entra dedans mon cœur sous couleur d'amitié,
Et n'y fut pas plustost que, morte, froide, et blesme,
Je cessay, toute en pleurs, d'estre plus à moy mesme;
J'oubliay père et mère et troupeaux et maison ;
Mille nouveaux desirs saisirent ma raison ;
J'erray deçà, delà, furieuse, insensée ;
De pensers en pensers s'égara ma pensée ;
Et comme la fureur estoit plus douce en moy,
Reformant mes façons, je leur donnois la loy.
J'accommodois ma grace, agençois mon visage;
Un jaloux soin de plaire excitoit mon courage ;
J'allois plus retenue et composois mes pas ;
J'apprenois à mes yeux à former des appas ;
Je voulois sembler belle, et m'esforçois à faire
Un visage qui peut également leur plaire :
Et lors qu'ils me voyoient par hazard tant soit peu,
Je frissonnois de peur, craignant qu'ils eussent veu,
Tant j'estois en amour innocemment coupable,
Quelque façon en moy qui ne fut agreable.
Ainsi, tousjours en transe, en ce nouveau soucy,
Je disois à part-moy : Las ! mon Dieu ! qu'est-cecy ?
Quel soin, qui de mon cœur s'estant rendu le maistre,
Fait que je ne suis plus ce que je soulois être ?
D'où vient que jour et nuit je n'ay point de repos,
Que mes soupirs ardens traversent mes propos ;
Que loin de la raison tout conseil je rejette ;
Que je sois sans sujet aux larmes si sujette ?
Ha ! sotte, répondois-je après en me tançant,
Non, ce n'est que pitié que ton ame ressent
De ces bergers blessez ; te fâches-tu, cruelle,
Aux doux ressentimens d'un acte si fidèle ?

Serois-tu pas ingrate en faisant autrement ?
Ainsi je me flattois en ce faux jugement,
Estimant en ma peine, aveugle et langoureuse,
Estre bien pitoyable, et non pas amoureuse.
Mais, las ! en peu de temps je connus mon erreur,
Tardive connoissance à si prompte fureur !
J'aperceus, mais trop tard, mon amour vehemente.
Les connoissant amans, je me connus amante ;
Aux rayons de leur feu, qui luit si clairement,
Helas ! je vis leur flamme et mon embrasement, [heure,
Qui, croissant par le temps, s'augmenta d'heure en
Et croistra, ç'ay-je peur, jusqu'à tant que je meure.
Depuis, de mes deux yeux le sommeil se bannit ;
La douleur de mon cœur mon visage fannit ;
Du soleil à regret la lumiere m'éclaire,
Et rien que ces bergers au cœur ne me peut plaire.
Mes flèches et mon arc me viennent à mépris,
Un choc continuel fait guerre à mes esprits,
Je suis du tout en proye à ma peine enragée,
Et pour moy comme moy toute chose est changée.
Nos champs ne sont plus beaux, ces prez ne sont plus
Ces arbres ne sont plus de feuillages couverts, [verts,
Ces ruisseaux sont troublez des larmes que je verse,
Ces fleurs n'ont plus d'émail en leur couleur diverse,
Leurs attraits si plaisans sont changez en horreur,
Et tous ces lieux maudits n'inspirent que fureur ;
Ici comme autrefois ces pastis ne fleurissent, [sent,
Comme moy de mon mal mes troupeaux s'amaigris-
Et mon chien, m'abbayant, semble me reprocher
Que j'aye ore à mépris ce qui me fust si cher.
Tout m'est à contre-cœur hormis leur souvenance.
Hélas ! je ne vis point sinon lorsque j'y pense,
Ou lors que je les vois, et que vivante en eux,
Je puise dans leurs yeux un venin amoureux.
Amour, qui pour mon mal me rend ingénieuse,

Donnant trêve à ma peine ingrate et furieuse,
Les voyant, me permet l'usage de raison,
Afin que je m'efforce après leur guerison ;
Me fait penser leurs maux ; mais las ! en vain j'essaye
Par un mesme appareil pouvoir guerir ma playe !
Je sonde de leurs coups l'étrange profondeur,
Et ne m'étonne point pour en voir la grandeur.
J'étuve de mes pleurs leurs blessures sanglantes,
Helas ! à mon malheur blessures trop blessantes,
Puisque vous me tuez, et que mourant par vous,
Je souffre en vos douleurs et languis de vos coups !

CLORIS.

Brûlent-ils comme toy d'amour demesurée ?

PHILIS.

Je ne sçay ; toutefois, j'en pense estre assurée.

CLORIS.

L'amour se persuade assez legerement.

PHILIS.

Mais ce que l'on desire on le croit aisément.

CLORIS.

Le bon amour, pourtant, n'est point sans défiance.

PHILIS.

Je te diray sur quoy j'ay fondé ma croyance :
Un jour, comme il avint qu'Amynte estant blessé,
Et qu'estant de sa playe et d'amour opressé,
Ne pouvant clorre l'œil, éveillé du martyre,
Se plaignoit en pleurant d'un mal qu'il n'osoit dire ;
Mon cœur, qui du passé, le voyant, se souvint,
A ce piteux objet toute pitié devint,

Et ne pouvant souffrir de si rudes alarmes,
S'ouvrit à la douleur, et mes deux yeux aux larmes.
Enfin comme ma voix, ondoyante à grands flots,
Eut trouvé le passage entre mille sanglots,
Me forçant en l'accez du tourment qui me grève,
J'obtins de mes douleurs à mes pleurs quelque trève.
Je me mis à chanter, et, le voyant gémir,
En chantant j'invitois ses beaux yeux à dormir,
Quand luy, tout languissant, tournant vers moy sa tes-
Qui sembloit un beau lis battu de la tempeste, [te,
Me lançant un regard qui le cœur me fendit,
D'une voix rauque et casse ainsi me répondit :
« Philis, comme veux-tu qu'absent de toy je vive ?
Ou bien qu'en te voyant, mon âme, ta captive,
Trouve, pour endormir son tourment furieux,
Une nuit de repos au jour de tes beaux yeux ? »
Alors, toute surprise en si prompte nouvelle,
Je m'enfuy de vergogne où Filémon m'apelle,
Qui, navré comme luy de pareils accidens,
Languissoit en ses maux trop vifs et trop ardens.
Moy, qu'un devoir égal à mesme soin invite,
Je m'approche de luy, ses playes je visite,
Mais, las ! en m'aprestant à ce piteux dessein,
Son beau sang, qui s'émeut, jaillit dessus mon sein ;
Tombant évanouy, toutes ses playes s'ouvrent,
Et ses yeux comme morts de nuages se couvrent.
Comme avecque mes pleurs je l'eus fais revenir,
Et me voyant sanglante en mes bras le tenir,
Me dit : « Belle Philis, si l'amour n'est un crime,
Ne méprisez le sang qu'espand cette victime.
On dit qu'estant touché de mortelle langueur,
Tout le sang se resserre et se retire au cœur :
Las ! vous estes mon cœur, où, pendant que j'expire,
Mon sang brûlé d'amour s'unit et se retire. »
Ainsi de leurs desseins je ne puis plus douter ;

Et lors, moy, que l'Amour oncques ne sçut dompter,
Je me sentis vaincue, et glisser en mon âme
De ces propos si chauds et si brûlans de flame
Un rayon amoureux qui m'enflama si bien,
Que tous mes froids dédains n'y servirent de rien.
Lors je m'en cours de honte où la fureur m'emporte,
N'ayant que la pensée et l'Amour pour escorte,
Et suis comme la biche à qui l'on a percé
Le flanc, mortellement d'un garot traversé,
Qui fuit dans les forests, et toujours avec elle
Porte sans nul espoir sa blessure mortelle.
Las ! je vay tout de mesme, et ne m'aperçois pas,
O malheur ! qu'avec moy je porte mon trépas.
Je porte le tyran qui de poison m'enyvre,
Et qui, sans me tuer, en ma mort me fait vivre.
Heureuse, sans languir si longtemps aux abbois,
Si j'en puis échapper pour mourir une fois !

CLORIS.

Si d'une mesme ardeur leur ame est enflamée,
Te plains-tu d'aymer bien, et d'estre bien aymée ?
Tu les peux voir tous deux et les favoriser.

PHILIS.

Un cœur se pourroit-il en deux parts diviser ?

CLORIS.

Pourquoy non ? c'est erreur de la simplesse humaine ;
La foy n'est plus au cœur qu'une chimere vaine ;
Tu dois, sans t'arrester à la fidélité,
Te servir des amans comme des fleurs d'esté,
Qui ne plaisent aux yeux qu'estant toutes nouvelles.
Nous avons de nature au sein doubles mammelles,
Deux oreilles, deux yeux et divers sentimens ;
Pourquoy ne pourions-nous avoir divers amans ?
Combien en connoissé-je à qui tout est de mise,

Qui changent plus souvent d'amans que de chemise ?
La grace, la beauté, la jeunesse et l'amour
Pour les femmes ne sont qu'un empire d'un jour,
Encor que d'un matin ; car, à qui bien y pense,
Le midy n'est que soin, le soir que repentance.
Puis donc qu'Amour te fait d'amans provision,
Uses de ta jeunesse et de l'occasion,
Toutes deux, comme un trait de qui l'on perd la trace
S'envolent, ne laissant qu'un regret en leur place.
Mais si ce proceder encore t'est nouveau,
Choisy lequel des deux te semble le plus beau.

PHILIS.

Ce remède ne peut à mon mal satisfaire;
Puis nature et l'Amour me défend de le faire;
En un choix si douteux s'égare mon desir:
Ils sont tous deux si beaux qu'on n'y peut que choisir.
Comment, beaux! Ha! nature, admirable en ouvrages,
Ne fit jamais deux yeux ny deux si beaux visages,
Un doux aspect qui semble aux amours convier.
L'un n'a rien qu'en beauté l'autre puisse envier;
L'un est brun, l'autre blond, et son poil qui se dore
En filets blondissans est semblable à l'Aurore,
Quand toute échevelée, à nos yeux souriant,
Elle émaille de fleurs les portes d'Orient ;
Ce teint blanc et vermeil où l'Amour rit aux Graces,
Cet œil qui fond des cœurs les rigueurs et les glaces,
Qui foudroye en regards, éblouit la raison,
Et tue, en basilic, d'amoureuse poison ;
Cette bouche si belle et si pleine de charmes,
Où l'Amour prend le miel dont il trempe ses armes ;
Ces beaux traits de discours si doux et si puissans,
Dont l'Amour par l'oreille assujettit mes sens,
A ma foible raison font telle violence,
Qu'ils tiennent mes desirs en égale balance:

Car si de l'un des deux je me veux departir,
Le ciel, non plus que moy, ne peut y consentir.
L'autre, pour estre brun, aux yeux n'a moins de flam-
Il seme en regardant du soufre dans les ames, [mes;
Donne aux cœurs aveuglez la lumière et le jour.
Ils semblent deux soleils en la sphère d'Amour:
Car si l'un est pareil à l'Aurore vermeille,
L'autre, en son teint plus brun, a la grace pareille
A l'astre de Venus qui doucement reluit
Quand le soleil tombant dans les ondes s'enfuit.
Sa taille haute et droite et d'un juste corsage
Semble un pin qui s'élève au milieu d'un bocage;
Sa bouche est de coral, où l'on voit au dedans,
Entre un plaisant souris, les perles de ses dents,
Qui respirent un air embaumé d'une haleine
Plus douce que l'œillet ny que la marjolaine.
D'un brun meslé de sang son visage se peint.
Il a le jour aux yeux et la nuit en son teint,
Où l'Amour, flamboyant entre mille estincelles,
Semble un amas brillant des estoiles plus belles,
Quand une nuit sereine avec ses bruns flambeaux
Rend le soleil jaloux en ses jours les plus beaux.
Son poil noir et retors en gros flocons ondoye,
Et, crespelu, ressemble une toison de soye.
C'est, enfin, comme l'autre, un miracle des cieux.
Mon ame pour les voir vient toute dans mes yeux,
Et, ravie en l'objet de leurs beautez extremes,
Se retrouve dans eux et se perd en soi-mesmes.
Las, ainsi je ne sçay que dire ou que penser.
De les aymer tous deux, n'est-ce les offencer?
Laisser l'un, prendre l'autre, ô Dieux! est-il possible?
Ce seroit, les aymant, un crime irrémissible.
Ils sont tous deux égaux de merite et de foy.
Las! je n'ayme rien qu'eux, ils n'ayment rien que moy.
Tous deux pour me sauver hazardèrent leur vie.

Ils ont mesme dessein, mesme amour, mesme envie.
De quelles passions me senté-je émouvoir!
L'amour, l'honneur, la foy, la pitié, le devoir,
De divers sentimens également me troublent,
Et, me pensant aider, mes angoisses redoublent.
Car si, pour essayer à mes maux quelque paix,
Par fois, oubliant l'un, en l'autre je me plais;
L'autre tout en colère à mes yeux se presente,
Et, me montrant ses coups, sa chemise sanglante,
Son amour, sa douleur, sa foy, son amitié,
Mon cœur se fend d'amour et s'ouvre à la pitié.
Las! ainsi combatue en cette étrange guerre,
Il n'est grace pour moy au ciel ni sur la terre.
Contre ce double effort débile est ma vertu.
De deux vents opposez mon cœur est combatu,
Et reste ma pauvre ame entre deux étouffée,
Miserable dépouille et funeste trophée.

POESIES SPIRITUELLES

SUR LA NATIVITÉ
DE NOSTRE SEIGNEUR

HYMNE

PAR LE COMMANDEMENT DU ROY LOUIS XIII, POUR SA MUSIQUE DE LA MESSE DE MINUIT

Pour le salut de l'univers
Aujourd'huy les cieux sont ouverts,
Et par une conduite immense
La grace descend dessus nous.
Dieu change en pitié son courroux,
Et sa justice en sa clemence.

Le vray Fils de Dieu tout-puissant,
Au fils de l'homme s'unissant
En une charité profonde,
Encor qu'il ne soit qu'un enfant,
Victorieux et triomphant,
De fers affranchit tout le monde.

Dessous sa divine vertu
Le peché languit abbatu,
Et de ses mains à vaincre expertes
Etouffant le serpent trompeur,
Il nous assure en nostre peur
Et nous donne gain de nos pertes.

Ses oracles sont accomplis,
Et ce que par tant de replis
D'âge promirent les prophètes
Aujourd'huy se finit en luy,
Qui vient consoler nostre ennuy
En ses promesses si parfaites.

Grand Roy, qui daignas en naissant
Sauver le monde perissant,
Comme père, et non comme juge,
De graces comblant nostre Roy,
Fay qu'il soit des meschans l'effroy,
Et des bons l'assuré refuge.

Qu'ainsi qu'en esté le soleil,
Il dissipe, aux rays de son œil,
Toute vapeur et tout nuage ;
Et qu'au feu de ses actions
Se dissipant les factions,
Il n'ayt rien qui lui fasse ombrage.

FIN.

SONNET

O Dieu, si mes péchez irritent ta fureur,
Contrit, morne et dolent, j'espère en ta clemence.
Si mon deuil ne suffit à purger mon offense,
Que ta grace y supplée et serve à mon erreur.

Mes esprits éperdus frissonnent de terreur,
Et, ne voyant salut que par la penitence,
Mon cœur, comme mes yeux, s'ouvre à la repentance,
Et me hay tellement que je m'en fais horreur.

Je pleure le present, le passé je regrette;
Je crains à l'avenir la faute que j'ay faite;
Dans mes rebellions je lis ton jugement.

Seigneur, dont la bonté nos injures surpasse,
Comme de pere à fils uses-en doucement.
Si j'avais moins failli, moindre serait ta grâce.

SONNET

Quand dévot vers le ciel j'ose lever les yeux,
Mon cœur ravy s'emeut, et, confus, s'émerveille.
Comment, dis-je à part moy, cette œuvre nompa-
Est-elle perceptible à l'esprit curieux ?   [reille

Cet astre, ame du monde, œil unique des cieux,
Qui travaille en repos et jamais ne sommeille,
Père immense du jour, dont la clarté vermeille
Produit, nourrit, recrée, et maintient ces bas lieux

Comment t'eblouis-tu d'une flamme mortelle,
Qui du soleil vivant n'est pas une estincelle,
Et qui n'est devant luy sinon qu'obscurité?

Mais si de voir plus outre aux mortels est loisible,
Croy bien, tu comprendras mesme l'infinité,
Et les yeux de la foi te la rendront visible.

SONNET

Cependant qu'en la croix, plein d'amour infinie,
Dieu pour nostre salut tant de maux supporta
Que par son juste sang nostre ame il racheta
Des prisons où la mort la tenait asservie,

Alteré du desir de nous rendre la vie :
J'ay soif, dit-il aux Juifs. Quelqu'un lors aporta
Du vinaigre et du fiel et le luy présenta ;
Ce que voyant sa mere en la sorte s'écrie :

Quoy, n'est-ce pas assez de donner le trepas
A celuy qui nourrit les hommes icy bas,
Sans frauder son desir d'un si piteux breuvage?

Venez, tirez mon sang de ces rouges canaux,
Ou bien prenez ces pleurs qui noyent mon visage :
Vous serez moins cruels, et j'auray moins de maux.

COMMENCEMENT

D'UN POEME SACRÉ

J'ay le cœur tout ravy d'une fureur nouvelle,
Or' qu'en un saint ouvrage un saint démon m'appelle,
Qui me donne l'audace et me fait essayer,
Un sujet qui n'a peû ma jeunesse effrayer.
 Toy, dont la Providence en merveilles profonde,
Planta dessus un rien les fondemens du monde,
Et, baillant à chaque estre et corps et mouvemens,
Sans matière donnas la forme aux elemens,
Donne forme à ma verve, inspire mon courage :
A ta gloire, ô Seigneur, j'entreprens cet ouvrage.
 Avant que le soleil eust enfanté les ans,
Que tout n'estoit qu'un rien, et que mesme le temps,
Confus, n'estoit distinct en trois diverses faces ;
Que les cieux ne tournoyent un chacun en leurs places,
Mais seulement sans temps, sans mesure et sans lieu ;
Que seul parfait en soy regnoit l'Esprit de Dieu,
Et que dans ce grand vuide, en majesté superbe,
Estoit l'Estre de l'Estre en la vertu du Verbe ;
Dieu, qui forma dans soy de tout temps l'univers,
Parla, quand à sa voix un mélange divers...

POESIES DIVERSES

LOUANGES DE MACETTE

Belle et savoureuse Macette,
Vous estes si gente et doucette,
Et avez si doux le regard,
Que si vos vertus et merites
N'estoyent en mes œuvres décrites,
Je croirois meriter la hard.

Oui, je croirois qu'on me deût pendre,
Si je ne m'efforçois de rendre,
Avec de doubles interests,
Vostre nom autant en estime
Au mont des Muses, par ma rime,
Comme il l'est dans les cabarets.

Puis vostre amour, qui s'abandonne,
Ne refusa jamais personne,
Tant elle est douce à l'amitié.
Aucun respect ne vous retarde :
Et fût-il crieur de moutarde,
Vous en avez toûjours pitié.

Vostre poil, que le temps ne change,
Est aussi doré qu'une orange
Et plus qu'un chardon frisotté ;
Et vostre tresse non confuse
Semble à ces mesches d'arquebuse
Qu'un cadet porte à son costé.

Vostre face est plus reluisante
Que n'est une table d'attente
Où l'on assiet de la couleur ;
Et vostre œil a telle étincelle,
Que le soleil n'est, auprès d'elle,
Qu'un cierge de la Chandeleur.

La Muse, autour de vostre bouche
Volant ainsi comme une mouche,
De miel vous embrène le bec,
Et vos paroles nompareilles
Resonnent doux à nos oreilles
Comme les cordes d'un rebec.

Les Graces, d'amour eschauffées,
Nuds pieds, sans juppes, décoiffées,
Se tiennent toutes par la main,
Et d'une façon sadinette
Se branslent à l'escarpolette,
Sur les ondes de vostre sein.

Vénus autour de vos œillades
En cotte fait mille gambades,
Et les Amours, comme poussins,
Ou comme oysons hors de la mue
Qui ont mangé de la cigue,
Semblent dancer les matassins.

Votre œil, chaud à la picorée,
L'esbat de Vénus la dorée,
Ne laisse rien passer sans flus ;
Et vostre mine de poupée
Prend les esprits à la pipée
Et les appetis à la glus.

Je ne m'étonne donc, Macette,
Estant si gente et si doucette,
Vostre œil si saint et si divin,
Si vous avez tant de pratique,
Et s'il n'est courtaut de boutique
Qui chez vous ne prenne du vin.

Car, sans nulle misericorde,
Je serois digne de la corde,
Si d'un caprice fantastic
Je n'allois chantant vos louanges,
Priant Dieu, les saints, et les anges,
Qu'ils vous conservent au public.

Ce n'est pas pourtant qu'il me chaille,
Que chez vous la vendange faille ;
Mais je craindrois d'oresnavant
Que vostre vin, qui se disperse,
Veu le long temps qu'il est en perce,
Se sentist un peu de l'évent.

ODE

SUR UNE VIEILLE MAQUERELLE

Esprit errant, ame idolastre,
Corps verolé couvert d'emplastre,
Aveuglé d'un lascif bandeau ;
Grande nymphe à la harlequine,

Qui s'est brisé toute l'eschine
Dessus le pavé du bordeau ;

Dy-moy pourquoy, vieille maudite,
Des rufiens la calamite,
As-tu si-tost quitté l'enfer ?
Vieille à nos maux si preparée,
Tu nous ravis l'age dorée,
Nous ramenant celle de fer.

Retourne donc, ame sorcière,
Des enfers estre la portière ;
Pars et t'en va sans nul delay
Suivre ta noire destinée,
Te sauvant par la cheminée,
Sur ton espaule un vieux balay.

Je veux que par-tout on t'appelle
Louve, chienne et ourse cruelle,
Tant deçà que delà les monts ;
Je veux de plus qu'on y ajoute :
« Voilà le grand diable qui joute
Contre l'enfer et les démons. »

Je veux qu'on crie emmy la rue :
« Peuple, gardez-vous de la grue
Qui destruit tous les esguillons, »
Demandant si c'est aventure,
Ou bien un effect de nature,
Que d'accoucher des ardillons.

De cent clous elle fut formée,
Et puis, pour en estre animée,
On la frotta de vif-argent :
Le fer fut première matière ;

Mais meilleure en fut la dernière,
Qui fist son cul si diligent.

Depuis, honorant son lignage,
Elle fit voir un beau menage
D'ordure et d'impudicitez ;
Et puis, par l'excès de ses flames,
Elle a produit filles et femmes
Au champ de ses lubricitez.

De moy tu n'auras paix ny tresve
Que je ne t'aye veue en Gresve
La peau passée en maroquin,
Les os brisez, la chair meurtrie,
Preste à porter à la voirie,
Et mise au fond d'un mannequin.

Tu merites bien davantage,
Serpent dont le maudit langage
Nous perd un autre paradis :
Car tu changes le diable en ange,
Nostre vie en la mort tu change ;
Croyant cela que tu nous dis.

Ha dieux ! que je te verray souple,
Lorsque le bourreau couple à couple
Ensemble pendra tes putains !
Car alors tu diras au monde
Que malheureux est qui se fonde
Dessus l'espoir de ses desseins.

Vieille sans dent, grande hallebarde,
Vieux baril à mettre moutarde,
Grand morion, vieux pot cassé,
Plaque de lict, corne à lanterne,

Manche de lut, corps de guiterne,
Que n'es-tu desjà *in pace!*

Vous tous qui, malins de nature,
En desirez voir la peinture,
Allez-vous-en chez le bourreau ;
Car s'il n'est touché d'inconstance,
Il la fait voir à la potence,
Ou dans la salle du bordeau.

DISCOURS
D'UNE VIEILLE MAQUERELLE

Depuis que je vous ay quitté
Je m'en suis allé despité,
Voire aussi remply de colere
Qu'un voleur qu'on mene en gallère,
Dans un lieu de mauvais renom,
Où jamais femme n'a dict non ;
Et là je ne vis que l'hostesse,
Ce qui redoubla ma tristesse,
Mon amy, car j'avois pour lors
Beaucoup de graine dans le corps.
Ceste vielle, branlant la teste,
Me dit : Excusez, c'est la feste
Qui fait que l'on ne trouve rien ;
Car tout le monde est Jean de bien,

Et si j'ay promis en mon ame
Qu'à ce jour, pour n'entrer en blasme,
Ce peché ne seroit commis ;
Mais vous estes de nos amis,
Parmanenda je vous le jure :
Il faut, pour ne vous faire injure,
Après mesme avoir eu le soing
De venir chez nous de si loing,
Que ma chambriere j'envoye
Jusques à l'Escu de Savoye :
Là, mon amy, tout d'un plein saut,
On trouvera ce qu'il vous faut.
Que j'ayme les hommes de plume !
Quand je les voy mon cœur s'allume.
Autrefois j'ay parlé latin.
Discourons un peu du destin :
Peut-il forcer les professies ?
Les pourceaux ont-ils deux vessies ?
Dites-nous quel auteur escrit
La naissance de l'Antechrist.
O le grand homme que Virgille !
Il me souvient de l'Évangile
Que le prestre a dit aujourd'huy.
Mais vous prenez beaucoup d'ennuy !
Ma servante est un peu tardive ;
Si faut-il vrayment qu'elle arrive
Dans un bon quart d'heure d'icy :
Elle m'en fait tousjours ainsi.
En attendant prenez un siége;
Vos escarpins n'ont point de liége !
Vostre collet fait un beau tour !
A la guerre de Montcontour
On ne portoit point de rotonde.
Vous ne voulez pas qu'on vous tonde ?
Les choses grands sont de saison.

Je fus autrefois de maison,
Docte, bien parlante et habille
Autant que fille de la ville :
Je me faisois bien decroter ;
Et nul ne m'entendoit peter
Que ce ne fust dedans ma chambre.
J'avois tousjours un collier d'ambre,
Des gands neufs, mes soulliers noircis ;
J'eusse peu captiver Narcis.
Mais hélas ! estant ainsi belle,
Je ne fus pas longtemps pucelle
Un chevalier d'autorité
Achepta ma virginité ;
Et depuis, avec une drogue,
Ma mère, qui faisoit la rogue
Quand on me parloit de cela,
En trois jours me repucela.
J'estois faicte à son badinage.
Après, pour servir au ménage
Un prelat me voulut avoir :
Son argent me mit en devoir
De le servir et de luy plaire :
Toute chose requiert salaire.
Puis après, voyant en effect
Mon pucelage tout refait,
Ma mere, en son mestier sçavante,
Me mit une autre fois en vente ;
Si bien qu'un jeune tresorier
Fut le troisième adventurier
Qui fit bouillir nostre marmite.
J'appris autrefois d'un hermite
Tenu pour un sçavant parleur
Qu'on peut desrober un voleur
Sans se charger la conscience.
Dieu m'a donné ceste science.

Cest homme, aussi riche que laid,
Me fit espouser son vallet,
Un homme qui se nommoit Blaise.
Je ne fus onc tant à mon aise
Qu'à l'heure que ce gros manant
Alloit les restes butinant,
Non pas seulement de son maistre,
Mais du chevalier et du prestre.
De ce costé j'eus mille frans;
Et j'avois jà, depuis deux ans,
Avec ma petite pratique,
Gagné de quoy lever boutique
De tavernier à Montlhéry,
Où nasquit mon pauvre mary.
Hélas! que c'estoit un bon homme!
Il avoit esté jusqu'à Rome;
Il chantoit comme un rossignol;
Il sçavoit parler espagnol.
Il ne recevoit point d'escornes,
Car il ne portoit pas les cornes
Depuis qu'aveeques lui je fus.
Il avoit les membres touffus:
Le poil est un signe de force,
Et ce signe a beaucoup d'amorce
Parmy les femmes du mestier.
Il estoit bon arbalestrier;
Sa cuisse estoit de belle marge;
Il avoit l'espaule bien large;
Il estoit ferme de roignons,
Non comme ces petits mignons
Qui font de la saincte Nitouche
Aussi-tost que leur doigt vous touche;
Ils n'osent pousser qu'à demy.
Celui-là poussoit en amy,
Et n'avoit ny muscle ny veine

Qui ne poussast sans prendre haleine ;
Mais tant et tant il a poussé,
Qu'en poussant il est trépassé.
Soudain que son corps fut en terre,
L'enfant Amour me fit la guerre,
De façon que, pour mon amant,
Je pris un bateleur Normant,
Lequel me donna la verole ;
Puis luy pretay, sur sa parole,
Avant que je cogneusse rien
A son mal, presque tout mon bien.
Maintenant nul de moy n'a cure :
Je fleschy aux loix de nature ;
Je suis aussi seiche qu'un os ;
Je ferois peur aux huguenos
En me voyant ainsi ridée,
Sans dents, et la gorge bridée,
S'ils ne mettoient nos visions
Au rang de leurs derisions.
Je suis vendeuse de chandelles :
Il ne s'en voit point de fidelles
En leur estat, comme je suis ;
Je cognois bien ce que je puis.
Je ne puis aimer la jeunesse
Qui veut avoir trop de finesse ;
Car les plus fines de la cour
Ne me cachent point leur amour.
Telle va souvent à l'eglise,
De qui je cognois la feintise ;
Telle qui veut son fait nier
Dit que c'est pour communier ;
Mais la chose m'est indiquée :
C'est pour estre communiquée
A ses amys par mon moyen,
Comme Heleine fut au Troyen.

Quand la vieille, sans nulle honte,
M'eut achevé son petit conte,
Un commissaire illec passa ;
Un sergent la porte poussa ;
Sans attendre la chambrière,
Je sortis par l'huis de derrière,
Et m'en allay chez le voisin,
Moitié figue moitié raisin,
N'ayant ny tristesse ny joye
De n'avoir point trouvé la proye.

ABRÉGÉ DE CONFESSION

Puisque sept pechez de nos yeux
Ferment la barrière des Cieux,
Reverend Père, je vous jure
De les abhorer en tout poinct,
Pourveu que je ne trouve point
L'impatience et la luxure.

Ces deux sont naturels en moy :
Il n'y a ny rigueur ny loy
Ny beau discours qui m'en retire ;
Et quand un simple repentir
M'en voudroit enfin divertir,
Mon humeur les feroit desdire.

J'ay taché de les éviter
Tous deux en disant mon Pater

Et lisant la Sainte Escriture;
Mais au milieu de mes combas
Des flatteurs me disent tout bas
Qu'ils sont enfans de la nature.

Ce n'est point Dieu qui les a mis
Au nombre de nos ennemis;
C'est quelque Pandore seconde,
Qui, pour afliger les humains,
A semé de ses propres mains
Ceste mensonge par le monde.

Car je ne sçay point d'Augustin,
De Carme ny de Celestin,
Tant soit-il ferme et plein de zèle,
Si remply de devotion,
Qui puisse, entrant en action,
Tenir une loy si cruelle.

Faictes donc, ainsi que j'ay dict,
Que je puisse avoir ce credit,
Pour estre net de conscience,
Comme les vieux Saincts l'ont esté,
D'oster de ce nombre arresté
La luxure et l'impatience.

STANCES

Ma foy, je fus bien de la feste
Quand je fis chez vous ce repas;
Je trouvay la poudre à la teste,
Mais le poivre estoit vers le bas.

Vous me montrez un Dieu propice,
Portant avecq' l'arc un brandon:
Appelez-vous la chaudepisse
Une flesche de Cupidon ?

Mon cas, qui se leve et se hausse,
Bave d'une estrange façon ;
Belle, vous fournistes la sausse
Lors que je fournis le poisson.

Las! si ce membre eut l'arrogance
De fouiller trop les lieux sacrez,
Qu'on luy pardonne son offense,
Car il pleure assez ses péchez.

ÉPIGRAMMES

I

L'amour est une affection
Qui par les yeux dans le cœur entre,
Et par forme de fluxion
S'escoule par le bas du ventre.

II

Hier la langue me fourcha,
Devisant avecq' Antoinette;
Je dis f...., et ceste finette
Me fit la mine et se fascha.
Je deschus de tout mon credit,
Et vis, à sa couleur vermeille,
Qu'elle aymoit ce que j'avois dit,
Mais en autre part qu'en l'oreille.

III

Magdelon n'est point difficile
Comme un tas de mignardes sont:
Bourgeois et gens sans domicile
Sans beaucoup marchander luy font;
Un chacun qui veut la recoustre.
Pour raison elle dit un point :
Qu'il faut estre putain tout outre,
Ou bien du tout ne l'estre point.

IV

Dans un chemin un pays traversant
Perrot tenoit sa Jeannette accollée :
Sur ce de loing advisant un passant,
Il fut d'avis de quitter la meslée.
« Pourquoy fais-tu, dict la garce affollée,
Trefve du cul ? — Ha ! dit-il, laisse-moy :
Je vois quelqu'un ; c'est le chemin du Roy.
— Ma foy, Perrot, peu de cas te desbauche ;
Il n'est pas fait plustost, comme je croy,
Pour un pieton que pour un qui chevauche. »

V

Lizette, à qui l'on faisait tort,
Vint à Robin tout esplorée,
Et luy dit : « Donne-moy la mort,
Que j'ay tant de fois desirée. »
Luy, qui ne la refuse en rien,
Tire son... vous m'entendez bien
Puis dedans le ventre la frappe.
Elle, qui veut finir ses jours,
Luy dit : « Mon cœur, pousse toujours,
De crainte que je n'en reschappe. »
Robin, las de la secourir,
Craignant une nouvelle plainte,
Luy dit : « Haste-toy de mourir,
Car mon poignard n'a plus de pointe. »

VI

Lors que j'estois comme inutile
Au plus doux passe-temps d'amour,
J'avois un mary si habile
Qu'il me caressoit nuict et jour.

Ores celuy qui me commande
Comme un tronc gist dedans le lict,
Et maintenant que je suis grande,
Il se repose jour et nuict.

L'un fut trop vaillant en courage,
Et l'autre est trop alangoury.
Amour, rens-moy mon premier âge,
Ou me rens mon premier mary !

VII

Faut avoir le cerveau bien vide
Pour brider des Muses le Roy ;
Les Dieux ne portent point de bride,
Mais bien les asnes comme toy.

VIII

Jeunes esprits qui ne pouvez comprendre
Comme il vous faut gaigner le jeu d'aymer,
Le jeu de paulme à tous vous peut apprendre
Qu'amour se doit pour la belle estimer.
Le premier coup, que quinze il faut nominer,
C'est le devis, puis le baiser le trente,
Et puis toucher du tetin à la fente
Quarante cinq doit compter l'amoureux ;
Mais pour gaigner le jeu qui tant contente,
Il faut frapper tout droit dans l'entre-deux.

IX

Quelque moine de par le monde
Preschoit un jour dans une pippe,
Et par le pertuis de la bonde
Paroissoit un bout de sa trippe.
« Gardons-nous bien qu'il ne nous pippe, »
Dirent les Dames en riant.
Lors dit le prescheur en criant,
Tous remply de courroux et d'ire :
« Tout beau ! Paix là ! Laissez-moy dire,
Ou, par Dieu, vous irez dehors ;
Que le diable qui vous fait rire
Vous puisse entrer dedans le corps ! »

X

Hélas ! ma sœur, m'amie, j'en mourrois, »
Disoit Alix, qu'on vouloit marier :
« Au premier coup vaincue je serois ;
Rien n'en feray ; ma mère a beau crier. »
Sa sœur respond : « Alix, ne te courousse,
Et de cela ne prends aucun esmoy ;
Car si tu veux que j'ayde à la rescousse,
Les premiers coups j'endureray pour toy. »

XI

Ce disoit une jeune dame
A un vieillard : « Vous me faschez,
Et vous tuez le corps et l'âme
Pour néant à ce que taschez.
Allez faire ailleurs vos marchez ;
Mal vous sied ceste mignardise ;
Car quand à moy je suis promise ;
Pas n'y voyez clair à demy
Pour vous rien n'est sous ma chemise
Cela n'est deu qu'a mon amy. »

XII

Margot s'endormit sur un lict
Une nuict toute descouverte.
. . . .
Voyant sa lanterne estre ouverte
Mit sa chandelle au plus profond.
« Robin, ta chandelle se fond.
—Non fait, dict-il, c'est une goutte
Qu'en l'allumant elle degoutte,
Ce qui la faict ainsi fumer.
—Vien, Robin, quant on ne voit goutte
Souvent ta chandelle allumer. »

XIII

Par un matin une fille escoutoit
Un Cordelier qui decrotoit sa mère;
La decrotant si fort la tourmentoit
Que la fillette en eut douleur amère,
Qui s'escria : « Holà ! holà ! beau père,
Que faites-vous ! La voulez-vous tuer?
Las ! je vous pry' autant qu'on peut prier
Que pour le coup vostre ire se desporte,
Car quand j'entends ma mère ainsi crier,
Souffrir voudrois la douleur qu'elle porte. »

XIV

Un bon vieillard qui n'avoit que le bec,
Se treuvant court près d'une jeune dame
Du desir prou, mais de cela à sec,
« Ne suis-je pas, ce dit-il, bien infame? »
Pour tout discours luy chante ceste game,
Il taste, il monte assez pour l'ecacher,
Dont se moquant dict la dame faschée
« L'esprit est prompt, mais infirme est la hair;
Nostre curé souvent m'en a preschée.

XV

Un galland le fit et refit
A une fille en s'esbatant,
Et puis après la satisfit
D'un bel escu d'or tout co
« Ma foy, je n'en auray point tant,
Dict la fillette ; c'est beaucoup.
—Serrez cela, dict il à coup. »
Lors ce dict la fille au corps gent :
« Faictes le donc encore un coup
Pour le surplus de vostre argent. »

XVI

Vous pensez dire un friant mot,
Disant qu'elle vous fait la mine;
Mais oyez que dit la Robine
En vous estimant un peu sot :
« Il n'en est rien, ne luy desplaise :
Jamais la mine ne luy fis ;
Car s'il estoit vray, je vous dis
Qu'il ne l'auroit pas si mauvaise. »

XVII

Un medecin brusque et gaillard
Fit à son fermier telle enqueste :
« Vien ça : qui t'a mis en la teste
Ce gentil chappeau de cornart ? »
De ce le manant estonné
Respondit : « Monsieur, par mon ame,
C'est un de vos vieux, que Madame
M'a de vostre grace donné. »

XVIII

Le violet tant estimé
Entre vos couleurs singulieres,
Vous ne l'avez jamais aimé,
Que pour les deux lettres premières.

XIX

L'argent, les beaux jours et ta femme
T'ont fait ensemble un mauvais tour :
Car tu pensois au premier jour
Que Jeanneton deust rendre l'âme.

Estant jeune et bien advenant,
Tu tromperois incontinent
Pour son argent une autre dame.
Mais, Jean, il va bien autrement :
Ta jeunesse s'est retirée;
Ton bien s'en va doucement,
Et ta vieille t'est demeurée.

XX. — Tombeau d'un courtisan.

Un homme gist sous ce tombeau,
Qui ne fut vaillant qu'au bordeau,
Mais au reste plein de diffame :
Ce fut, pour vous le faire court,
Un Mars au combat de l'amour,
Au combat de Mars une femme.

XXI.

Vialart, plein d'hypocrisie,
Par sentences et contredits
S'estoit mis dans la fantasie
D'avoir mon bien et paradis.
Dieu me gard de chicanerie !
Pour cela je le sçay fort bien
Qu'il n'aura ma chanoinerie ;
Pour paradis, je n'en sçay rien.

XXII

Quand il disne il tient porte close,
Et est fermée aux survenans ;
Et toute nuit, quand il repose.
Elle est ouverte à tous venans;

Je ne l'ay pas desagréable :
C'est à luy sagement vescu ;
Toutefois ce n'est pas à table,
C'est au lit qu'on le fait cocu.

XXIII. — Aux lecteurs.

Si mes vers ne sont bien rangez,
Et que vous autres ne jugiez
Leur rhime et leur mesure bonne,
Prenez vous-en à la Sorbonne
Qui ne les a pas corrigez.

Epitaphe de regnier.

J'ay vescu sans nul pensement,
Me laissant aller doucement
A la bonne loy naturelle,
Et si m'estonne fort pourquoy
La mort osa songer à moy,
Qui ne songeay jamais à elle.

LE COMBAT
DE REGNIER ET DE BERTELOT

Inspire-moy, Muse fantasque,
Décrivant un combat falot,
Sur la peau d'un tambour de Basque,
A la gloire de Bertelot,
Et permets que d'un pied de grive
Avec les orteils je l'escrive.

En la saison que les cerises
Combattent la liqueur des vins,
Regnier et luy vindrent aux prises
Vers le quartier des Quinze Vingts,
Pour vuider une noise antique
Vaillamment en place publique.

Regnier, ayant sur les espaules
Satin, velours et taffetas,
Meditoit pour le bien des Gaules
D'estre envoyé dans les Estats,
Et meriter de la Couronne
La pension qu'elle luy donne ;

Il voit d'un œil plein de rudesse,
Semblable à celui d'un jaloux
Regardant l'amant qui caresse
La femme dont il est espoux,
Bertelot, de qui l'equipage
Est moindre que celuy d'un page.

Sur luy de fureur il s'advance
Ainsi qu'un Pan vers un Oyson,
Ayant beaucoup plus de fiance
En sa valeur qu'en sa raison,
Et d'abord luy dict plus d'injures
Qu'un Greffier ne faict d'escritures.

Bertelot avec patience
Souffre ce discours effronté,
Soit qu'il le fit par conscience
Ou de crainte d'estre frotté :
Mais à la fin Regnier se joüe
D'approcher la main de sa joue.

Aussitost, de colère blesme,
Bertelot le charge en ce lieu
D'aussi bon cœur comme en caresme,
Sortant du service de Dieu,
Un petit Cordelier se rue
Sur une pièce de morue.

De fureur son ame bouillonne ;
Ses yeux sont de feu tous ardens ;
A chaque gourmade qu'il donne
De despit il grince les dents,
Comme un magot à qui l'on jette
Un charbon pour une noisette.

Bertelot, de qui la carcasse
Pèse moins qu'un pied de poulet,
Prend soudain Regnier en la face,
Et, se jettant sur son colet,
Dessus ce grand corps il s'accroche
Ainsi qu'une anguille sur roche.

Il poursuit tousjours et le presse,
Luy donnant du poing sur le nez,
Et ceux qui voyent la foiblesse
De ce géant sont estonnez,
Pensant voir en ceste deffaitte
Un corbeau sur une alouette.

Ce Goliath remply de rage
Avec les pleurs respand son fiel,
Et son sang luy faict le visage
De la couleur de l'arc en ciel,
Ou bien de ceste estoffe fine
Que l'on apporte de la Chine.

Phœbus, dont les graces infuses
Honorent les divins cerveaux,
Comment permets-tu que les Muses
Gourmandent ainsi leurs museaux,
Et qu'un peuple ignorant se raille
De voir ses enfans en bataille ?

Regnier, pour toute sa deffence,
Mordit Bertelot en la main,
Et l'eust mangé, comme l'on pense,
Si le bedeau de Sainct Germain,
Qui revenoit des Tuileries,
N'eust mis fin à leurs batteries.

Mais ce venerable beau père,
Preud' homme comme un pellerin,
Dit à l'un deux : « Bonne galère, »
A l'autre : Bon sainct Mathurin :
Je vous ordonne ces voyages,
Mes amis, pour devenir sages. »

Au bruict de ces grandes querelles,
Où Regnier eut les yeux pochez,
Une troupe de maquerelles,
Conduites par les sept pechez,
Prestes de faire un bon office,
Luy vindrent offrir leur service.

Si tost qu'elles voyent sa face,
Pleine de sang et de crachat,
Elles font plus laide grimace
Que la soury prise du chat,
Et leur plainte semble aux oreilles
Une musique de corneilles.

Mais Regnier, en mordant sa lèvre,
Leur promit qu'il n'en mourroit pas.
Bertelot s'enfuit comme un lièvre,
Et le Bedeau haste ses pas,
Ayant appaisé ceste escrime,
Pour aller faire sonner Prime.

NOTES ET VARIANTES

P. 3. « Me faisant du bien. »
Allusion à la pension de 2000 livres que le Roi lui avait donnée sur l'abbaye de Vaux-de-Cernay.
10. Il luy trousse les bras, *de* meurtres entachez
Leçon de 1608. Dans 1613, on lit *des meurtres*.
11. Est pleine de *l'ardeur* de sa verve divine
Leçon de 1608. Dans 1613 : *odeur*.
13. Que Parnasse *m'adopte*...
Leçon de 1608. Dans 1613 : *m'adore*.
14. A M. le comte de *Caramain*
Leçon de 1608. Dans 1613 : *Garamain*.
» Qu'elle ait *seche* la chair, le corps *amenuisé*
Leçon de 1608. Dans 1613 : *seché, amenusé*.
19. Sçait *trier* le sçavoir...
Leçon de 1608. Dans 1613, *tirer*.
» Ne *couche* de rien moins *que* l'immortalité
Leçon de 1608. Dans 1613 :
Ne *touche* de rien moins *de* l'immortalité.
20. Je n'ay, comme ce Grec...
Hésiode.
23. Et si l'on n'est docteur sans prendre *ses* degrez.
Leçon de 1608 et 1609. Dans 1613 :
Et si l'on n'est docteur sans prendre *ces* degrez
24. Et le surnom de bon me *va-t-on* reprochant.
1613 : *va tout*.
25. Offrir tout de la bouche, et d'un *propos* menteur
Leçon de 1608. Dans 1613 : *repos*.
28. ... Ce qu'un Grec en escrit.
On n'a pas retrouvé l'origine de cette fable chez les Grecs, mais elle avait été racontée par plusieurs écrivains italiens.

29. *Compère*, ce dit-il...
   Leçon de 1608. Dans 1613 : *Et comme...*
30. Puisqu'en ce monde ici on *n'en* fait différence
   Leçon de 1608. Dans 1613 : on *en fait*
31. Vers 8. *De tout.*
   Leçon de 1608. Dans 1613 : *Du tout.*
» ... Si j'eusse estudié.
   Regnier imite ici Villon (Grand Testament, huitain XXVI). Brossette a déjà fait ce rapprochement.
» « Dame, il n'en falloit point. »
   Imité de Rabelais, liv. III, ch. 33.
33. Apollon est gêné par *de* sauvages loix
   Leçon de 1608. Dans 1613 : *Des sauvages.*
» Les poëtes plus *espais*...
   Leçon de 1608. Dans 1613 : *espois.*
» Qu'en *l'antre* thespean...
   Correction. Toutes les éditions originales portent : *Qu'en l'autre....*
36. Comme la mort vous fait, la taigne *le* dévore
   Leçon de 1608. Dans 1613 : *vous devore.*
37. Qui sçavent, avisez, *avecque* différence
   Correction. Dans toutes les éd. or. : *avecq'.*
38. Et *que* jamais sergent...
   Leçon de 1608. Dans 1613 : *Et qui.*
» Scaures du temps présent...
   Leçon de 1608. Dans 1613 : *Scaurez.*
» Qui donne ceste pointe *au vif* entendement
   Leçon de 1608. Dans 1613 : *en cet...*
39. Toute chose en vivant avec *l'age* s'altère
   Leçon de 1608. Dans 1613 : *l'ame.*
44. Où, comme *au* grand Hercule...
   1608. Dans 1613 : où, comme *un* grand.
» Je ne veux qu'à mes vers *vostre* honneur se de-
   Leçon de 1608. Dans 1613, *nostre*   [robe
46. « Ha! que ne suis-je roy... »
   Imité de Rabelais, liv. I, ch. 39.
47. « Un pédant de diable... »
   Machiavel.
» Ainsi la liberté du monde s'envola.
   Cette description du passage de l'âge d'or à l'âge de fer est imitée du *Roman de la Rose.*
49. « Cil qui mist les souris en bataille. »
   L'auteur de la *Batrachomyomachie.*
» « L'autre qui fist en vers un sopiquet. » Virgile.

49. *Je ferois*, esloigné de toute raillerie,
  Leçon de 1608. Dans 1613 : *Je serois*
50. S'il veut que plus long temps à *ces* discours je croye
  Leçon de 1608. Dans 1613 : *ce*
53. Aussi mille beautez mes amours *ne* limitent
  Leçon de 1608. Dans 1613 : *me*
» Qui dans l'estat d'amour *la sçauront* maintenir
  Leçon de 1608. Dans 1613 : *sçauroit*
54. *Qui*, voyant les deffaux...
  Leçon de 1608. Dans 1613 : *Que* voyant
55. Que l'autre parle livre et face *des* merveilles
  1608. Dans 1613 : *de* merveilles
60. Te jurant, mon amy, que *je quittay* ce lieu
  1608, *je quitté*, 1613, *j'ay quitté*.
63. Et tant d'autres vertus, que *c'en* estoit pitié
  1608. Dans 1613 : *s'en estoit*.
64. « Et prie Dieu qu'il nous garde... »
  Pour que le vers soit juste, il faut lire : *Et pri'Dieu*...
65. « Et que d'un vers nombreux... »
  Rapin a fait des vers mesurés et dépourvus de rime, à l'imitation des Grecs et des Latins. Baïf l'avait tenté avant lui, et d'autres l'ont essayé depuis.
66. Que le cheval volant n'ait *pissé* que pour eux
  1608 et 1609. Dans 1613 : *passé*.
» « Que la mouche du Grec leurs lèvres emmielle. »
  Allusion à ce qu'on a raconté de Pindare.
» Prendre garde *qu'un qui ne heurte une* diphtongue
  1608 et 1609. Dans 1613 : *que un, qui heurte une*
67. Ils *attifent* leurs mots, *enjolivent* leur phrase
  1608 : Ils *attifent* leurs mots, *ageollivent*.
  1609 et 1613 : Ils *attisent* leurs mots, *enjolivent*
» Qui, gentes en habits et *sades* en façons.
  1608. Dans 1613 : *fades*.
» Où *ces* divins espritz...
  Correction. Dans les éd. or. : *ou ses* divins
» Son front lavé d'eau claire *éclate* d'un beau teint
  Correction. Dans les éd. or. : *éclaté*
» Les nonchalances sont *ses* plus grands artifices
  Correction. Dans les éd. or. : *les* plus grands
68. De ses fautes un livre aussi gros que le sien.
  C'est ce que Malherbe disait des œuvres de Desportes.

NOTES ET VARIANTES. 243

68. Leur don'ra, *comme à luy*.
    1608. Dans 1613 : *comme luy*.
» Hercule, *Ænée*...
    1608. Dans 1613 : *Ælée*.
69. L'homme le plus parfait *a manque* de cervelle
    1608. Dans 1613 : *manqué*
» Et de *lièvres* cornus...
    1608. Dans 1613 : *livres*
» *Portez* une lanterne
    1608. Dans 1613 : *Porter*
70. Que son poil, dès le soir *frisé* dans la boutique
    1608. Dans 1613 : *frise*
71. C'est son Roy, sa faveur, *sa Cour et* sa maistresse.
    Correction. 1608 et 1609 : *la cour et...*
    Dans 1613 : *la cour est...*
73. « Ce mouvement de temps. » L'occasion.
» N'est pas de *ces* oyseaux
    1609. Dans 1613 : de *ses*
» *L'arcanciel*.
    Correction. Dans 1609 et 1613 : *Larcanciel*
74. Mesme aux plus avancez *demandant* le pourquoy
    1609. Dans 1613 : *demande*
78. Qui traçoit... une carte des Gaules.
    Imité de Rabelais, liv. III, ch. 28.
80. « Mais comme *un jour d'esté*. »
    A partir du xviiie siècle, on a généralement imprimé : *un jour d'hiver*. La correction est bonne.
82. Les mouches qui flottoient en guise de *soldarts*
    1609. Dans 1613 : *soldats*
88. Contre-escarpes, rempards et *fossez* sur le front.
    1609. Dans 1613 : *fosses*
» Des biens que l'hypocondre en ses vapeurs *pro-*
    1609. Dans 1613 : *permet*   [*met*
89. Fist-il avec son *art* quinaude la nature
    Correction. 1609 et 1613 : *arc*
90. Mais, Monsieur, me dit-elle, *avez-vous* point
    1609. Dans 1613 : *aurez-vous*   [soupé?
99. « Le grand peintre » Apelles.
» Non pas moy, qui *me* ry d'un esprit nonchalant
    Correction. 1609 et 1613 : *qui ne ry*.
102. *Celuy* m'obligera qui voudra m'excuser.
    1609. Dans 1613 : *Cela*
104. « Et qui depuis dix ans... »
    Depuis l'âge de dix ans.

105. *Je pensé* qu'il falloit que le mal eust son cours
1613 : *Je pense...*
107. Il ne sert plus de rien, sinon *d'un peu* d'excuse
1612. Dans 1613 : *qu'un peu*
» Fille qui sçait son monde a saison opportune
Ce vers et les 13 suivants, qui se trouvent dans l'édition de 1612, ont été omis par l'imprimeur de 1613.
108. Le *scandale et l'opprobre...*
1612. Dans 1613 : *le scandale, l'opprobre,*
» Il faut que les brillants soient *en vostre* visage
1613 : *en nostre*
110. Et faisant des *mourans* et de l'ame saisie
Correction. 1613 : *mouvans*
113. Satire XIV. Brossette suppose qu'elle est adressée à Sully.
117. Mil *autres accidens*.
Correction. Dans 1613 : *Et mil autres...*
118. L'un *avecque* prudence...
Correction. Dans 1613 : *avecq'*.
119. *Satyre XV*. On reconnaît à la lecture de cette pièce qu'elle est adressée à Philippe Hurault de Chiverni, abbé de Royaumont et évêque de Chartres. Ce prélat avait une petite cour de poëtes qui s'appelaient Dameron, Bayf (le fils de Jean-Antoine) Jourdain, Regnesson, dont les vers se trouvent dans le mss. 12491. Je serais tenté de croire que les vers que, dans ce manuscrit, on attribue à Regnier, sont de Dameron.
121. « Séjour jadis si doux à ce roy... »
Royaumont, bâti par Saint-Louis, qui aimait à s'y retirer.
122. Ils *devroient* à propos...
Correction. Ils *devoient*
123. Chupin *se taisant...*
Correction. Dans 1613 : *se faisant*
124. Comme *les petits* maux...
Correction. Dans 1613 : Comme *des petits* maux
». *Informons de nos faits...*
Correction. Dans 1613 : *Informans*
» *S'est veu* par mes escris
Correction. 1613 : *N'est veu*
126. Ou si parfois encor j'entre en *la* vieille escrime.
La manque dans 1613.

130. Satyre XVII. Dans cette pièce, c'est Henri IV
qui parle.
» Comme un nouveau *Titan...*
Dans 1613 : *Toitan*
131. Je lasche *mon* discours
Correction. Dans 1613 : *ton* discours.
132. Si mon dernier soupir ne la *jettoit* dehors
Correction. Dans 1613 : *jette.*
135. Qui souffre *ce qu'il m'est* de souffrir impossible
Correction. Dans 1613 : *ce qui n'est*
136. Mais, tandis qu'en parlant *du* feu qui me sur-
Correction. Dans 1613, *au feu.* [monte
» S'elle baille en cachette ou *reçoit* un poullet.
Correction. Dans 1613 : *reçoyve*
137. *C'en est fait* pour jamais...
Correction. 1613 : *S'en est fait*
142. Et sa langue mon cœur par ma bouche embrasa,
Bref, tout ce qu'ose Amour, ma déesse l'osa,
Me suggerant, etc.
Dans l'édition de 1613, ce passage se lit ainsi :
Et sa langue mon cœur par ma bouche embrasée
Me suggérant, etc.
Le vers qui manquait paraît dû à l'éditeur
de 1642.
143. Puisque je suis retif au fort de ma jeunesse
Ce vers, qui manquait dans l'édition de 1613,
parut également pour la première fois en 1642.
144. Que l'œil d'un *envieux*
Correction. Dans 1613, *ennuyeux*
» Luy seul, comme *envieux*
Même observation.
» Et si de leurs bienfaits je croy qu'ils *se* repentent
Correction. Dans 1613 : *s'en* repentent
145. La *fureur* à la fin rompit sa modestie
Correction. Dans 1613 : *La faveur*
146 Je suis digne des maux que vous me *prescrirez*
J'ay meurtry, j'ai volé, j'ay des vœuz parjurez,
Trahy les Dieux benins. Inventez à ces vices...
Ces trois vers sont ainsi dans l'édition de 1613 :
Je suis digne des maux que vous me *prescrivez.*
J'ay meurtry, j'ay vollé, 'ay des vœuz parjurez,
Trahy les Dieux ; venins, inventez à ces vices...
150. *Une* salive mordicante
1613 : *D'une* salive...
» Ha ! que ceste humeur languissante...

La stance qui commence par ce vers manque dans l'édition de 1613, et n'a paru qu'après la mort de l'auteur.

154. L'effort fait plus que le merite...
Cette stance et les suivantes, jusqu'à la fin de la pièce, ont paru pour la première fois dans l'édition de 1642.

157. Qui, reduite *aux abbois*.
Correction. Dans les éditions originales on lit : Qui, reduite *aux bois*...

158. *De Leucate* à Bayonne
Toutes les éditions origines donnent *l'Aucate*.

159. « Le puissant archiduc »
L'Archiduc d'Autriche.

» Où, sitost que le fer *l'en* rendoit possesseur
1608 : *l'en*. 1613 : *s'en*.

160. Ta maison et tes biens saccagez des *soldars*
1608 : *soldars*. 1613 : *soldats*.

161. Qui sçache en pardonnant les *discords* estouffer
1608 : *discords*. 1613 : *Discours*.

162. Rendant par *ses* brocards ton audace flétrie
Les éditions orig. portent : *tes* brocards

163. Si tu n'as tout à fait *rejetté* loin de toy
1608, 1609 : *rejetté*. 1613 : *retiré*.

» Plus haute s'eslevant dans *le* vague des Cieux
1608 : *le* vague. 1613 : *la* vague

167. Satyre. « N'avoir crainte de rien... »
Cette satire fut jointe pour la première fois aux œuvres de Regnier dans l'édition elzevirienne de 1652.

171. Satyre. « Perclus d'une jambe et des bras... »
Jointe pour la première fois aux œuvres de Regnier en 1652.

175. Elegie. « L'homme s'oppose en vain... »
Ajoutée en 1652 aux œuvres de Regnier. Suivant Brossette, elle fut composée par Regnier pour Henri IV.

178. Stances. « Si votre œil tout ardent... »
Cette pièce a été jointe pour la première fois aux œuvres de Regnier, en 1822, par Viollet-le-Duc, qui l'a tirée du *Cabinet satyrique*.

179. Complainte. « Vous qui violentez... »
Même observation que pour la précédente. Celle-ci a été attribuée par l'Estoile à la reine Marguerite, première femme de Henri IV.

183. Stances pour la belle Cloris.

    Pièce tirée du *Cabinet satyrique*, et jointe pour la première fois aux œuvres de Regnier en 1822, par Viollet-le-Duc.

185. Plainte. « En quel obscur séjour... »

    Cette pièce, insérée en 1611 dans le *Temple d'Apollon*, a été jointe pour la première fois aux œuvres de Regnier dans l'édition elzévirienne de 1642.

190. Stances. « Quand sur moy... »

    Joint pour la première fois aux œuvres de Regnier en 1652.

194. Ode. « Jamais ne pourray-je bannir... »

    Tiré du *Temple d'Apollon* et compris dans l'édition de 1642.

195. Pour monsieur le Dauphin.

    Cette pièce, publiée par M. E. de Barthelemy d'après le mss. 12491, est attribuée à Regnier par l'Estoile.

196. Sonnet sur la mort de M. Rapin.

    Tiré de Œuvres de Rapin, 1610, in-4, où il porte la signature *Regnier*.

197. Dialogue. Cloris et Philis.

    Recueilli dans l'édition elzévirienne de 1652.

210. Poesies spirituelles.

    Cinq pièces ajoutées aux œuvres de Regnier dans l'édition elzévirienne de 1652. Il est douteux qu'elles soient de lui. Regnier, dont la poésie, suivant l'heureuse expression de M. Sainte Beuve, était « déserte du côté du ciel, » mourut d'accident, en pleine santé, avant quarante ans. Il n'eut pas le temps de tomber dans cet état d'affaiblissement mental qu'accuse le retour aux idées théologiques. Voyez la dissertation de M. le docteur Sémérie, *Des symptômes intellectuels de la folie*, Paris, A. Delahaye, 1867, in-8.

215. Louanges de Macette.

    Cette pièce n'est pas de Regnier. Elle a été jointe pour la première fois à ses œuvres en 1652.

217. Ode sur une vieille maquerelle.

    Tirée du *Parnasse satyrique*, et jointe aux œuvres de Regnier en 1733.

220. Discours d'une vieille maquerelle.

Cette pièce, qui figure dans l'édition de 1616, a été comprise dans celle de 1733.
225. Abrégé de confession.
Tiré de l'édition de 1616.
227. Stances. « Ma foy, je fus bien de la feste... »
Tiré du *Cabinet satyrique*, et joint pour la première fois aux œuvres de Regnier en 1733.
228-235. Epigrammes.
Les épigrammes I à VI, tirées du *Cabinet satyrique*, ont été comprises dans toutes les éditions de Regnier depuis 1733. La septième nous a été conservée par Tallemant. Celles qui portent les n⁰ˢ VII à XVII sont tirées de l'édition de 1617. La XIIᵉ est incomplète d'un vers.

La XVIIIᵉ (Le violet tant estimé) a été découverte par M. Ed. Tricotel dans le *Recueil des plus excellents vers satyriques de ce temps*, Paris, 1617. Je l'ai trouvée moi-même dans le manuscrit 844, fonds français, fol. 251, où elle est signée *Renier*. Elle figure dans le *Parnasse satyrique*.

La XIXᵉ et la XXᵉ ont été découvertes par M. Tricotel dans les *Delices satyriques*, Paris, 1620.

La XXIᵉ est tirée de l'Anti-Baillet.

J'ai trouvé la XXIIᵉ dans le mss. 884 fonds français, fol. 307 v⁰, où elle est signée *Regnier*. Elle n'a pas encore été publiée.

La XXIIIᵉ est tirée de l'édition de 1616.
235. L'épitaphe de Regnier est tirée des *Recherches des Recherches*, du P. Garasse. Elle me paraît d'une authenticité contestable.
236. Le combat de Regnier et de Berthelot est tiré de l'édition de 1616.

GLOSSAIRE-INDEX

A coup, soudain. 232.
Abatteur de quilles (grand), homme vaillant en amour. 89.
Abayer, aspirer. 27.
Abbayer, aboyer. 203.
Abolitions. Lettres du Souverain qui avaient pour effet d'*abolir* un crime et de mettre le coupable à l'abri de toute recherche. 38.
Accord, accort. 118.
ACHILLE. 10, 68.
Adultériser, fausser, altérer. 43.
Advouer, approuver. 62.
ÆNÉE. 10, 68.
Affiner, épurer, perfectionner. 28.
Affoler, tourmenter, fouler, mettre hors de sens. 15, 228.
Aguet (d'), adroitement, sournoisement. 48, 74, 105.
Aguets, embûches. 9.
Ains, mais, mais bien. 56, 107, 129.
Ains, avant. 195.
Airignée, araignée. 88.
Alangoury, affaibli. 229.
ALBERT LE GRAND. 78.
ALCIBIADE. 17.
ALEMAGNE. 162.

ALEXANDRE (le pédant d'). 76.
Abourder, fatiguer, accabler. 18.
ALPES. 78, 158.
AMIENS. 159.
Anguilade, anguillade. 62.
Antan, l'année précédente. 88. « Je discours des neiges d'antan », p. 173, rappelle une ballade célèbre de Villon.
Anter, enter. 70.
ANTICIRE. 119.
Antiquaille (l'), les anciens. 65.
Appas, appâts, 107.
Appeler, provoquer en duel. 51.
Arbalestrier (bon), vaillant en amour. 223.
ARCADIE. 84.
Ardez, voyez, regardez. 89.
ARGUS. 98.
ARISTOTE. 22.
Armet, pris pour *tête*. 88.
Arrasser, dresser. 150.
ARSENAC (l'), l'Arsenal. 169. Henri IV s'y retirait souvent pour travailler avec Sully.
Arser, redresser. 59.
Assaut (m'), m'assaille. 136.

Assiner, assigner, ajourner. 122.

Attifet. 93. Ornement de tête pour les femmes. Viollet-le-Duc suppose ingénieusement que ce mot signifie ici : « ce qui m'embarrasse la tête, me tracasse. »

Aubespin, aubépine. 191.

Auctorisé, puissant, ayant de l'autorité. 14.

AUGUSTE, 9.

AUGUSTIN (religieux). 226.

AUTRICHE. 162.

Autruy (l'), le bien d'autrui. 102.

Avalé, pendant. 157.

Badin, petit sot. 32, 115.

Bailler, donner. 80, 116, 214.

Bailler, bâiller. 37.

Balet, *ballet*, balai. 92, 96.

Bander (se), se liguer, 23, 180.

Barbe de paille. 48. Corruption de l'expression *gerbe de paille*. Nos ancêtres payaient la dîme, mais parfois avec des gerbes dépouillées de grain.

Barisel. 48. C'est le *barigello*, capitaine des sbires chargés de veiller à la sûreté publique.

Barre (mettre), arrêter une querelle. 84.

BARTOLLE. 31, 79.

Bas. « Et mon bas peut encor user deux ou trois corps, » p. 107, signifie qu'un bas de jupe peut encore user plusieurs corsages ; mais ici l'expression est employée au figuré.

Bassin, vase de nuit. 31.

BASTILLE (*la*). 111. Henri IV conservait son trésor à la Bastille ; lorsqu'il mourut, on y trouva 15,870,000 livres. Les emprunts d'États n'étaient pas encore inventés, et les Français ne prêtaient pas leur argent à ceux qui voulaient leur faire la guerre.

Baye, *donner la baye*, *repaistre de baye*, abuser, tromper. 122, 172.

BAYONNE. 158.

BEAULIEU (*l'abbé de*). 58. L'abbé de Beaulieu, à qui Regnier dédie sa VIIIe Satyre, était Charles de Beaumanoir de Lavardin, qui fut nommé à l'évêché du Mans en 1601, et mourut en 1637.

Beguin, sorte de coiffe que portaient les femmes. 91.

BELLEAU. 65.

Benestier, bénitier. 15.

Berlan, brelan, maison de jeu. 22, 81.

BERTAUT. 36. Jean Bertaut, poëte français, fut nommé à l'évêché de Séez en 1606. Il mourut en 1611. Regnier lui a dédié sa Ve Satyre.

BERTELOT. 236. Poëte dont les compositions tiennent une grande place dans le *Cabinet satyrique* et autres recueils du même genre.

BETHUNÉ. 44. Philippe de Bethune, baron de Selles et de Charost, fut nommé, en 1601, ambassadeur à Rome, où il demeura jusqu'en 1605. Regnier, qui l'y avait accompagné, lui dédie la VIe Satyre, qui fut composée à Rome. Son frère était Maximilien de Bethune, marquis de Rosni, qui fut fait duc et pair en 1606 sous le nom de duc de Sully.

BÈZE. 156. Théodore de Bèze acheva la traduction des

Psaumes commencée par Clément Marot. Regnier joue sur son nom d'une façon peu édifiante.

Bicestre. 77. Château situé au sud de Paris, tandis que Montmartre est au nord. Le pédant qui avait un œil sur Montmartre et l'autre sur Bicêtre louchait résolument.

Bien-heurer, rendre heureux. 167.

Bijarrement, bizarrement. 44.

Bohemienne. 64. Les Bohemiens, peuplade venue de l'Inde, sont connus en Europe depuis le commencement du XVe siècle.

Bona sere, pour *buona sere*, bonsoir. 174.

Bonadiez, salutations. 25.

Bonne fortune, femme dont on a conquis les bonnes grâces. 94.

Bonneter, saluer humblement. 63.

Bord (à), employé pour : *à terre*. 52.

Bordeau, bordeaux, *passim*. C'est ce que Regnier appelle *maisons d'amour*, *lieux* ou *logis d'honneur, de mauvais renom, de mauvais exemple*.

Botteau, petite botte de foin. 152.

Bourdeau. 48. Voy. *Bordeau*.

Bourrier. Grain de poussière, ordure. 193.

Branles de sortie, espèce de danse. Au figuré, issue, 98.

Bricolles, terme de jeu de paume. Regnier se compare à la balle qu'on jette contre le mur pour la faire rebondir. 97.

Briser (une ou plusieurs lances), terme de tournoi employé au figuré. 143.

Brouage, ville de la Charente-Inférieure, où il y a des marais salants. 35.

Brouillas, brouillard. 69,160.

Bruire, retentir de. 10.

Bruit (commun), opinion générale. 19.

Ça-bas, ici-bas. 144.

Caban, sorte de manteau. Le mot est redevenu à la mode. 79.

Cabinet, chambre à coucher. 19.

Caboche, tête. 91.

Caire (*le*). 162.

Calamite, aimant.. 218.

Capable, vaste, important. 13.

Caramain. 14. Adrien de Montluc, comte de Cramail ou de Caramain, auteur de la *Comédie des Proverbes*, et vraisemblablement des *Jeux de l'inconnu*, où l'on trouve des jeux de mots dans le genre de ceux du marquis de Bièvre. Dans l'édition de Regnier de 1613, son nom est écrit Garamain.

Carmes (religieux). 226.

Carmes, vers. 182.

Carrousse (faire), boire largement, en vidant chaque fois son verre (de l'allemand *gar aus*, complétement vidé). 19.

Cas, chose. 228. — Membre viril. 227.

Casse, cassée. 205.

Caterre, catharre. 117.

Caton. 41, 77.

Catrin. 50. Petite monnaie d'Italie, *quadrino*.

Cela, vigueur en amour. 232.

Celestins. 226.

Centaures. 84. Leur combat avec les Lapithes a été raconté par Ovide, au XIIᵉ livre des *Métamorphoses*.

CERIZOLLES. 25. La bataille de Cerizolles fut gagnée en 1545 par l'armée de François Iᵉʳ sur celle de Charles-Quint.

Ces, ses. 168.

CÉSAR. 70.

C'est mon. Sorte d'exclamation ordinairement affirmative. 89, 90, 95.

Cestuy-cy, celui-ci. 95.

Chaille, importe, inquiète. 217.

Chaire, chaise. 80.

Chalan, sorte de pain grossier. 82.

CHALANGE. 169. Nom d'un partisan.

CHARITÉ (*la*). 89. Hôpital établi par Henri IV pour les soldats estropiés.

CHARLEMAGNE. 79.

CHARLES (*le Roy*). 74.

Chartis, remise pour les charrettes. 120.

CHARTRES. 159.

CHASTELET (*le*). 38. Le Petit Châtelet, ancien fort qui servait de prison.

Chauvir de l'oreille, baisser l'oreille. 60.

Chef (mettre à), mettre à fin. 71.

Chère, mine, visage. 14.

Cheval volant, Pégase. 66.

Chevalier de la petite épée, filou, coupeur de bourses. 81.

Chevaucher, aller à cheval. Pris au figuré. 228.

Chicaneur, homme de chicane. 123.

Chifler, siffler. 79.

CHINE. Le premier établissement des Jésuites en Chine date de 1581. Vers la fin du règne de Henri IV, il nous venait de ce vaste pays des étoffes de soie (60, 238), des couteaux à manches ornés de figures grotesques (77), etc.

Chuette, chouette, 100.

CHUPIN (?) 123.

Cicatricé, couvert de plaies. 15. Boileau a eu la hardiesse de se servir de ce mot.

CICERON. 79.

Cil, celui, 46.

Cinq pas, sorte de danse, 42.

CIRCE, Circé, 94.

CLAUDE. 38.

Clinquants. 60. Henri IV fit trois édits contre les clinquants et dorures, en 1594, en 1601 et en 1606.

Clercs, savants. 29, 47, 72.

Clergesse, savante. 104.

Cocu, coucou. 144.

CŒUR (*Jacques*). 169.

CŒUVRES. 22, 52. François-Annibal d'Estrées, marquis de Cœuvres, à qui Regnier a dédié la IIIᵉ et la VIIᵉ de ses Satyres, était frère de la belle Gabrielle.

Coffre. 22. Les antichambres étaient garnies de coffres sur lesquels s'asseyaient les *domestiques* des seigneurs pour attendre leurs maîtres.

Colleré, en colère. 126.

Comme, comment. 205.

Constable (jupon de). 78. Voir sur ce passage les conjectures de Brossette.

Contant, comptant. 34, 172.

Conte, compte. 134, 169.

Contrefait, représenté. 159.

Convenant, convenable, approprié. 11.

CORBEIL. 117.

CORDELIERS. 29, 237.

Corne à linterne. 219. Les lanternes étaient garnies de minces feuilles de corne au lieu de verres.

Cornu du bon père. 84. Ivre. Bacchus était représenté avec des cornes à la tête.

Corrival, rival. 61.

Coucher, mettre au jeu. « Ne couche de rien moins que l'immortalité. » 19.

Coupler, réunir, accoupler. 179.

Courage, volonté. 104. — Cœur. 176.

Courante (la), le courant. 53.

Courtaux, chevaux. 42.

Courtoisie (la), la dernière faveur. 110.

COUSIN *(le)*. 117. Fou de cour, ainsi nommé parce qu'il appelait Henri IV *mon cousin.*

Cousturier, tailleur. 79.

Crespelu, crêpu. 208.

Dam, dommage. 59, 80, 87, 136, 201.

Damoyselle, femme noble. 26.

DARIOLET. 42. On a appelé Dariolettes les entremetteuses d'amour, du nom de la confidente d'Élisenne, dans Amadis.

Déchasser, éloigner de soi. 48.

Decroter, exploiter charnellement. 222, 232.

Defaillant, manquant. 81.

Défailly de cœur, découragé. 192.

Defaut, manque. 162.

Deffaudra, manquera. 68.

Defluctions, fluxions, 117.

Degout, eau qui tombe. 85.

Degoyser (se), se répandre en murmurant. 120.

DELPHE. 11.

Demeurant (le), ce qui reste. 18.

Demy-ceint, ceinture ornée de plaques d'argent, d'or, etc. 94.

DENIS. 89. Brossette se demande s'il s'agit ici d'un sculpteur contemporain de Regnier, ou d'un sculpteur grec dont parle Pline.

Départir, donner, distribuer, répartir. 23, 47, 118. — Séparer. 208.

Dequoy, fortune, biens. 26.

Desconfit, vaincu. 104.

Desduit, acte amoureux. 93, 109.

Deshabité, inhabité, désert. 112.

Desnier, refuser. 114, 119.

DESPAUTÈRE, célèbre grammairien du XVe siècle, mort en 1520. Frapper Despautère (84), c'est pécher contre les règles de la langue.

Despendre, dépenser. 45, 59.

DESPORTES *(Philippe)* le poëte, oncle de Regnier. 22, 32, 33, 38, 61, 65, 67.

Détacher (se), détacher ses vêtements pour se déshabiller. 95.

Deuls (je me), je m'afflige. 45.

Devinaille, art de deviner. 79.

Die, dise. 140, 200.

DIEPPE. 158.

Diffame, honte, déshonneur. 234.

Dilayer, retarder. 40, 145.

DIOGÈNE, 117.

Discord, discorde. 11, 47, 161.

Doint, donne. 112.

DOM PEDRE. Don Pedro Manrique, connétable de Castille, qui traversa la France en 1603.

Donra, donnera. 11, 192.

Donrois, donnerais. 99.

Double, monnaie qui valait deux deniers. 45.

Du BELLAY. 18, 65.

Ducas, ducats. 70.

Duel. 51, 102. Le duel avait été défendu par un édit du mois de juin 1602.

Du LUAT. 172. Ange Cappel, sieur du Luat, traducteur de divers traités de Senèque.

Durer en, endurer. 192.

Du tout, entièrement. 163.

Effroyant, effroyable. 97.

Effroyer, effrayer. 162.

Égyptienne. 88. Bohémienne. *Voy*. ce mot.

Emmy, dans, au milieu de. 218.

EMPEDOCLE. 121.

Enamouré, rendu amoureux. 186.

Encordé. 150. Lorsque les lamproies ont séjourné longtemps dans l'eau douce, le cartilage qui renferme la moelle épinière se durcit, et l'on dit alors qu'elles sont *cordées*. On dit la même chose de la maladie dont parle Regnier, lorsque l'inflammation ôte à la partie qui est le siége son élasticité naturelle.

Encourir (s'), s'enfuir. 97.

Endemené, inquiet, agité. 92.

Engraver, graver. 132.

ENGUERRAND. 169. C'est Enguerrand de Marigny, surintendant des finances sous Philippe-Auguste.

Enhan, ahan. 92.

Enjetter, jeter, répandre. 143.

Enjoncher, joncher. 162.

Entrant, insinuant. 24.

Entre-deux. 230.

Entre-pas, intervalle. 77.

Eperlan. 81. Avaler l'éperlan sans éplucher, manger goulument.

EPICURE. 79.

Esbatre, ébattre. 145.

Esclanche en cervelle, éclanche de mauvaise humeur, dure. 82.

Escornes, atteintes, offenses. 223.

Escu. 87. « Je fis dans un escu reluire le soleil, » signifie: « Je montrai un écu par le côté sur lequel le soleil était figuré. »

ESCU DE SAVOYE. 221. Enseigne d'un hôtel ou d'un mauvais lieu.

Esguillette, aiguillette. 95. — *Courir l'aiguillette* (127), chercher des aventures d'amour.

ESPAGNE. 161.

ESPAGNOLS, 159.

Espoinçonner, piquer, aiguillonner. 28, 159.

ESTATS (*les*). 236. Probablement les Etats de Hollande.

Estrange, étranger. 168.

Estriver, disputer. 112.

Estude, cabinet de travail. 23.

ETYOPIE. 3.

Everoles, ampoules? 78.

Excedoit, surmontait, surpassait. 158.

Exceller, surpasser. 178.

Faire (*le*), faire l'acte amoureux. 54, 111.

Fannir, faner. 190, 203.

Fantastic, fantasque. 217.

Fée (*courroucer la*), se créer gratuitement des embarras. 83.

Feintise, dissimulation. 5. — Feinte, malice. 224.

Feste, s. m., faîte, toit. 95.

Feugère, fougère. 92.

Fiance, confiance. 237.

Filet, petit fil. 78.

Flamber du feu, clarté que jette le feu. 88.

FLAMENS. 44.

FLANDRE, 162.

Fleurer, sentir. 79. « Qu'il fleuroit bien plus fort... » est imité de Rabelais, liv. I, ch. 1.

Fleurs de bien dire. 85. C'est le titre d'un volume publié à Paris, chez Mathieu Guillemot, 1600, in-12.

Florissoit, était dans son éclat. 186.

Flus, flux, terme de jeu de cartes. 216.

Foit, fouet. 79.

FONTAINE-FRANÇOISE. 159.

Forcenerie, folie. 122.

FORQUEVAUS. 125. Est-ce bien Fr. de Pavie, mort en 1611 ? La XVIᵉ satyre ne parut qu'en 1613.

Fors, excepté, hormis. 176.

FOUR L'ÉVESQUE ou FOR L'ÉVÈQUE, siége de la juridiction épiscopale de Paris. 38.

Fourment, froment. 120.

Fourneaux enfumez. 127. Etuves où l'on plaçait ceux qui étaient atteints de maladies syphilitiques, pour les faire suer.

Fourniture, part, provision. 71.

Fraisé, ayant autour du cou une fraise, sorte de collet à plusieurs doubles. 39.

FREMINET. 99. Martin Freminet, peintre ordinaire de Henri IV, mourut en 1619, à l'âge de 52 ans.

Fusté, fourni, selon Brossette. 34.

Futur (le), la postérité. 196.

Gaigner le haut, s'enfuir. 95.

Galentement, galamment. 97.

GALLET, 116. Célèbre joueur, qui fit bâtir l'hôtel de Sully. Je sais que ce dernier fait a été contesté; mais, après les témoignages recueillis par M. Paulin Paris (*Tallemant des Réaux*, t. VII, p. 403), il n'est plus permis d'en douter.

Garderobe, s. m. Rideau de toile qu'on étendait sur les vêtements pour les préserver de la poussière. 93.

Garguille. 110. *Voy.* Gaultier.

Garot, espèce de grosse flèche. 206.

GASCOGNE. 84.

GASCONS. 66.

GAULES. 78.

GAULTIER. 110. Gaultier et Garguille étaient deux bouffons, dont le nom était populaire depuis longtemps. Plus tard ces deux noms furent réunis par Hugues Gueru pour se former un nom de théâtre. M. Edouard Fournier a donné en 1858, dans la *Bibliothèque elzevirienne*, une excellente édition des *Chansons de Gaultier-Garguille*.

Gay, geai. 92.

Gazette (la), 105. Je n'ai pas de renseignements sur une *Gazette* publiée à Rome du temps de Regnier.

Genet. 42, 45. On connaît les genets d'Espagne ; mais je n'ai pas trouvé d'autre mention des *genets de Sardaigne*.

GENTILLY. 49.

GIRAUT (?). 84.

Glas, froid, glace. 182.

GOBELINS (*les*). 84.

GONIN (*maistre*). 79. Escamoteur qui vivait sous François Iᵉʳ. Son petit-fils faisait le même métier du temps de Charles IX.

Goulet, goulôt. 92.
Gourmander, manger goulument. 82.
Gourmette, pris dans le sens bride. 28.
Goust, odeur. 90.
Grâces. « Après Grâces Dieu [e]ut, ils demandent à boire. » . Brossette raconte que le [Pa]pe Honorius III, voyant les [Al]lemands peu enclins à prier [D]ieu, donna des indulgences à [ce]ux qui boiraient un coup [ap]rès avoir dit Grâces. Regnier [pa]raît indiquer que boire encore [ap]rès le *coup de grâces* est le fait [d]'un homme mal appris.
GRACHE, Gracque. 38.
Grain (être dans le), être à [s]on aise. 85.
GRECS (*les*). 65, 78, 196.
GRÈVE, *Gresve*. 74, 219. [P]lace où se faisaient les exécu[t]ions.
Grotesque, s. f. Assemblage, [p]einture, d'objets sans rime ni [r]aison. 174.
Guarit, sert. « De vous dire [m]on il ne guarit de rien.»74.
Guerite (enfiler la), s'enfuir, [s]e mettre à l'abri. 84.
Guet (laisser du), planter là, [l]aisser attendre en vain. 62.
Guide des Pêcheurs, ouvrage [d]e Louis de Grenade. 104.
Guiterne, guitare, 220.
Haineux, s. m., ennemi, 41.
Haleiner, exhaler. 55.
Harault, haro. 84.
Harlequine (à la)? 217.
Hazardement, hardiment. 74.
HEBREUX. 65.
HELEINE. 224.
HERCULE. 68.
Heur, bonheur. 62, 159.

Heurt, action de heurter. 85.
HIPOCRATE. 31, 79.
Historier, raconter. 75.
HOMÈRE. 10, 22, 69, 80.
HORACE. 14.
Housse (en), à cheval. 14.
HUGUENOTS. 72.
ICARE. 6.
IDUMÉE. 164. Province de la Palestine fertile en palmiers.
Illec, là. 225.
Imaginer, s. m., pensée, persuasion. 105.
Impiteux, impitoyable. 189.
Impourveu(à l'), à l'improviste.
Item, terme de pratique, par lequel commençaient tous les articles d'un inventaire. 92.
IVRY. 158.
Jà desjà, déjà. 105.
JACOBINS. 29.
Jaloux. 47. Par euphémisme, pour mari trompé.
JANIN DU PONT-ALAIS. 174. Bouffon qui vivait au commencement du règne de François I.er
JAPET. 82. Son fils, Prométhée.
Jartière, jarretière. 95.
JASON, jurisconsulte. 31, 79.
JEAN (*le Roy*). 74.
JEAN DE MUN, continuateur du *Roman de la Rose*. 162.
Jean qui ne peut, impuissant. 87.
Jean, Jeanne vous remercie, commencement ou refrain de chanson. 93.
JOB. 83.
JODELLE. 33.
Jour, bataille. 25.
Justicié, exécuté par ordre de justice. 24.
JUVÉNAL. 41.
Langard, bavard, indiscret. 118.
Lanterne vive. 88. Sorte de

lanterne magique, dont les pâtissiers se servaient pour attirer l'attention des passants.

LAPITHE (le). 84. Piritoüs, roi des Lapithes.

Larmoyer, pleurer. 182.

LA ROCHELLE, 26.

Las-d'aller, nom donné à un vieux chien. 83. Dans Rabelais, c'est le nom d'un des six pèlerins que Gargantua mange en salade.

Latin (gens de), savants. 23.

LATINS. 65, 196.

Legende, lecture. 62.

Léger (de), légèrement. 105.

LEUCATE, village de France près de Perpignan, sur la Méditerranée. 158.

Lezina, avarice. 82. Allusion à un ouvrage italien du XVIe siècle, intitulé : *Della famosissima compagnia della Lezina*.

Lice, chienne. Femme dissolue. 90.

Lièvre. « Bailler le lièvre par l'oreille. » 80. Jouer un vilain tour.

Lièvres cornus, visions fantasques. 69.

Limestre, étoffe de laine qui se fabriquait à Rouen et ailleurs. 107.

Linceuls, draps de lit. 94.

Lipée. 81. Les suivants de Mme Lipée, les parasites.

LOPET. 123. Anagramme de Paulet, célèbre partisan, inventeur d'un droit sur les offices qui fut nommé *la Paulette*.

Los, louange, honneur. 10.

LOUCHALY. 81. Fameux corsaire qui, à la bataille de Lépante, prit la fuite lorsqu'il vit que les chrétiens avaient le dessus. Voir *Œuvres de Branthome*, édition de la *Bibliothèque elzevirienne*, t. II, p. 74.

Loup. 156. Le loup, animal carnassier, n'existe plus depuis longtemps en Angleterre. Quant au mal aux jambes auquel on donne ce nom, c'est différent. — « La queue en loup qui fuit, » p. 64, la tête basse, honteux.

LOUVRE. 24, 79, 135, 169.

Loyer, récompense. 24.

Luiteur, lutteur. 11.

LYNCÉ, Lyncée, un des Argonautes. 98.

MACROBE. 79.

Mal de saint. 88. Il y avait une foule de maladies auxquelles on avait donné des noms de saints, par plaisanterie, je suppose ; mais plus tard on prit la chose au sérieux, et l'on invoqua dévotement saint Mein pour la gale, saint Aignan pour la teigne, saint Marcou pour les écrouelles, etc.

Male, mauvaise. 60.

Male-tache. 83. Tache difficile à enlever. Rabelais s'est servi de cette expression, livre II, chap. XVI.

Manger sur le poing, être familier. Terme de fauconnerie. 88.

Marine, la mer. 57.

Marisson, déplaisir, chagrin. 87.

MAROT. 156.

MARTIN, fripier. 83.

MARTIN, qui montrait des animaux curieux. 76.

Matelineur. 111. Fantasque, comme les fous, qu'on vouait à *saint Mathurin*, sans doute parce que *fou*, en italien, se dit *matto*.

Mauvaitié, méchanceté. 138.

Menestre, soupe, de l'italien *minestra*. 81.

Mère l'Oye (*ma*). 122. Les contes de Ma Mère l'Oye se conservaient par la tradition. On n'en connaît aucune rédaction antérieure à la mort de Regnier.

Métail, métal. 56.

Meurtrir, tuer, commettre des meurtres. 146.

Michel-Ange. 89.

Mignarde, s. f., femme gracieuse, délicate. 228.

Milon. 38.

Minos. 118.

Minuter, projeter, combiner. 75.

Mœcene. 34.

Moine bourru. 98, 113.

Montauban, riche partisan. 169.

Montcontour. 221.

Montlhéry. 223.

Montmarthe, 77.

Montre, revue. 80.

Morgant (être), affecter de la morgue. 23.

Motin. 6, 30. Pierre Motin, natif de Bourges, mourut en 1615 ou même avant. On trouve nombre de pièces de lui dans divers recueils, à côté de celles de Sigognes, de Berthelot, et autres poëtes peu chastes.

Mourir. « C'est pour en mourir, il en faudroit mourir. » 34, 59. Expressions alors en vogue parmi les courtisans.

Musser, cacher. 70.

Naples. 162.

Naufrage, naufragé. 57.

Naviger, naviguer. 45, 125, 128.

Nazarder, donner des coups sur le nez avec les doigts. 87, 93.

Ne, ni. 145.

Nez. « C'est pour leur beau nez ! » Ce n'est pas pour eux. 26, 110. — Avoir le nez de... avoir la mine, l'apparence de... 87.

Niais (*la place des*), la meilleure place. 81.

Nicette, un peu niaise. 128.

Nom, renommée. 27.

Non fait, négation, le contraire de *si fait*. 231.

Nonne (*la tour de*). 48. *Tordinone*, ancienne tour de Rome, qui servait de prison.

Normans. 29.

Nostradamus, astrologue, auteur de *Prophéties* célèbres. 81.

Nourriture, éducation. 28.

Nuit. « O nuict, jalouse nuict. » 84. C'est le commencement d'une chanson de Ph. Desportes.

Object (*l'*), la vue. 127.

Oger (*le Danois*), célèbre dans les romans de chevaleri. 161.

Oira, entendra. 155

Oit, entend. 198.

Onc, jamais. 223.

Oppressé, opprimé. 45.

Or, *ore*, *ores*, maintenant. 71, 95, 143, 144, 150, 175, 185, 186, 203, 229.

Orde, sale. 89, 192.

Osse, la montagne Ossa. 78.

Othomans. 164.

Ovide Nason. 77.

Oy (*j'*), j'entends. 82.

Oyse, rivière. 120.

Oyt, entend. 70.

PALAIS (le). 63, 67, 136, 169.
PALATIN (Mont). 44.
Par-soy (à), à part soi. 89.
PARIS. 117, 158.
Parler livre, parler d'une façon savante, relevée. 111.
Parmanenda, par mon âme. 221.
Partage, héritage, domaine. 47.
Partis, projets, combinaisons financières. 74, 172.—Partagé. 71.—A party, à partie. 96.
Partie (faire à), prendre à partie. 64.
PASSERAT. 147.
Pastis, pâturages. 203.
Patelin, langage mielleux et trompeur. 124.
PATISSON, célèbre imprimeur. 33.
PATRASSE, Patras. 82.
Pavillon, le ciel de lit et les rideaux. 93.
Peautre, plâtre. 67.
Pedantaille, pédant. 76.
PELLION, 78.
Pensement, pensée. 235.
Penser, panser. 204.
Perche (le mettre en) ? 93.
PEROU (*l'or du*). 27.
PERSE. 37.
Peteux. « Chassé comme un peteux d'église. » 118.
Petit cœur, fillette. 89.
PÉTRARQUE. 87. Il a composé un livre. *De remediis utriusque fortunæ*.
Philosopher, s. m. Réflexions, méditations. 23, 37.
Pièce sur table (mettre), compter de l'argent. 87.
PIERRE DU PUIS, fou qui courait les rues, un pied chaussé d'un chapeau. 46.

Pingoter, pincer doucement. 59.
Piolez. Les rubans *piolés* étaient de deux couleurs différentes. 67.
Piot, vin. 83.
Pippe, gros tonneau. 230.
Piteux, mu de pitié. 205.
PLATON. 19, 28, 72.
PLINE. 79.
Plorer, pleurer. 87.
Plouvoit, pleuvait. 84.
PLUTARQUE, 173.
POICTOU, 158.
Poil, cheveux. 67, 70, 208, 215.
Poindre, piquer, aiguillonner. 17, 187.
Pointure, piqûre, atteinte. 56.
Poisle, poêle. Tomber de la poêle en la braise. 86.
Poivre, mal vénérien. 227.
Polyenne. 93. L'aventure de Polyœnos et de Circé est racontée dans Petrone.
POMME DE PIN (*la*). 77. Fameux cabaret de Paris, près du pont Notre-Dame.
PONT-AU-CHANGE. 168. Ce pont était bordé de boutiques occupées par des orfévres, des joailliers et des changeurs.
PONT-NEUF. 62. Ce pont fut achevé en 1606.
Postposer, mettre après. 127.
Prescheur, prédicateur. 104.
Prix (au), selon ce que. 45.
Proser de la rime. 67.
PROVENCE. 158.
PROVINS (*le sieur de*). 116.
Psalmes, Psaumes. 156.
Quand, quant. 231.
Quaymande, adj. f., mendiante. 31.
Que, ce que. 55, 87, 102, 190

Qu'elle, ce qu'elle. 188.
Quenailles, canaille. 47, 95, 96.—Vermine. 78.
QUINZE-VINGTS (*les*). 37, 84, 236. Pensionnaires de l'hôpital fondé par S. Louis pour 300 aveugles. Cet hôpital était situé dans la rue Saint-Honoré, non loin du Louvre.
Raillard. 149. Plaisant, moqueur. Ne paraît pas employé ici dans ce sens.
Ranc. 38. « Je suis dessus le ranc, » pour dire : On ne laisse pas de parler de moi. (Br.)
Rancœur, colère, dépit, rancune. 139, 159, 196.
RAPIN. 65, 196. Nicolas Rapin, poëte français, né à Fontenay-le-Comte, en Poitou, mourut à Tours le 15 février 1608.
Ratisant, attisant de nouveau. 181.
Ravasser, rêvasser. 121.
Rays, rayons. 211.
Rebec, violon. 77, 171, 216.
Reboucher, émousser. 163.
Réchape s'il peut, allusion à *Recipe*. 31.
Recipez, ordonnances de médecins, du mot par lequel elles commencent. 119.
RECOLLEZ, les Recollets. 105.
Recoustrer, exploiter amoureusement. 228.
Recreu, lassé, fatigué. 76.
Refrappé, rebattu. 180.
Remarquer, marquer, borner. 47.
Reprendre, critiquer. 12.
Reprocher, récuser. 105.
Reprouver (*se*), se garder. 91.
Requerir, demander, exiger. 20, 40.

Rescousse (*à la*), au secours. 231.
Resoudois, décidais. 120.
Retors, frisé. 208.
RHEIN (*le*). 158.
RISON (?). 123.
Robine, femme d'un homme de robe. 233.
ROLAND, célèbre héros des romans de chevalerie, neveu de Charlemagne. 161.
Rollet. 79.—*Roollet*.114. Rôle.
ROME. 41, 77, 223; — pour « la cour de Rome, » 27. — Faire Rome (123), fabriquer des signatures et expéditions de la cour de Rome.
RONSARD. 18, 19, 22, 33, 38, 65, 72.
Roollet. Voy. *Rollet*.
ROSETTE, personnage d'une chanson ou villanelle de Desportes. 60, 117.
Rosoyante (*liqueur*), la rosée. 37.
Rotonde. 60, 221. Collet empesé et monté sur du carton. (Br.)
ROUSSET (?). 123. S'agit-il de Rosset, un des médecins de Henri IV, ou de François de Rosset, littérateur de ce temps-là ? Probablement ni de l'un ni de l'autre. Regnier n'avait pas l'habitude de nommer ceux dont il disait du mal.
ROYAUMONT. 121. Riche et belle abbaye de Bernardins, ou plutôt de l'ordre de Citeaux, dans l'Isle-de-France, près de la rivière d'Oise, à huit lieues de Paris. Elle avait été fondée vers l'an 1230 par S. Louis. (Br.)
ROZETTE. Voy. *Rosette*.

S', si. 26, 126, 136.
Sades, douces, gentilles. 67.
Sadinette, gentille. 56, 216.
S. Bernard. 104.
Saint-Eustache, à Paris. 94.
Saint-George. 40, 50.
Saint-Jean (la). 173.
Saint-Jean (en Grève). 66. On sait que Malherbe estimait les crocheteurs du Port-au-Foin les meilleurs juges en matière de langage. C'est ce que lui reproche Regnier.
Saint-Jean (feu de la). 92.
S. Marc, patron de la ville de Venise. 82. Les enseignes prises sur les Turcs, à la bataille de Lépante, furent portées à Venise, dans l'église de St-Marc.
S. Medard. 59. « Ris de S. Medard, » ris forcé.
Saint-Michel. 35. Le mont St-Michel, en Normandie. La mer l'entoure à la marée haute, et dépose des coquillages sur la plage.
Sainte Nitouche. 105, 223.
Sambieu, juron. 58.
Sauteller, sautiller. 90.
Savoye. 22, 78.
Scaures. 38. Marcus Æmilius Scaurus, fameux sénateur romain, était un fin hypocrite. (Br.)
Scipion Nasique. 77.
Seau (drap du). 79. Drap fabriqué au Seau, dans le Berri.
Semblance, figure, apparence. 147.
Si, certes, aussi, pourtant. 78, 221, 235.
Sicille. 162.
Sien (se tenir sur le), garder son quant à soi. 91.
Sivé, 94. Sorte de brouet, de sauce épaisse. Voy. Cotgrave. Tout le monde connaît le civet de lièvre.
Six-vingts, cent vingt. 46.
Socrate. 17, 73.
Soldarts, soldats. 82.
Soleil, figurait sur certaines monnaies. 87.
Soudre, résoudre. 83.
Souloir, avoir coutume. 202.
Sur, chez. 79.
Sydon. 121.
Symonide, Simonide, poëte lyrique grec. 82.
Tabouriner, tambouriner. 94.
Taigne, teigne, sorte d'insecte. 36, 78.
Tantale. 118.
Tasse (le), 72.
Température, tempérament. 39.
Térence. 79.
Thérèse (la mère). Sainte Thérèse. 104. Elle n'était pas encore canonisée.
Thespéan (antre). 33. grotte où les Muses faisaient leur séjour, à Thespies, ville de la Béotie.
Thoscane. 22.
Tibre. 44.
Tic, tac, torche, lorgne, bruit des coups que se donnent les combattants. 84. Imité de Rabelais.
Tiercelets de poëtes. 17. Les mâles des oiseaux de proie, qui sont plus petits que les femelles, s'appellent tiercelets.
Tinel. 51. Tinello, salle où mangent les officiers et domestiques d'un grand seigneur.
Tins, tenu. 50.
Tocquet, sorte de coiffure. 91.
Toussir, tousser. 31.
Tout partout, partout. 48.

Toute nuict, toute la nuit. 101, 111.

TRACE, 32.

Tressauts (je), je tressaille. 87.

Triacleur, charlatan, vendeur de thériaque. 110.

TROYEN (*le*) à qui fut Hélène, Pâris. 224.

TURCS, 162.

TURC (*le sérail du*). 54.

TURPIN, archevêque de Reims, le compagnon de Charlemagne. 79.

TYRTÉE. 6.

Unguent, onguent. 92.

URGANDE, magicienne dont il est parlé dans le Roman d'Amadis. 122.

VANVES, village près de Paris, où Desportes avait une maison de campagne. 20.

Veau, sot, imbécile. 34.

Veiller, s. m., veilles. 30.

VENDOSME. 159.

VENISE. 50.

Verd. Laisser sur le vert, négliger, perdre de vue. 66.

VERRÈS. 38.

Veu d'œil (à), à vue d'œil. 194.

VIALART. Brossette dit que Vialart était compétiteur de Regnier dans la poursuite d'un canonicat de Chartres, dont Regnier s'était fait pourvoir par dévolut.

Viandes, aliments de toutes sortes, provisions. 8, 44.

VIRGILE. 10, 19, 72, 79, 221.

Voire, vraiment, même. Sorte d'interjection. 17, 29, 31, 89, 90, 94, 220.

Voiroit, verrait. 149.

Vois, vais. 74.

Voy, vais. 96.

TABLE DES MATIÈRES.

	Pages.
Préface	v
Œuvres de Regnier publiées de son vivant.	
Au Roy	3
Ode à Regnier	5
Discours au Roy, satyre I	9
A M. le comte de Caramain, satyre II	14
A M. le marquis de Cœuvres, satyre III	22
A M. Motin, satyre IV	30
A M. Bertaut, satyre V	36
A M. de Béthune, satyre VI	44
A M. le marquis de Cœuvres, satyre VII	52
A M. l'abbé de Beaulieu, satyre VIII	58
A M. Rapin, satyre IX	65
Satyre X. Ce mouvement de temps	73
Satyre XI. Voyez que c'est du monde	87
A M. Freminet, satyre XII	99
Macette, satyre XIII	104
Satyre XIV. J'ay pris cent et cent fois	113
Satyre XV. Ouy, j'escry rarement	119
A M. de Forquevaus, satyre XVI	125
Satyre XVII. Non, non, j'ay trop de cœur	130
Elégie zélotypique	134
Autre. Aymant comme j'aymois	139
Impuissance	142
Sur le trespas de M. Passerat	147
Stances. Le tout-puissant Jupiter	148
La C. P. Infame bastard	149
Sur le portrait d'un poëte couronné	152
Response	»
Replique	»
Contre un amoureux transy	153
Quatrains. Si des maux qui vous font la guerre	156
— Je n'ay peu rien voir qui me plaise	»
— Je croy que vous avez faict vœu	»
— Le Dieu d'amour se devoit peindre	»
— Ceste femme à couleur de bois	»
Discours au Roy	157
Œuvres posthumes ou apocryphes.	
Satyre. N'avoir crainte de rien	167
— Perclus d'une jambe et des bras	171
Elegie. L'homme s'oppose en vain	175
Stances. Si vostre œil tout ardent	178
Complainte. Vous qui violentez	179
Stances pour la belle Cloris	183

TABLE DES MATIÈRES.

	Pages.
Plainte. En quel obscur sejour..................	185
Stances. Quand sur moy je jette les yeux..........	190
Ode. Jamais ne pourray-je bannir................	194
Pour M. le Dauphin...........................	195
Sonnet sur la mort de M. Rapin.................	196
Dialogue. Cloris et Philis......................	197
Poesies spirituelles. Sur la Nativité de N. S........	210
— Sonnet. O Dieu, si mes pechez........	212
— — Quand devot vers le ciel........	»
— — Cependant qu'en la croix........	213
— Commencement d'un poëme...........	214
Poesies diverses. Louanges de Macette............	215
— Ode sur une vieille maquerelle......	217
— Discours d'une vieille maquerelle.....	220
— Abrégé de confession...............	225
— Stances. Ma foy, je fus bien de la feste.	227
Epigrammes. I. L'amour est une affection.........	»
II. Hier la langue me fourcha.........	228
III. Magdelon	»
IV. Dans un chemin.................	»
V. Lizette........................	229
VI. Lors que j'estois comme inutile.....	»
VII. Faut avoir le cerveau bien vide.....	230
VIII. Jeunes esprits...................	»
IX. Quelque moine de par le monde....	»
X. Hélas ! ma sœur.................	231
XI. Ce disoit une jeune dame.........	»
XII. Margot	»
XIII. Par un matin...................	232
XIV. Un bon vieillard................	»
XV. Un galland....................	»
XVI. Vous pensez dire un friant mot....	233
XVII. Un medecin brusque et gaillard....	»
XVIII. Le violet tant estimé.............	»
XIX. L'argent, les beaux jours.........	»
XX. Tombeau d'un courtisan..........	234
XXI. Vialart........................	»
XXII. Quand il disne.................	»
XXIII. Aux lecteurs...................	235
Epitaphe de Regnier...........................	»
Le Combat de Regnier et de Bertelot............	236
Notes et Variantes............................	240
Glossaire-Index..............................	249

FIN DE LA TABLE.

www.ingramcontent.com/pod-product-compliance
Lightning Source LLC
Chambersburg PA
CBHW070751170426
43200CB00007B/742